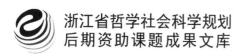
浙江省哲学社会科学规划
后期资助课题成果文库

符号教育学导论

崔岐恩　著

吉林大学出版社
·长春·

图书在版编目（CIP）数据

符号教育学导论 / 崔岐恩著．—长春 ：吉林大学
出版社，2022.6
ISBN 978-7-5768-0076-0

Ⅰ．①符… Ⅱ．①崔… Ⅲ．①符号学—教育研究
Ⅳ．①H0

中国版本图书馆 CIP 数据核字（2022）第 134855 号

书　　名	符号教育学导论	
	FUHAO JIAOYUXUE DAOLUN	
作　　者	崔岐恩　著	
策划编辑	李潇潇	
责任编辑	李潇潇	
责任校对	高珊珊	
装帧设计	杨西福	
出版发行	吉林大学出版社	
社　　址	长春市人民大街 4059 号	
邮政编码	130021	
发行电话	0431-89580028/29/21	
网　　址	http://www.jlup.com.cn	
电子邮箱	jldxcbs@sina.com	
印　　刷	三河市华东印刷有限公司	
开　　本	787mm×1092mm　　　1/16	
印　　张	15	
字　　数	275 千字	
版　　次	2022 年 6 月第 1 版	
印　　次	2022 年 6 月第 1 次	
书　　号	ISBN 978-7-5768-0076-0	
定　　价	65.00 元	

序　言

　　崔岐恩博士很有个性，不仅在于他帅帅的发型，更在于他执着的学术追求。他的成长路径是一条"复合"之道：曾在苏州科技大学本科学习英语，在西安交通大学攻读教育心理学硕士，又到北京师范大学转攻教育哲学博士。他是国内较早提出"符号教育学"命题并初做论述的学者，先后编著《中国符号教育学选粹》，译著《教育符号学指南》《教育符号学：教育中的符号与象征》。尤其是他的一个学术观点给大家留下了深刻印象，他认为，符号的演化史可以用来解析人类三次教育浪潮："第一次（截至 1687 年）以语言符号为主媒介，教师为中心，知识为目标；第二次（1687—2016 年）以科学符号为主媒介，学生为中心，能力为目标；第三次（2016 年至今）以虚拟符号为主媒介，学习为中心，意义为目标。未来现实的师生隐而不见，代之以学习资源中心。"观点合理与否尚有待进一步研究，但他勇于思考、大胆假设的学术创新精神驱使他前行，也是他走进"符号教育学"的原动力所在。

　　我们知道，作为一门独立的学科，符号学的研究始于 20 世纪 60 年代的法国，之后迅速勃兴于美国和苏联。中国的符号学研究起步相对较晚，真正成规模的研究是从 20 世纪 80 年代才开始的，但走势向好，发展迅速。从历史发展的轨迹及对当代符号学研究的贡献度来看，法国、美国、俄罗斯和后起的中国是当代符号学研究的重镇，先后被学界冠为"符号学的四大王国"之称。目前符号学研究已成为一种国际性热潮，并以强劲的发展势头向其他学科渗透形成交叉学科。例如，较为成熟的交叉学科有语言符号学、文学符号学、文化符号学、传播符号学、交际符号学、行为符号学、电影符号学、翻译符号学、汉字符号学等。符号学作为人文社科诸领域的公分母，也已成为跨学科、跨领域的方法论之一。然而不得不说的是，教育作为最复杂、最系统的符号场域，却一直没有受到应有的重视，形成了一种学科的缺憾。

近年来，受新科技和新问题的驱动，以交叉学科为主要标志的新兴学科生长初见端倪。2016 年，习近平总书记在全国科技创新大会、两院院士大会、中国科协第九次全国代表大会上提出："厚实学科基础，培育新兴交叉学科生长点。" 2018 年，习近平总书记在北京大学考察时指出："要下大气力组建交叉学科群。"强化学科交叉和寻求新的科研范式是未来社会快速发展的必由之路，"符号教育学"的重要性日益显现，这也是我乐意为崔岐恩博士新作《符号教育学导论》作序的真正想法。

《符号教育学导论》为国内首部"教育学+符号学"跨学科专著，崔岐恩博士在寄来新作时专门附上了一句谦辞："《庄子》言：始生之物，其形必丑。"但我通读了全书之后感觉很好，虽然个别地方的论述略显稚嫩，但可圈可点之处不少。

首先，该书在本体论层面提出了一种新的符号观。"广义而言，符号是精神世界与物质世界的居间性存在领域"；他基于信息哲学继而认为"符号是主观而实在的哲学范畴"。这与邬焜先生的信息哲学思想似有抵牾，但其论述亦不无道理。

其次，该书在认识论层面力图廓清符号、意义、信息三个易于混淆的概念。作者首先条分缕析了意义与信息的六大不同，进而提出了颇有新意、可能会引起争鸣的观点："意义是符号的人文范式表达，信息是符号的数理范式表达"，最后统而和之——符号是意义与信息共同的物质外壳和载体。显然，这有别于符号学者赵毅衡先生"符号学即意义学"之思想。

再次，该书在实践论层面提出一种大胆的教育观：以人生幸福为直接目的的符号化。如是，则一切教育皆符号教育。看似大而不当，但作者认真解析了"教育学+符号学"这个跨学科领域和交叉方式，一是以教育学为主的符号教育学——以符号学为理论资源研究教育现象和问题的教育学流派。符号教育学者在教育符号领域（教育情境和教育活动）中观察和解释符号及其意义，探究教育符号行为的心理动机、意义及各种指称关系中的认知和释义过程，并通过对符号的研究来认知教育现象和思考教育问题，从符号学视角描述、解释、预测、改进教育。二是以符号学为主的符号教育学——以教育为场域，阐释教育符号之意义、研究教育领域的符号现象和规律。

最后，该书也对一些司空见惯的学术概念提出了自己的看法，譬如"教育符号""符号意识""符号教育学"等。可以看出，作者作为符号学领域的后起之秀，敢于在学术丛林中左冲右突，力图觅得"仙草"。这一方面展现年轻学者勤学苦读、敏于思考的学术精神，也隐约显现一种"初生牛犊不怕虎"、敢于批判质疑的学术品格。

诚然，我并不完全认同书中某些观点，但我还是非常高兴为该书作序。因为自美国符号学鼻祖皮尔士提出"媒介—对象—解释项"三元符号论以来，便开启了符号的开放性和无穷衍义性。出版专著的目的远不在于"扬名"，更主要的是为了弘扬思想，争鸣学术。我期待《符号教育学导论》像一颗投进水池的小石头，引起涟漪层层，搅动符号学这片天地；期待崔岐恩博士笃定学术前程，不断进取，成为一名真正的跨境学者，为符号教育学做出更大的贡献！

中国逻辑学会符号专业委员会主任委员
中国语言与符号学研究会会长
王铭玉
2021 年 5 月 14 日于天津星图宅

目 录

导　论

一、人类已有教育形态的三驾马车

（一）政治与社会：人类教育的宿主

人类教育在历史初期，曾经是原始的、浅陋的、自发的教育，经过漫长发展，逐步进入阶级的、较高的、组织化的教育。兹后，世界某个区域教育发展水平高低往往是那个区域政治、经济、文化程度的表征，譬如玛雅文明、古埃及文明、古黄河流域文明、古印度文明、古两河流域文明、古希腊文明等。无论是奴隶社会还是封建社会，都是一种政治权利或身份符号，教育并无独立的自在价值。即便孔孟之道中的教育图景，也非自娱自乐或构建独立的教育体系，而是有着浓厚的政治目的，如"学而优则仕"等。古希腊固然有短暂的教育自由黄金时期，如苏格拉底等关注人心解放、追求理性、自由自在的人性发展，但究其实，也未能脱离社会组织和政治治理之鹄的，那便是自由民、公民的雏形。柏拉图《理想国》更是在政治学、道德哲学视野中谈论教育，以教育之功而达"个体正义"，由个体正义进而"城邦正义"，最终达致"最高善"。智、勇、节、义的美德看似教育中的个体品质，实则为政治和社会中的关系法则。

中国汉代开始罢黜百家独尊儒术，是百花齐放、百家争鸣式教育思想的终结。这种终结完全出于政治和社会的考量，而非知识和教育内在逻辑的演进。古代四书五经、六艺教育，虽重修心养性，然多以家、族、社会、国家为目的和价值取向，正如《大学》云：格物致知、诚意正心、修身齐家、治国平天下。隋唐以降，八股取士更是从精气神诸方面形塑教育及教育者，文人脊骨日益贬损，"为帝王师"是教育者的夙愿。对于寒门草根而言，鱼跃龙门固然可喜，但最高统治者亦窃喜"天下英才尽入吾彀矣"！西方古代"七艺"教育，看似培育个体的君子人格，实则孕育统治者的核心素养。在欧洲宗教教育普行天下之时，虽有个体心灵洗礼，但却虔诚于上帝，而上帝之世俗神权被政治势力所把控，所以其教育事实上归属于宗教政治，导致心灵禁锢，是为世界历史叙写中"黑暗的中世纪"。教育状况往往是当时社会政治力量分布状况的镜式反应和符号象征。

在近现代，教育成为社会发展和政治民主化的利器，教育场域成为不同政治集团和社会组织争夺的热点。1905年大清在夕阳中废除八股取士，代之以兴西学，重工商，从教育内容、形式、目的均有天翻地覆之变。1911年辛亥革命及1919年五四运动后，对于传统教育更是摧枯拉朽，民国时期"壬子癸丑学制"借鉴美国，教材、课程等取法日欧，蔡元培提出"军国民教育"，具有迫切的政治社会诉求，欲以教育挽救国民，振兴中华。"科学与民主"成为近现代以来教育政治化和社会化的内隐逻辑，"百年大计，教育为本"更是新中国成立以来任何教育政策文本百引不烦的座右铭。西方近代工业革命以降，需要大批量技术人才，故而传统贵族教育、精英教育日渐式微，教育色彩从浓厚的政治底色渐变为社会底色。教育与政治等级的刚性捆绑日益松动，继之以柔性的教育—社会勾连起扁平化的社会生活。近代已降，西方学者从社会学政治学角度展开教育研究之势风起云涌。如：马克思对于人的定义"人是各种社会关系的总和"；埃米尔·杜尔凯姆《道德教育》中论及人有个人存在与社会存在两个方面，其中最根本的是社会存在。约翰·杜威所言"学校即社会，教育即生活"不正暗示教育与社会的深切关联吗？难怪乎批判教育学、解放教育学都将矛头指向社会与政治。教育在最根本的意义上即社会化。

由上观之，我们所津津乐道的过去时态中的教育，并非教育本身，而是那时政治、社会在教育中的反映，或曰异化的教育符号。当然，若从马克思主义思想（经济基础决定上层建筑，社会生产力决定生产关系）来看，则更加通透——教育属于上层建筑，必然受制于生于斯长于斯的社会与政治，有其社会与政治就有其相应的教育。也即，我们所见教育的种种面相非教育之本相，而是被社会与政治绑架后的乱象，或曰被社会与政治遮蔽后的符号幻象。

（二）心理：科学教育的基础

1806年赫尔巴特的《普通教育学》首次以心理学和伦理学为教育学奠基，故而被认作科学教育学诞生标志。心理知识和伦理知识古已有之，只不过是局部的、浅显的、碎片的，如：孔子提出"因材施教""循序渐进""温故知新""愤悱启发""豫时孙摩""长善救失"均是教与学的箴言，彼时无心理学但不乏心理常识的光芒闪烁着。赫尔巴特把教育学与心理学紧紧捆绑，结点有二：一是赫尔巴特的统觉团（apperception mass）。强调经验和兴趣是学习与认识过程的核心。天赋功能经由后天外在影响的统觉过程而日益完善，这为教师提供干预可能。教育者通过运用统觉规律使教学遵循系统的思维程序，摆脱纯粹经验和陈规陋习的束缚，提高教育的科学性。赫尔巴特认为，教育的起点是人的可塑性的个性，可塑性不依赖心灵初始的各种能力，而是已获符号之间的关系。对心理过程的重视及其统觉理论构成了教育与心理学联姻的媒介，成为教育心理学化的前提。二是他对心理过程的理解。赫尔巴特认为心理是一个动态过程，因为观念是时间与经验之果，精神生活乃在时间之流中连续变化的过程，它为教育留下广阔空间。教育促进身心发展，而心理发展既是教育的起点，也是教育的终点，并且贯穿全程。赫尔巴特是教育史上第一个明确提出教育学应以心理学为理论基础，并充分运用心理学去论证教育中各种实际问题的学者。兹后，西方认知心理学、行为主义心理学、格式塔心理学、精神分析心理学等都从多个方面为教育的深化、精细、科学而掘进。

（三）教育学：作为教育的高级形态

在人学的历史进步中，人类一直追问"我是谁"，与此相伴，教育发展到一定阶段，开始自我反思之时，也即教育元思考"教育到底是什么"时，便开始出现教育之学问，即"教育学"。据郭沫若考证，战国晚期孟子学生乐正克作《学记》，这是中国古代也是世界上最早的一篇专门论述教育、教学问题的论著。该文系统而全面地阐明教育目的及作用，教师地位、作用，师生关系，教育和教学制度、原则和方法等。该文也是中国古代典章制度专著《礼记》中的一篇，说明教育和学习问题不只是个人兴趣爱好，而是关切国家政治和制度建设的伟业。彼时虽无"教育学"之名，但不无思考教育学之实，诸子百家的教育之说多从人性之基、家国之治、道理之维切入。也即在阶级斗争酷烈、社会高度符号化的奴隶社会，教育超越此前原始社会教育活动技术、教育事情本身，这固然是历史的进步，但却患养后世教育病灶：云山雾罩、隔靴搔痒、游离于教育本真。那么，教育本真到底是什么呢？大道至简，其本真就是育人，或曰凡是影响人身心发展的活动、过程都是教育，与此对应的学问便是教育学。

中国传统教育至圣先师孔子提出"有教无类,因材施教"可以被看作是教育的规范和原则。

14—17世纪的文艺复兴,大力倡导高扬人性而反对神性的人文主义精神,主张人生目的乃追求现实生活中的幸福,追求个性解放,反对愚昧迷信的神学思想。文艺复兴使人反思:人到底是神权操控下的罪人或世俗中的凡人?通过启蒙运动使人批判:人应该是世俗政治宰制的对象还是生而平等的个体?在打倒神权桎梏、政权压制的过程中,人不断对自身反思与追问。捷克教育家夸美纽斯1632年出版《大教学论:把一切事物教给一切人的普遍艺术》是教育学形成独立学科的开始。该书反对经院主义和封建的教育,系统阐述适应新兴资产阶级要求的教育观点,包括教育的目的、作用、制度、内容和途径。提出教学必须遵循自然,并论证教学的简明性、简易性、彻底性和高效性等原则。为近代最早有系统的教育学著作。卢梭1762年出版了《爱弥儿:论教育》,以小说体阐述人之初性本善,却被环境和教育毁掉,若有一个适合人性健康发展的社会环境和教育,则人便可在更高阶段回归自然。他认为,按照社会要求强加于儿童的教育是坏的教育,让儿童在自然中顺其自然发展才是好的教育,甚至越是远离社会影响的教育才越是好的教育。是为道法自然,其意旨相通于《道德经》:"天下皆知美之为美,斯恶已。皆知善之为善,斯不善已。""大道废,有仁义;智慧出,有大伪。"

18—19世纪,欧洲启蒙运动大张旗鼓,反对专制和愚昧,猛烈抨击天主教会权威和迷信,呼唤用理性的阳光驱散现实的黑暗,努力构建一个民主和科学的美好时代,提倡科学、自由和平等。此时由于人类认识和知识积累,不仅教育,在各个知识领域都有了身份意识,如伦理学、物理学、生物学、地理学、社会学、心理学相继纷纷登场,都在古老的哲学原野上扎起学科篱笆。学科篱笆实质是人在思想观念中借助符号而解构和规整世界,使得"天地之始,混沌未开"日益渺茫。1776年康德在柯尼斯堡大学开设教育学讲座,开辟教育学在大学课程中的一席之地,并于1803年发表《论教育学》试图构建超脱具体实践的教育学逻辑。赫尔巴特继承该讲席,并于1806年发表《普通教育学》,标志着学科化的教育学诞生。因其教与学的方法和过程建基于教与学的心理学,立德树人的价值观建基于伦理学,故赫尔巴特被认为是科学教育学的鼻祖。但是,由于他秉持旧三个中心(教师、教材、教室),一般被认为是传统教育学的代表。

　　1916 年美国实用主义哲学家、教育学家杜威发表《民主与教育》（*democracy and education*）一书，旗帜鲜明反对传统宗教和道德的绝对性。他将生物进化论、科学实验法与民主主义思想相统合，论证教育教学方法、课程教材等必须进行大变革。基于社会的发展和科学的进步，客观世界对教育提出了新的要求，社会系统的变革需要教育随之变革以适应发展的需要。杜威把美国社会的民主主义精神及当时在科学上、生产上的变革结合起来，在此背景之下探讨教材、教育方法的变革。他批判传统教育学旧三个中心，力推新三个中心（学生、经验、活动），故被认为是现代教育学代表。但杜威也言道："借教育艺术，哲学可以创造按照严肃的和考虑周到的生活概念利用人力的方法。教育乃是使哲学上的分歧具体化并受到检验的实验室。"[①]

　　20 世纪以后的初生儿来到世间，但凡期望挣脱自然性而获得社会性，则首先面对的不是自然而然的世界本身，而是被符号建构的学科世界：语数外、理化生、政史地、音体美……儿童与成人相似，都在符号化，且在这个惯性中，被过渡符号化。教育领域过渡符号化的恶果便是绕开教育本身，顾左右而言他——学习者专注于分数、排名、奖励、就业、筛选、精英、干部；教育者专注于积分、论文、职称、荣誉、等级、竞争、入仕。教与学的时间和空间被挤压、规整、精确计算。尽管有诸多弊病，但是无人否认，人类教育正在加速向前，教育学成为一个无所不包的特大学科群。教育部《学位授予和人才培养学科目录（2011 年）》《普通高等学校本科专业目录（2012 年）》中将分设 13类：哲学、经济学、法学、教育学、文学、历史学、理学、工学、农学、医学、管理学、艺术学、军事学，其中教育学含有 8 类：教育学、科学教育、人文教育、教育技术学、艺术教育、学前教育、小学教育、特殊教育。在高校学科建设中，教育学下含 3 个一级学科（教育学、心理学、体育学），其中教育学下含二级学科 10 个：教育学原理、课程与教学论、教育史、比较教育学、学前教育学、高等教育学、成人教育学、职业技术教育学、特殊教育学、教育技术学。中华人民共和国学科分类与代码简表（国家标准 GBT 13745-2009）制定教育学含纳 19 个领域的代码。

---

　　① 杜威. 民主主义与教育 [M]. 王承绪，译. 北京：人民教育出版社，2001：347.

二、教育符号异化的现实显现

（一）留守儿童教育问题、乡村教育问题

2018年1—2月，笔者在陕南勉县、略阳县调研，根据方便抽样和估算了解到，农村青壮年90%都外出打工了，每个村除了村两委班子（支书、主任、会计、出纳）和3~5家养殖户而外，留下的皆老弱病残幼。空巢老人和留守儿童是目前农村的普遍现象，其中，双亲留守儿童占60%，单亲留守儿童占99%。

农村由于缺乏完善的养老体系，也缺少适合当地农民赚钱的产业，大部分农民外出打工。可怜上有老且下有小，很多空巢老人因照看小孩而相依为命。2017年度《中国留守儿童心灵状况白皮书》显示，超一成农村完全留守儿童与父母一年见不了一面。2017年11月，民政部对外发布数据显示：我国16岁以下农村留守儿童有902万人，其中由祖父母、外祖父母监护的有805万人，无人监护的有36万人。由于缺少父母照料，留守儿童的心灵难以得到情感的滋润，且这种情感与心理需求往往被忽视。撤点并校后，很多留守儿童选择住校，把本该家庭承担的责任交由学校老师承担，但是班额太大、留守儿童数量过多，因此，老师分身乏术。而一旦出现各种问题就都一股脑鞭挞教师。老师固然可以局部表层化解某些问题，但实际上这些伪教育问题的根本责任在于相关政策制度设计。幸甚，该问题已经引起党中央和国务院的重视，民政部2017年10月开始部署全国农村留守儿童信息管理系统。据悉，该系统将实现与最低生活保障信息系统、建档立卡贫困户信息系统、残疾人信息管理系统的数据共享，为开展农村留守儿童数据更新、比对核实、组合查询、定期通报、实时报送等工作提供了可靠的平台支撑和有效的技术保障。

（二）应试教育和学业负担过重

教育的起点、过程、结果、评价都不是完全由教育自身及其教师所决定。符号教育学家伯恩斯坦分析了精致符码与受限符码在不同阶层学生中的发布与使用；美国教育经济学家舒尔茨曾以社会筛选理论论述教育考试和评价对于学生在未来就业市场的分层状况；以及博弈论和组织行为理论等都揭示出凡是有竞争，必有不平等。理论上，教育的良心与使命在于通过适切的教与学而提升

每个学生的内在品质，继而消弭学生因自然、家庭、经济等因素而产生的不平等。但在现实的社会、体制、机制等规制下，教师的种种教育努力，收效甚微。教育学者刘海峰等借古喻今，通过论证古代科举考试的正当性，进而阐述当今高考制度的合理性。优质高等教育资源的有限性与渴望接受高等教育的巨大需求之间的矛盾，是当前教育领域的主要矛盾之一。①

当然逻辑上还是有漏洞，因为高等教育录取的方式方法、学习评价、教育结果的研判等都可以有更加符合教育内在逻辑的形式，可惜这一切并不由教师和学生主宰。公共性是现代教育的基本属性，而公平性是教育公平性的主要基石。随着教育改革中市场化因素的介入，竞争机制、资本运作和价格机制对基础教育的公平性带来了挑战。当前新旧制度更替引发新的结构性矛盾及公平性挑战，或将带来分配正义层面的校际差距扩大问题。② 令人庆幸的是，2021 年7 月24 日，中共中央办公厅、国务院办公厅印发《关于进一步减轻义务教育阶段学生作业负担和校外培训负担的意见》，虽然效果有待观察，但一定会大大消减以上挑战和问题的紧迫性。李现平在《应试教育真的无解吗?》一文中，通过英澳犯人船的故事阐明"到岸计数付费"撬动结果的最优化，启示政府在解决教育乱象中，也需要首先摒除"事前按照人头、升学率、标准化考试分数"的教育 GDP 拨款方式。2021 年中央推出"双减"政策，并在教育部专门成立校外教育培训监管司，这是党中央站在实现中华民族伟大复兴的战略高度，对教育治理做出的重要决策部署，体现了在习近平新时代中国特色社会主义思想指导下，建设高质量教育体系，强化学校育人主体地位，回归立德树人初心。③

(三) 就业问题

从近年高校就业情况来看，尽管存在学非所用，空岗无人的案例，但无法解释整体性问题。根本原因不在高校内部，而是经济社会发展水平。我国高校

① 杨程，秦惠民. 校外培训的市场失灵与依法治理 [J]. 清华大学教育研究，2021 (6)：72-79.

② 余晖. "双减"时代基础教育的公共性回归与公平性隐忧 [J]. 南京社会科学，2021 (12)：145-153.

③ 周洪宇. "双减"政策落地应回归立德树人初心 [J]. 中国教育学刊，2021 (12)：2.

人才供给与社会经济发展水平不匹配，无法容纳每年迅猛增加的大学毕业生。2001 年 114 万，2011 年 660 万，2017 年 795 万，2018 年有 820 万。从 2011 年至 2017 年的这七年间，我国高校毕业生增加 5075 万人，2010 年之后的短短七年间，增长了 42%。但是，2001—2016 年这 15 年全国 GDP 平均增长率为 9.5%，自 2011 年开始 GDP 增长率逐年下降，从 7.9% 至 6.7%。经济增速下降意味着市场对劳动力的需求已不如当年旺盛，这是对仍在扩大的大学毕业生群体更为严峻的挑战。2017 年 12 月教育部下发《关于做好 2018 届全国普通高等学校毕业生就业创业工作的通知》，就做好 2018 届高校毕业生就业创业工作做出安排部署，尽管从教育体系内发挥了最大可能性，但是若没有整个社会形态的改观，没有经济结构的转型，则仅通过高校自身的努力解决就业问题无异于缘木求鱼。

高校毕业生就业难本质上属于社会问题和经济问题，但却转移到高校内部，进而决定了高校的专业设置和教育教学内容，但这不能解决根本问题。若粗略划分，我国高校人才培养目标可分为三类：创新研究型（以重点大学的研究生为主体）、科技应用型（以普通大学本科生为主）、技术操作型（专科技校等）。对于目前的就业问题，高校不应该过渡敏感，而应该扎扎实实提升学生品质，保证每个毕业生都有优良素质。至于能否有好的就业，并不能立竿见影，也许 5 年后、10 年后，能够做出杰出成就者正是那些高素质的毕业生，而非苟且于眼前就业者。美国舒尔茨曾以社会筛选理论论述教育考试和评价对于学生在未来就业市场的分层状况，同样说明就业问题的社会属性，启示我们不应该苛责大学的教育没有解决就业问题。

三、信息学、生物学和符号学：消解教育符号异化的问题

何谓教育本质，古今中外已有诸多先贤发表真知灼见，如：古希腊苏格拉底认为教育是促使人回忆（美德）；柏拉图认为最高意义上的教育是哲学，是精神操练；亚里士多德认为教育是唤醒公民身上的卓越品质；雅思贝尔斯说"教育是一棵树摇动另一棵树，一片云推动另一片云，一个心灵唤醒另一个心灵"；杜威说"教育即生活"；施特劳斯说教育是按其本性培育作物、提升土壤品质，并论及自由教育的四项最重要特质（献身、专注、辽远、深邃）。中国古代颜之推提出"陶冶性灵"，韩愈提出"传道授业解惑"之说。在目前我国

教育学教科书中，比较普遍的教育本质定义是"促进人的身心发展的社会实践活动"，① 学校教育定义是"按照特定社会和国家的要求，有目的、有计划、有组织、影响人身心发展的社会实践活动"。②

纵观教育史和教育学史，人类培育新人这个事情，本就是多学科、多路径、多领域交叉融合协同作战之伟业。若从三大领域而言，教育学始终在人文学科、社会学科和自然学科之间徘徊，甚至如同历史钟摆左右循环。但从研究旨趣总体趋势看，则是从人文范式向社会范式再向自然范式的变迁（如图0-1所示，教育学在不同学科领域间的滑动）。从左至右的滑动，也反映教育学从形而上向学习学的形而下的落实，未来教育学必将走下圣坛，而学习学将大行其道。的确，这暗合孔德所言人类认识论路线：神学阶段—形而上学阶段—科学阶段。目前，教育学已经走向以自然范式为主的多元化时代。

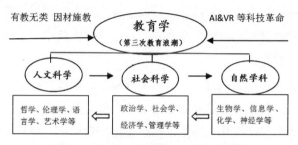

图0-1　教育学在不同学科领域间的滑动

国内教育学界为提高我国教育科学研究水平，鼓励教育实证研究，2017年1月14日，14所大学的教育学院（部）在华东师范大学召开"全国教育实证研究联席会议"，并发布《加强教育实证研究，促进研究范式转型的华东师大行动宣言》。我国这种转向与世界范围的趋势并不同步。西方19—20世纪已经热烈讨论过教育学的身份属性问题，如施莱尔马赫、第斯多惠、荻尔泰、布雷岑卡的严重质疑实证—实验—科学路径的教育学，而提倡文化的、解释的、现象学的、价值的、实践的教育学。张应强认为，新中国成立以来的中国教育研究，先后出现3种研究范式及其转换：政治教育范式→绩效主义范式→文化学范式。文化学范式是从文化出发以人为中心来研究文化构成，它带来了教育学学科和教育理论的

① 王卫华. 教育的定义方式及评析 [J]. 复旦教育论坛，2019（3）：11-16.

② 丁钢，侯怀银，谭维智，吴刚，黄忠敬，王保星，龙宝新，康永久，肖绍明，丁书林，李政涛. 教育学的中国话语体系建构：问题与路径 [J]. 基础教育，2021（1）：13-39.

革命性变化，对教育研究具有重要意义。未来若转换立场，从教育的核心——学习入手，则定将赋予信息科学、生物科学、符号学更大权重。

（一）信息学（人工智能、虚拟现实、大数据）

人类每次技术革新，都带来新的教与学的方式。目前以人工智能、虚拟现实和大数据为引擎的信息技术革新，必将带来全新的教育和学习样态。移动学习、可视化学习、社会学习、游戏学习必将大行其道，而传统的讲授学习日渐式微。赫拉利认为，信息科学将会极大扩展人类学习的可能，从而带动教育与学习的革故鼎新。传统的规训与教化逐步退出历史舞台。加之人类本身就有逻辑推断和自组织能力，必将使人类天性和学习能力得到空前解放。教育本质应该以学习者为中心并对其周全服务，而非对其控制与规训。正在发生的教育革命让新科技发掘人们本来就有的学习潜能。解放其人性，增益其幸福。多元并存的教学模式和教育理念将会百花齐放、百家争鸣，从本质上讲，有多少种人就应该有多少种教育。

人工智能和虚拟现实教育不仅仅牵手教师，助推教育改革，更会深度形塑学生心理预期、认知模式、学习习惯等。基于大数据、人工智能与虚拟现实的教育将会更加有利于个性化、便捷化、趣味化、简易化、终身化的学习。学习必将成为教育的核心，10 年后我们或许会面临"空校不见人，但闻读书声"。"不教的教育学"是智能时代的潮流，当下正在发生一场信息科技对传统学校教育的冲击和洗牌，学习者更习惯于不教的学习方式，基于人工智能与虚拟现实的符号教育学呼唤学校和教师践行不教而教。也许，那一天终将到来，当然，教师也可能成为学习者的心灵伴侣或人工智能教育机器人的操控者。

（二）生物学（基因科技、脑神经）

教育的终极目的乃使人全面、自由地发展，或如孔子理想"有教无类，因材施教"。一般认为，人的发展主要受四大因素（基因、主观能动性、环境、教育）影响，其中遗传基因 DNA 是人之为人的基础，也是后天建构的前提。自有原始人以来，人们只能被动接受先天遗传的基因，后天的一切可能性都只能在此基础上因人而异、因地制宜、因材施教、因时而变。但是现在基因科技正在突破这种局限性，通过基因选择和复制而进行生物改良，通过基因检测而实现个性化教育，通过基因修复而扬长避短。① Google 公司通过基因测序而揭示深度学习奥秘，英国科学家已经发现，通过修复某些基因片段可以改变生物某些性状和行为。② 据《自然》杂志官方网站 2017 年报道，太空旅行会导致人类基因表达发生异常变化，染色体端粒将会变长。《科技时代》2018 年 3 月 9 日报道，美国航空航天局通过对双胞胎宇航员的对比分析，检测到太空生活改变了人体细胞之中的 DNA。太空生活能改变人的基因，7% 的 DNA 永久改变。基因工程通过改良某些基因片段，有可能更加高效学习，或者使某方面的潜能得到最大化释放。③

1986 年出版的《脑、认知与教育》一书（*Friedman*，*Klivington*，*and Peterson*，1986），第一次将脑科学、认知科学与教育学这三个领域整合在一起，体现出"心智、脑与教育"这个新兴研究领域的核心思想。④ 心智、脑与教育的整合研究领域与许多学科相关，其中主要包括：教育神经科学、神经教育学和教育生物学。脑与教育之间涉及三个层面的研究：心智、脑与行为。脑是由神经系统、神经细胞、突触、蛋白质等结构构成的复杂体。脑具有功能，脑的功能可以测量，是信息传递的过程或者结果，但不是独立的、稳定的物质结构。心智是指脑与外部可观察的行为之间所发生的一切，是抽象的，包括能够引发行为、在脑中有生理现象却不能直接观察到的所有内部表征和过程。行为是指可以直接观察到的外显活动，如眼睛的运动、语言的发音等。从生物学视角探究教育，虽神秘而复杂，但前景光明。⑤

---

① 钱童心. 中国空间站实验"剧透"：巨细不遗解码生命［N/OL］. https：//cnews. chinadaily. com. cn/a/202106/23/WS60d292d8a3101e7ce9756c85. html.

② 高越. 美国科学家发现太空旅行改变心肌细胞基因表达［J］. 科技中国，2019（12）：105.

③ Battisti Davide. Affecting future individuals：Why and when germline genome editing entails a greater moral obligation towards progeny［J］. Bioethics，2021，35（5）：487–495.

④ 周加仙. 教育神经科学：创建心智、脑与教育的联结［J］. 华东师范大学学报（教育科学版），2013，31（02）：42–48.

⑤ 张婧婧，于玻，周加仙. 教育神经科学核心主题的演变——基于 2007—2020 年《心智、脑与教育》杂志刊发的 335 篇论文分析［J］. 现代教育技术，2021，31（05）：5–17.

（三）符号学

教育、学习主要是以心灵、意识为基础的人生意义获得。两位现代符号学鼻祖索绪尔和皮尔士开创的符号学已经成为包罗万象的资源，对于教育真谛的理解、教育现象的描述、教育方式的表达、教育意义的获得都有极大功效。当代符号学家赵毅衡认为，"符号学就是意义学"，所以，笔者从符号学来看：教育就是以适切的方式促进学习者获得正当性意义的过程。教育本质，即"以人生幸福为直接目的的符号化"，简言之，教育本真逻辑在于教育符号的创制、表达、传承、理解。教育就是帮助学习者获得人生意义的过程。符号教育学即以符号学为工具研究教育现象和问题的教育流派，通过在教育符号域（教育情境和教育活动）中观察和解释符号及其意义、探究教育符号行为的心理动机、意义及各种指号关系中的认知和释义过程，并通过对符号的研究来认知教育现象和思考教育问题，从符号学视角描述、解释、预测、改进教育。

教育家都是符号应用大家。善喻者堪为人师，比喻是教育中尤其是启发式教学里最为常用的手段，中外教育家离开比喻似乎就难以开口。同时，比喻是符号学里重要的修辞法。符号体系正是靠比喻而延伸，由此扩大我们认识的世界。《孔子家语》言："夫人君而无谏臣则失正，士而无教友则失听。御狂马不释策，操弓不反檠，木受绳则直，人受谏则圣，受学重问，孰不顺哉？毁仁恶士，必近于刑。君子不可不学。"子路曰："南山有竹，不揉自直，斩而用之，达于犀革。以此言之，何学之有？"子曰："括而羽之，镞而砺之，其入之不亦深乎。"孟子的学生乐正克在《学记》中言："和、易、以思，可谓善喻矣"，"君子知至学之难易，而知其美恶，然后能博喻；能博喻，然后能为师"。荀子《劝学》篇为了说明学不可以已，使用大量比喻，如"青，取之于蓝而青于蓝；冰，水为之而寒于水。木直中绳，輮以为轮，其曲中规。虽有槁暴，不复挺者，輮使之然也。故木受绳则直，金就砺则利，君子博学而日参省乎己，则知明而行无过矣"。《增广贤文》言：学如逆水行舟，不进则退。这种符号的意向用得恰到好处。

人类每次符号迭代，都会带来新的教与学的方式革新，人类进化史其实就是符号发展史。在人类社会最初的前浪潮时期，出现言语、动作、实物记事等原始符号（如结绳记事），对应于人类最初的原始教育阶段（约前170万年—前21世纪）。此阶段教育中能指与所指的逻辑距离十分切近，如传授捕猎、抓

鱼等生活技术的教育直接在生产中实践，也即教育教学（能指）与生产生活
（所指）合二为一。

第一次教育浪潮：出现语言、文字等系统符号（如甲骨文、玛雅文、古埃
及楔形纹），使人类进入传统教育阶段（公元前 21 世纪—20 世纪）。此阶段教
育中能指与所指大量分离，逻辑距离较远。知识符号本身还处于理据性较强而
抽象性较低的像似符和指示符，故仍可归属于传统教育阶段。

第二次教育浪潮：出现科学符号（如数理化的定律、公式、化学元素符号
等），将人类带入现代教育阶段（1687 年至今，因是年牛顿发表《自然哲学的
数学原理》，标志近代自然科学正式确立）。科学符号更多属于规约符，它理据
性更低但抽象性更强。此阶段教育中能指与所指可谓天各一方，逻辑距离遥远。

第三次教育浪潮：出现虚拟符号（如虚拟现实、仿真、超真、幻象、灵
境），人类迈入符号教育阶段（VR 元年 2016—）。以符号为内容是所有教育的
共性，但作为所指为教育高级形态的专有名词——符号教育，则始于虚拟现实
（VR）元年 2016 年。此阶段教育中能指与所指借由虚拟现实而拉近逻辑距离，
实现充分浸入感、交互性和多通道融合，教与学在逼真甚至超真幻象中尽性。
教育符号不再拘泥于像似符、指示符或规约符的类别化，也不再纠结于生活符
号、科学符号、人文符号之分野，而是随心所欲不逾矩。游戏与诗意成为本阶
段的教育共象。在第三次教育浪潮的符号教育时代，教育将有全新特质。本书
第十章会有细述。

四、符号学的教育使命

教育真谛可用"有教无类，因材施教"而概之，这是 3000 多年来人类的
夙愿，可是受条件所限，一直在过程中探索。自虚拟现实元年 2016 年始，基于
大数据和人工智能教育的推进，第三次教育浪潮正在来临，则千年夙愿必将成
为现实。从知识论而言，人文学科嬗变缓慢，主要关涉人生之态度；社会学科
变迁速度居中，更多指向实践行为；变革一日千里的是自然学科知识，大部分
内容不断涌现新发现、新原理、新材料、新物质、新架构、新形态、新创造。
当我们说"科技是第一生产力""科技改变生活"时，其实主要指自然科学。
自然科学成果助力文化载体、教育技术和教学工具，从黑板粉笔到白板彩笔再
到荧屏鼠标，由雕琢手写至雕版印刷再至激光打印，无不凸显自然科学中教与

学工具的进步。目前基因修复、脑神经操控、网络课堂、学习机、电子书包、慕课、翻转课堂、智能陪学机器人等，正在突破传统中的教育形态和学校功能，也即自然科学推动了社会学科改变，进而倒逼人文学科的解构与重构。

2017 年 11 月 6 日，全球网络峰会在葡萄牙首都里斯本举行，国际教育署署长 Mmantsetsa Marope 发表题为《课堂教室内外的学习》的演讲，对教育系统的改革提出警告，指出教育系统必须更加快速并且持续进行自我更新，以满足第四次工业革命以及高速发展的时代要求。[①] 在以虚拟符号为主媒介的第三次教育浪潮正在席卷而来，时代需要新的教育研究范式和新的教育学话语体系。回归教育本真，剥除附着在教育本真外壳上的政治学、社会学、心理学浮渣，为其松绑、轻装上阵。未来主要依靠自然科学知识的进步，尤其以基因科技、脑神经科学为龙头的生物学知识有助于认清人类自身，也即解决"因材施教"的教育学问题；以人工智能、虚拟现实为引擎的信息学知识对于攻克"有教无类"的教育学问题大有裨益。刘庆昌教授借助文献分析和哲学思辨，发现教育学的历史变化，呈现出"术—理—道"的求索内容逻辑和"为用—求知"的求索宗旨逻辑，而这两种逻辑是相互依赖和相互作用的。诚然，对于求索内容逻辑和求索宗旨逻辑，无论是社会学科还是人文学科、自然科学，均难以独当一面。自然学科知识不足以解决人类所期望的所有教育问题，所以将一如既往地需要人文学科和社会学科知识作为补充，特别是作为所有学科公分母的符号学，必将大放异彩。

---

① 陈佳文. 国际教育署：教育系统改革过于缓慢 [J]. 人民教育，2017（24）：1.

第一章　世界·存在·符号

笔者提出一种大符号观——符号是标志存在的哲学范畴，是意义与信息共享的双重载体，都处于物质与精神两种存在的过渡区间，符号弱码且意义杂多，而信息强码且一一映射。四个象限彼此关联，可以相互转化。若从皮尔士显现学出发，结合黑格尔、萨特现象学思想，则可假设精神世界与物质世界两个独立本原同等存在，意义与信息所在的符号世界只是本原世界存在的显现方式。符义构成信息全域。从显现学解读，符号是物质与精神存在方式和状态的显现，或曰物质现象与精神现象的总和，简称符号即显现（皮尔士 phaneron）。从宇宙观而言，三个世界呈现双螺旋结构在挠场涡旋。从人世而言，三个世界之间的转化即符号运动：从精神世界或物质世界到符号世界，均属符号化；从符号世界到精神世界属于升华；从符号世界到物质世界，属于符号降解，即物化。我们的生活世界里极少出现纯粹符号，而是符号的符号，即 N 度符号。历史上各种理论纷争、认识观矛盾很大程度皆源于人们处在不同"度"符号水平。高级虚拟现实 VR 是纯粹符号与纯粹信息的交汇奇点。

基于柏拉图、笛卡尔等所持二元论（dualism）的部分合理性，本研究暂以二元论作为讨论符号世界的前提假设，即：世界有精神与物质两个独立本原，两个实体同等而公平存在。基于黑格尔《精神现象学》中"主观精神""客观精神""绝对精神"的区分，笔者借用这些概念。本章前半部分从波普尔、邬焜等存在论角度对于存在领域的四分（精神、意义、信息、物质），所言"精神"主要指主观精神，而后半部分汲取皮尔士、萨特的现象学思想对世界做出三分（精神世界、符号世界、物质世界），其中所言"精神世界"类似于黑格尔之绝对精神。前半部分基于四个象限的存在模型对应于牛顿经典力学体系，而后半部分三个世界的世界图景对应于量子力学体系。霍金在《大设计》中提出"依赖模型"实在论，他认为，"去问一个模型是否真实毫无意义，而应该考察模型是否与观测相符"，如牛顿经典力学体系由于和"光线弯曲"现象不符，所以在大尺度宇宙空间失去存在意义。[①] 而爱因斯坦相对论和量子力学因为与之相符，因而就有了新的模型。马克思也认为，任何理论都会在历史进程中不断发展。这些思想给本研究极大启示和勇气。

一、存在领域中的狭义符号

广义的"存在"即"有"，它是世界上所有事物和现象的统称。所有形式的哲学对世界本原、本性的追问，无不是从对存在领域的构成范围的思考开始的。这便产生了种种关于存在领域分割的相关理论。本研究基于邬焜在《信息哲学》中对存在领域的切分，尝试建立笛卡尔坐标系统，将意义（狭义之符号）、信息、物质、精神统一纳入其中。

（一）符号何以存在

当代信息哲学家邬焜认为，如果我们假设：客观的 $=P$；实在的 $=Q$，那么，客观的反题"主观的"就是 $-P$（读"非 P"）；实在的反题"不实在的"就是 $-Q$（读"非 Q"）。这四个命题两两组合，则有 6 个逻辑公式：

$P \wedge Q$；　　$P \wedge -Q$；　　$-P \wedge Q$；　　$-P \wedge -Q$；　　$P \wedge -P$；　　$Q \wedge -Q$。

因最后 2 个违反形式逻辑的"不矛盾律"的"永假公式"，故删除，剩余 4 个公式所对应的含义如下，并纳入坐标系统（如图1-1所示）。

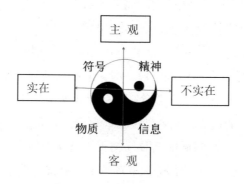

图1-1　笛卡尔坐标系中的符号

（注：本节所言符号乃狭义之符号，实乃意义。第 2 章所言符号乃广义之符号，即意

① 江晓原，穆蕴秋. 霍金的意义：上帝、外星人和世界的真实性 [J]. 上海交通大学学报（哲学社会科学版），2011（1）：27-32.

义与信息共享的双重载体)

$-P \wedge -Q =$ 主观并不实在（精神，象限 I）

$-P \wedge Q =$ 主观并实在（符号，象限 II）

$P \wedge Q =$ 客观并实在（物质，象限 III）

$P \wedge -Q =$ 客观并不实在（信息，象限 IV）

精神（主观存在）和"客观不实在"具有共同的"不实在"本质。整个存在领域即可由客观存在和主观存在来划分，也可由实在和不实在来划分。若从哲学的不同层次而言，实质上四类存在都可以再分为多个层次，如：物质有纯粹物质、人造物质等；精神有主观精神、客观精神、绝对精神（黑格尔）等；符号有原始符号、0 度符号、N 度符号等；信息有具体信息、学科信息、哲学信息（邬焜）等。为了讨论的审慎，本研究对于存在领域的 4 象限划分，采取最小化的意义使用，如物质主要指纯粹物质，精神主要指主观意识，符号主要指原始符号或 0 度符号，信息主要指哲学意义的一般性信息。信息是标志间接存在的哲学范畴，它是物质（直接存在）存在方式和状态的自身显示（邬焜）。

马克思主义认为，客观实在性是物质的唯一特性，即物质不依赖于人的意识——具有客观实在性，无论是否被感知或承认其存在，就那样客观地存在着；物质能为人的意识所反映——具有可知性，能被人们通过符号而反映、所认识。在气象万千的自然界中，进入符号世界的事物毕竟十分有限，从表象而言，只有进入符号视域才有可能被人类所认识；从本质而言，只有被人类感知才算进入符号视域。声光电波能场等尽管摸不着、看不见，但若通过科学符号解码、转译，仍然可被感知。还有更多或更早更远的事物在相当长的时空都无法被人所认识，那便是潜在符号。浩瀚宇宙，物象茫茫，人类所能认识的对象何其有限。

图1-1 中的太极图表达所有存在彼此之间相互关联、运动、辩证关系，也即四个象限的存在方式和状态在一定条件下可以相互转化。相比而言，第一、三象限的精神与物质是"自在存在"中的主体和本原，而信息与符号只是精神与物质相互转化的居间过渡，是人的"自在自为"结合体。信息与符号的出现象征着开启了人的世界，在此之前，天地混沌，有了人类的同时就有了信息和符号，从而使得万物条分缕析，天地位焉。语言作为最系统的符号，其产生便是从混沌走向澄明，即索绪尔言"纯粹的价值系统"。虽然康德认为时间与空

间乃人类感知世界时的先天形式，而非反之。但老子《道德经》中的"大曰逝，逝曰远，远曰反"却提出时空亦可相互转化，如大、远皆为空间范畴，而逝、反则为时间范畴。既然这个先天形式可转换，那么处于时空中的一切能不转化吗？

美国认知心理学和人工智能的创始人之一西蒙认为："符号可以是物理的符号，也可以是头脑中的抽象的符号。"① 其实这个说法并不准确，本研究认为，任何符号都是一个间接存在和直接存在的统一体，亦即所有符号都既是物质体，又是精神体。作为一种主观显现着的精神现象，它本身就是符号活动的一种高级形式。另外，事物作为符号再现体又可以显现符号对象，这便构成了多级间接存在或多级符号显现的现象，亦即符号的符号。这也是我们可以认识符号本身的根据。正是在精神界"自身显现"和物质界"间接存在"的意义上，符号获得了自身在本体存在论层面上存在的意义和价值。

第一象限与第二象限同处主观侧，即精神与符号都是意识，共享主观维的某些哲学范畴。符号学即意义学（福柯），解释项使符号的意义追求成为应有之义（皮尔士），人类为了表现自己而寻找符号，其实，表现就是符号（怀特海）。我思故我在（笛卡尔）说明"我思"之主体意识的在场，而这种在场与精神内在同源——主观性。符号是思的工具，符号化是思的核心运作过程。本质上，意义就是精神的精神，故而，对于第一象限的精神而言，符号就是其直接存在方式。人的世界即意义的世界，若无意义，则人难以存在，人的思想更难以立足，人只有通过符号才能使精神面貌展开、才能从事精神活动，精神活动就是符号之海的涌动。宽泛而言，精神活动即意义活动，其活动前提条件正是符号。意义是符号的意义，符号是意义的载体，任何意义的编码或解码，必得使用符号。没有不承载意义的符号，也无意义可以不用符号表达。意义就是一个符号可以被另外的符号解释的潜力（赵毅衡）。苏珊·朗格言："若无符号则人就如同动物而不能思维，所以，符号乃人之本质。符号创造了远离感觉的人的世界。"②

第二象限与第三象限同处实在侧，即符号与物质的共通性在于都有实在

① 司马贺. 人类的认知 [M]. 北京：科学出版社，1986：10-11.
② 苏珊·朗格. 情感与形式 [M]. 刘大基，等译. 北京：中国社会科学出版社，1986：33.

性，或共享实在维度的某些哲学范畴。符号通过一物替代另一物（艾柯），在彼此替换、迭代的关联中，使这个物质世界得以展开。但无论物质如何展现，都是具体的一个一个的实体，我们所面对的是作为本体事物共相之殊相，而难以与事物共相之一般正面交锋，我们所能面对的只不过是符号——替代共相之一般的具体现象中的具体事物。除了这种纵深组合轴上的符号替换、迭代，还有横向聚合轴上的符号替换、迭代——普遍联系的世界是通过符号作为媒介，无论是像似符、指示符或规约符（皮尔士），也无论是能指与所指（索绪尔），事物的横向铺排通过符号而彼此勾连互通，正如任何一本词典，当我们检索某一个词，却总是用另外一些字词来索引和解释，事物的此在，已非事物本身，而是符号化身。因而，对于第三象限的物质而言，符号就是他的间接存在方式。赵毅衡认为，符号图像提供"真实感"而非"真实性"：关于世界的符号，只不过是世界的符号表现，而不是世界。

　　第二象限之符号与第四象限之信息有着千丝万缕的关联，甚至在某种程度上互相纠缠与转化。两者共同点在于都是物质与精神之间的过渡区间，符号体现世界的自由性、目的性、价值性；而信息体现世界的确定性、规律性、本然性。尽管信息学家与符号学家彼此想撇清关系，挖空心思试图找到合适标尺赋予对方"标出性"，实际何其难也！例如针对"水中月，镜中花"既有人从信息角度解说，也有人从符号学视角阐释，但若做一对比，却也发现"和而不同"。又如针对语言，索绪尔认为"是一个纯粹的价值系统"，[①] 而莱纳德·布龙菲尔德确认为是信号系统。邬焜曾在《信息哲学》中写道："信息是既非物质也非精神的第三态"、"信息是物质成分和精神成分的特殊融合物"、"信息是在表征、表现、外化、显示事物及其特征的意义上构成自身的存在价值的""信息是它所表现的事物特征的间接存在形式"。[②] 如鲍德里亚言"符号和信息激增而消解意义，信息和意义内爆，瓦解为无意义噪音"。[③] 在信息学与符号学的圈子之外，人们更易混用，更乐于把信息与符号看作一片混沌沼泽。本书第二章将尽力厘清这一对孪生兄弟的血脉联系。

---

　　① 胡剑波，毛帅梅.索绪尔的纯粹语言价值思想 [J].湖南科技大学学报（社会科学版），2015（5）：124-130.

　　② 邬焜.信息哲学 [M].北京：商务印书馆，2005：38-44.

　　③ Baudrillard. Translated by Sheila Faria Glaser. Simulacra and simulation [M]. USA：The University of Michigan Press, 1997（1）：2.

（二）基于存在的符号定义

基于以上存在领域的划分，符号可以如此定义：符号是标志存在（主观—实在）的哲学范畴。

本书对符号概念的界定没有超出赵毅衡先生的符号思想，而是继承并沿着他的方向做个人化阐释，同时结合邬焜关于信息哲学思想，尝试打通物质、符号、精神、信息的不同存在方式及其系统性。

从符号的存在方式来看，符号是在表征、表现、外化、显现事物及其特征的意义上构成自身的存在价值。精神活动的相互作用，必然引起作用双方的内在结构、运动状态和性质的某种改变，这种改变的"痕迹"就是对作用物符号的表达与接受。在这一过程中，双方都既是能指，又是所指。还同时是再现体与对象。因为，符域的变更，带动角色的转换，另外根据意义表达的需要，"移步换景"与"移花接木"同步发生。康德所言时空是先天感性形式，故而开放的时空保证精神活动在本源上的无边无界，而由于精神活动互动的泛在性，任何事物都已将自身演化成具有特定结构和状态的凝结着种种意义的符号体。正是精神的这种符号特性，任何事物都是一个直接存在和间接存在的统一体，这个统一体自身就同时具有符号学鼻祖皮尔士所言再现体、对象和解释项的三重属性。

符号与精神同在，可谓"心有多大，世界就有多大"。此世界以符号为表征，兼容物质与精神的存在形式和状态——包含物质的实在性与精神的主观性。基于马克思唯物主义辩证法，物质与精神之间有着辩证关系，如太极阴阳图，物质决定精神，故物质厚重而黑浊，精神反作用于物质，故精神清虚而白净。两者的转换过程与作用状态通过第二象限的符号而表征、显现。精神活动由于内部不同要素间、外部不同存在方式间（物质、信息、符号），以及内外部之间的相互作用，使得整个世界的变动展现多维合力，如同任何星球的运行是自转与公转的合一。也即世界的当下面貌由两种运动（客观维度：实在领域之物质与不实在领域之信息的运动；主观维度：实在领域之符号与不实在领域之精神的运动）合力为之。

符号又可以显示符号，这便构成了多级间接存在或多级符号的现象，亦即符号的符号，或 N 度符号。鲍德里亚告诫"信息对意义和内涵具有直接破坏性，后现代社会我们收到越来越多信息而收到越来越少意义……信息吞噬了交流和社会"。智能社会是信息社会的重大升级，在此阶段，以人工智能与虚拟现实为代表的科学符号主宰一切的气势将被人文符号和生活符号所抗衡，形成多元符号的"和"局面。

这给教育研究与未来思想带来全新视角：从物质生产进步到符号尺度的跨越。坐标系中所言符号主要针对 0 度符号，它总是由两部分构成——作为符号载体的实在之物（可感知部分）、主观之精神（意义部分）。也即符号是物质性与精神性的结合体，物质性的对象不仅包含自然界纯粹物质（如分子原子质子、声光电磁能波场等），还有人类运用精神所创制的人造之物（如文物、建筑、制度、科技合成物等），另外还应该包含"事物"（战争、爱情、待人接物等）。也即物质性和精神性是符号的先天性征。

可是，为何我们日常所见大量符号，似乎都不具有物质性呢？那是因为我们所见的符号已经不是原始纯粹符号或 0 度符号，而是符号的符号或 N 度符号。但若追本溯源，则返本开新。当我们采用逆推法，将 N 度符号回溯到一切符号之本源，则必然一步一步现出原形——纯粹符号的物质性。钱锺书认为："宗教家言常以空无一物的虚堂，净无点墨之白纸，象示所谓太极之本质……宋周敦颐之《太极图》，明释法藏《五宗原》，均以空白圆圈〇始，示大道之原。"① 《道德经》"大音希声"，以及梦境等，这些都看似虚、无、空，但本质上是实、有、满的标出，仍然在还原中可以发现物质性。没有经受五音洗礼的婴儿无法体验"大音希声"，大音希声的前提是"声音"，而声光电均有物质性。王军、韦世林之"空符号"或西比奥克所言"零符号"（zero sign），② 如：绘画中的留空、讲课中的飞白、音乐中的休止、交谈中的欲言又止等，并非真正空、无，而是物质性"满、有"为前提和背景，是对物质性的暂时性遮蔽，是"满、有"对"空、无"的操弄和标出。根据符号学家赵毅衡所言，标出项是异项、是边缘性存在。③ 总之，物质性和精神性都是符号/信息的本性之一，这种本性来源于世界的重新划分（精神世界、符号世界/信息世界、物质世界），后文将从现象学视角重点阐述。

① 胡剑波，毛帅梅. 索绪尔的纯粹语言价值思想 [J]. 湖南科技大学学报（社会科学版），2015（5）：124-130.

② 王军，李想. 论语言空符号中能指的缺失 [J]. 外语学刊，2021（3）：115-121.

③ 赵毅衡. 符号学原理与推演 [M]. 南京：南京大学出版社，2011：26.

符号在物质性与精神性之间自由滑动，滑动的方向和程度视符用而定，也即根据符号使用者的目的和符号价值而定。符号向精神性一侧的滑动是"符号化"，符号向物质性一侧的滑动是"去符号化"或"物化"，赵毅衡称之为"符号降解"，他在《符号学原理与推演》里举出极好实例：《三国演义》第六回，孙坚在焚烧的汉室皇宫，找到了传国玉玺："王莽篡逆，孝元皇太后将印打王寻、苏献，崩其一角，以金镶之。"玉玺本是一件象征皇权的纯符号，但是也可以用来打人。在打人这一刻玉玺失去原意义，不是皇权符号，而是老太太使用的一件武器。此后，玉玺补上的金镶角，在《三国演义》中被当作此玉玺是绝对皇位真传的证据，军阀之间为此大开战：用玉玺打人的后果，又被符号化，带上实用的证实意义。

二、世界本原中的广义符号

国际符号学会主席塔拉斯蒂汲取克尔凯郭尔、康德、黑格尔、海德格尔、雅思贝尔、萨特等人的存在主义、理性主义和辩证法思想，2000 年出版《存在符号学》。他认为，主体生活在这个世界上，因为体验到纯粹"此在"不充实，故而凝视并努力寻求超越。据克尔凯郭尔的观点，人永远不能完全成为存在本身，他只能向此迈进，永远在路上。存在是一种"becoming"的超越之旅。而在此过程中，主体必须首先在客观符号中找到自身，即"此在"。那里包含着客观符号学的一切正确的规则、语法、生成过程。但是，主体接下来认识到了他的存在周围的空虚和虚无，它们发生在他之前或他之后。主体必须朝向"虚无"进行一次飞跃，飞跃到萨特描述的虚无王国。

（一）世界本原何在

赵毅衡再三强调：符号之所以能携带意义，是由于它将对象的无穷观相片面化，若要求符号全面地再现对象的所有方面，则符号将失去携带意义的功能。"只有摧毁，方可表意"（格雷马斯），"符号乃事物之死"（拉康）。因为符号在表意中，事物之自在性和整体性被取消了，事物之观相在符号替代中被抽取了。大道无言，大音希声，但凡用符号表示，总是对对象或本体的束缚与耗损。可是问题在于，若不用符号表示，如何知悉对象本体或世界本原？管中窥豹固不可取，但聊胜于无。

　　从唯心论而言，精神世界乃本体论的世界本原，属于本原世界之一。从唯物论而言，物质世界乃本体论的世界本原，属于本原世界之一。本研究秉持二元论思想，认为：精神世界与物质世界都是平等的世界本原，二者乃不分伯仲的"自在"之实体，与实体相对应的是"虚无"（借用萨特用语，虚无乃人之根本），二者中间的符号世界就是人的世界，也是"自为"之虚无王国。人在虚无中通过"符号运动"（塔拉斯蒂）而追寻意义、自我赋值，在"虚无—意义—充实—意义—虚无"的无限循环的否定之否定的人生逆旅中不断自我超越。夫天地者，万物之逆旅也；光阴者，百代之过客也（李白）。追寻意义、自我赋值尽管场面发生在"自为"之虚无王国，但其压力源和参照系却在实体的"自在"世界——物质世界和精神世界，每个个体的符号运动越强烈、持久、高效，则其"自为"世界越大，也即个体的符号世界向精神世界和物质世界拓展疆域。故而，不断自我超越对于自由个体而言，面临向上精神世界或向下物质世界，或者秉持中庸之道的可能性选择。人在贫困潦倒时，可以选择成为精神丰满、有灵魂的大写清贫之"人"，亦可选择成为不仁不义、物欲滞涨的小人，To be，or not to be，it's a question（莎士比亚）。

　　两个"自在"世界实体的压力源和参照系毕竟只是外在于我，而我身体是自在的存在，意识是自为的存在，因而个体是有自由意志的（萨特），一旦选择了什么，什么便召唤着符号运动的方向。符号运动过程既是对虚无的否定，也是人获得自为本质的过程。古希腊"爱智慧"或欧几里得"接近真理、引导灵魂更趋完善"，以及雅思贝尔斯"教育就是一棵树摇动另一棵树，一朵云推动另一朵云，一个灵魂召唤另一个灵魂"，无不是向上以精神世界为灯塔。蔡元培担任北大校长时，提出终极价值体系的世界观教育，以纯粹精神活动与价值品质培育作为教育核心使命。每个人来到世间，初来乍到，总是虚无而孤寂，其意境如"昨夜西风凋碧树，独上高楼，望尽天涯路"。若选择迈向下沉物质世界的路线图，势必执着于"物质现世"，则其意象如"衣带渐宽终不悔，为伊消得人憔悴"；若选择向上攀越，开拓精神世界，则其意象如"蓦然回首，那人却在，灯火阑珊处"。

　　老子以"道"为世界本原（可以是上清之精神世界的本原，亦可是下浊之物质世界的本原），《道德经》第二十五章：有物混成，先天地生。寂兮廖兮，独立而不改，周行而不殆，可以为天下母。吾不知其名，强字之曰：道，强为之名曰：大。含义：有一个本体神秘存在、混然而成，在天地形成之前已然存在。听不到其音亦见不到其形——作为世界存在方式和状态的符号不在场，故精神世界不可知、物质世界不可见，一派静寂且虚空，不依靠任何外力而独立长存、永不停息，循环运行而永不衰竭，可看作是万物之根本。如西方哲学所言"第一不动的动者"（First unmoved mover）。我不知其名，故勉强以文字符号"道"去表征符形，再勉强以符名"大"去表征符义，意指其"道"无边无际，至大无穷。纯粹心灵也许可以感知而无法用语言符号或图像符号表征，虽然可以以"道"作为符号表征，但并非日常所言之道。

维特根斯坦告诫不可说的应保持沉默，可说的则应说清楚。老子一方面示弱守雌，以水德自居；另一方面，却试图建构符号帝国以化人。道，非常道，本不可道，老子却坚持到"道可道，非常道"。并强字之曰：道，强为之名曰：大。老子固然智慧过人，然而相对于任意一个世界，毕竟只是微小尘埃。毕竟，人就是人，人有人的限度，老孔庄、苏柏亚概莫能外。屈原也曾在悲愤中《天问》："遂古之初，谁传道之？上下未形，何由考之？冥昭瞢闇，谁能极之？冯翼惟象，何以识之？明明闇闇，惟时何为？阴阳三合，何本何化？圜则九重，孰营度之？惟兹何功，孰初作之？斡维焉系，天极焉加？八柱何当，东南何亏？九天之际，安放安属？隅隈多有，谁知其数？"

传说《周易·系辞下》为伏羲"仰则观象于天，俯则观法于地，观鸟兽之文，与地之宜，近取诸身，远取诸物，于是始作八卦，以通神明之德，以类万物之情"。[①] 此语尽皆符号学，如"象""文"乃符形，"法"是符码，"德""情"为符用，"宜""身""物"谓之符义之体，"八卦"者，整全符号也。同时，也可解读出三界通达的二元思想：天之所指精神本原、地之所指物质本原、两者交相利而形成精神—物质共在的存在方式和状态——八卦符号，它象征大千世界。人性，中正与此则堂堂正正，若向上则可通往神性、如向下则会抵落兽性。人，以动态在场的方式参与符号建构，或者说，符号世界建构了人自身，或上或下，存乎一心。无论上或不上，巴别塔就在那儿。只要愿意，就能通天。

精神与物质、天与地、阴与阳、神性与兽性在太极图中有所表达，两极相合即为道——符号世界的灵魂。《道德经·二十五章》提出："人法地，地法天，天法道，道法自然。"可用以阐释符号演化过程。即：人以物质为生，物质以符号

---

① 陈道德. 论卦爻符号的起源及《周易》的意义层面 [J]. 哲学研究, 1992 (11): 60-67.

为合，符号以精神为源，精神以自然为本，即本然之心（或得道者之品质、或哲学王之品格、或上帝使者之品性），而本然之心是精神所依托和取法之根源。因而，符号世界既是人之栖居的意义之所（本体论意味），又是人所建构并以之为工具创造万物的生成过程（价值论意味）。二者实为一体，互为条件，彼此和谐。

（二）三个世界的划分

唯心论一般认为，精神是世界本原，精神决定物质；而唯物论一般认为，物质是世界本原，物质决定精神。本研究坚持柏拉图二元论思想——精神与物质两个独立本原同等公平地存在，但不认为意识与物质可以孤立存在，而是彼此之间有相互转化的连续光谱，也即"通天入地"的符号世界。正如西蒙所言，符号可以是物理的符号，也可以是头脑中的抽象的符号。也即符号世界可以含纳部分精神世界和物质世界。精神世界之"精神"在符号世界具体化为"意识"，物质世界之"物质"在符号世界抽象化为"事物"。如图1-2所示的符号世界，无论是从最上端纯粹精神向下经由纯粹意义到纯粹符号，还是从最底端纯粹物质向上经由纯粹信息到纯粹符号，均是逐渐符号化的过程。

反之，从纯粹符号向下到纯粹物质则是符号的降解，从纯粹符号向上到纯粹精神则是符号的升华。所以笔者决意改造传统哲学观"精神世界与物质世界之间直接相互作用"，认为两者之间有个过渡性的符号世界，符号与信息的存在使得精神与物质之间不会"短兵相接"，也为二者相互作用和转化提供现实可能性。人，居于中间的符号世界，若总是向上仰望精神世界，则钟情理性论；若一味向下埋头物质世界，则垂爱经验论。或许，符号=F［意义∪信息］通天入地的特异功能可以为解决休谟问题留下门径。

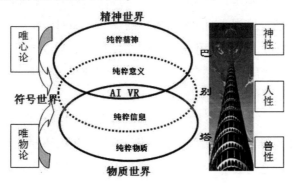

图1-2 本体论视域的符号世界

图1-2是静态结构图：最上方的椭圆为精神世界，玄之又玄，难有统一名称。如柏拉图之"理念界"、笛卡尔之"天赋观念"、叔本华之"纯真世界"，虽各有异同，但总体上都指向纯之又纯的"彼岸世界"。姑且笼而统之，勉强命名为"精神世界"，但与人们日常所说的精神世界显然不同。它以客观唯心主义和二元论哲学范畴中的纯粹精神（或曰独立于任何经验的精神本原，如灵魂、上帝、天理、天道、天命、气数、物自体、先验、λóγος/Logos 等）为主体，同时包含纯粹意义和纯粹符号（人工智能与虚拟现实），所以它是哲学范畴中一个宽泛的精神世界全域。

最下方的椭圆为物质世界，众妙之门，一切世界之物质基础，以唯物主义和二元论哲学范畴中的纯粹物质（或曰独立于任何理性的物质本原）为主体，同时包含纯粹信息和纯粹符号（人工智能与虚拟现实），所以它是哲学范畴中一个宽泛的物质世界全域。纯粹信息主要含"超验物质对象"，如电子、场、波、夸克、量子等不可以直接被经验到的物理对象。纯粹意义（pm）与纯粹信息（pi）的交集构成为纯粹符号（ps），它以人工智能与虚拟现实为主要代表，即 $ps = f(pm \land pi)$

中间的虚线椭圆表示符号世界，它与上方的精神世界和下方的物质世界同时交相叠合。虽然名为符号世界，但并非仅仅由一般性"符号"构成，这个世界以"纯粹意义"（与纯粹符号相辅相成）为主体，另外还包含了纯粹信息（同样与纯粹符号相辅相成）、以人工智能与虚拟现实为代表的纯粹符号，以及两侧的 N 度符号与 N 度信息。符号世界是一个镜像的世界，是物质间接存在方式和状态的显现，同时是精神直接存在方式和状态的显现。这个镜像世界是物质现象与精神现象的总和，可以说符号就是现象。

符号世界是一个借由符号在混沌中消解混沌的符号生态系统，其间既有精神之主观又有物质之客观，同时既有实在的意义（相对于精神）又有不实在的信息（相对于物质）。正如符号学鼻祖索绪尔所言，思想在本质上是混沌的，但通过（符号）分解时，必然变得明确。纯粹精神与纯粹物质类似于康德所言之"物自体"，而符号世界即康德之"现象界"。

史蒂芬·平克在《思想本质：语言是洞察人类天性之窗》中，反对沃尔夫假设的语言对于思维和行为有决定性作用，他认为语言不是思想本身，而只是洞悉思想之工具，它与思想不具有同一性。实际上语言作为最大最成体系的符号系统，的确不是纯粹精神或纯粹物质之本身，而是其现象和表征。从一般意义上说，精神与思想相通，因为除了人的思想还有什么懂得精神？语言和所有符号一样，本身是不能抵达精神之域的，或许可能要借助科学和哲学发展一套概念，比如信息科学、信仰体系等。

世界是混沌的，难以找到合适的表征方式。若以图像符号（如图1-2）来表征世界，虽然不甚满意，但似乎更加直观。构图思想来源于多位哲学家，如柏拉图、笛卡尔、康德、叔本华、老子等。总图主体部分有3个相叠交的椭圆，3个椭圆之间发生着双螺旋式涡旋运动。最上的精神世界属"阳"，最下的物质世界属"阴"，阴阳涡旋而形成挠场，信息、符号、万物由此而生。正如《道德经》中所说："万物负阴而抱阳，冲气以为和。""道冲而用之，或不盈。""夫唯不盈，故蔽而新成。""天下万物生于有，有生于无。""道生一，一生二，二生三，三生万物。"符号从此在世界分离开来，开始在缺少引力的虚无的空间里漂浮。符号表现出悬浮状态，就像空中飘浮的尘埃。或者，不是物体，而是物体的符号或者能指，是已经移向充实状态的符号。

符号可以分为两类，它们可以把所指留在此在的客观世界，也就是说，是空虚的、没有任何内容的纯能指在移动。但是，相反的情况也会发生：覆盖在表层的符号的物质性可能停留在此在世界，而符号的内容已经移向了虚无境界。当然，是超越着的主体通过存在行为使符号发生运动。意志、愿望、能力、知识等在转向虚无领域时，在朝向"不存在"的黑暗中心运动时，它们会逐渐消失。相应地，当它们返回时，又开始但也许是以一种全新的方式同这些模态建立起联系。模态在访问了虚无之后焕然一新，与过去截然不同。符号又在充实中变得密集和沉重，坠满了根基。

本书也不完全同意17世纪二元论者笛卡尔，他认为，精神与物质是两种绝然相异的实体，精神本质乃精神或思想，物质本质乃广袤。物质无法思想，精神无法广袤，两者彼此完全独立，一个不能决定或派生另一个。本研究认为，尽管二者差别明显，但是，若无符号，则何以知悉精神、物质之存在？二者虽然有天壤之别，但是根据辩证法的普遍性，二者之间会通过符号与信息而转化，就如阴阳互体、阴阳化育（黄帝）、天地混沌（老子）、方生方死方死方生（庄子）、动静对立统一（辩证唯物主义）、世界之存在与存在者（海德格尔）、波粒二象性（波尔）、心理与世界互构（皮亚杰、维果茨基）。纯粹精神与纯粹物质在被意识之光映照之前乃绝对客体，一旦被意识便从客体转换为对象，意义世界就是客体被对象化的全域，也是零度符号化之始。在康德哲学里，时间与空间是人之感性的先天形式；在黑格尔哲学里，时间是精神的特质，而空间是物质的特质。

本研究批判式接受先哲们的个别观点：在牛顿物理体系里，时间是纯粹精神实体的特质，而空间是纯粹物质实体的特质，时空都是符号世界中人之意识的先天形式；在挠场体系里，时空没有存在必要，符号因其意义的自由性（解释项的自由）消失而归于信息。宇宙因其全息性质被解码，充分实现再现体与对象间一一映射，将导致解释项失去自由，从而，符号因为"硬编码""强解释"的意义坍塌而归于信息。如是，符号 F（信息∪意义）成为宇宙主体，而精神、物质、能量成为附属。符号向信息的转化即自由度的消解，信息向符号的转化即熵的增强。后文将对符号 F（信息∪意义）做翔实阐释。

（三）巴别塔故事

"纯粹物质"的世界是未经人类"染指"的自然界、物质界，以其为基础的整个物质世界为一切有机体的生存提供物质条件，存活于此的生命体所展现的是其"兽性"。人在符号化、社会化之前所展现的"兽性"即人的自然性、生物性。如马斯洛需要层次理论所言人最基础层次的生理需要（吃喝拉撒睡、性欲、生命）。符号世界是人类特有的栖居之所，正如卡西尔所言"人是符号动物"，在此空间的生命体所展现的是其"人性"。人处于食物链顶端，超越兽性，葆有精神世界的部分"神性"。"纯粹精神"的世界是人类可望而不可即的天堂、极乐世界，以其为基础的整个精神世界为一切生灵提供是其所是的灵魂，这个世界所展现的是绝对圣洁的"神性"（本文所说神性、神仙、上帝源于康德所言之哲学意义的"神"，而非世俗宗教之神，更非迷信妖魔之神）。也许，有神论会在这个世界安置神龛，客观唯心主义会在这个世界占据地盘。"兽性"暗浊，"神性"明清，"人性"兼而有之。人性的可爱之处在于富有弹性，是"兽性"与"神性"的融合体，人可以选择下沉而占有更多"兽性"，亦可选择上升而占有更多"神性"。

北宋大儒张载《正蒙乾称》中说："乾称父，坤称母；予兹藐焉，乃浑然中处。故天地之塞，吾其体；天地之帅，吾其性。民，吾同胞；物，吾与也。"此即"民胞物与"思想：人与天地万物皆一体同胞，立论依据或相通于《老子》"人法地，地法天，天法道，道法自然"。但其虽为一体，而万类霜天竞自由，个个存在属于整个符号生态系统的一分子，都有其各美其美的价值，从而致中和，天地位焉，万物育焉（《中庸》）。"致中和"即为符号生态系统，必然高低错落有致，既有遮天蔽日的高大乔木象征的神性，又有卑微到泥土的苔藓和真菌所象征的兽性。现实的人就是弗洛伊德所谓的"自我"，他在神性与兽性之间撕扯，就如在"超我"与"本我"之间取得和谐。

康德三大批判固然伟大，但其更大的智慧在于给出 3 个前提性假定：上帝存在、灵魂不朽、意志自由。人性本然蕴含着自由意志，既可仰望星空，与神性通感，做一个纯粹的人、高尚的人、有益于人类的人；也可随性放纵，与兽性同道，做一个庸俗的人、低级趣味的人、自私自利的人。宗教哲学家奥古斯丁《忏悔录》中说：某日正当他在住所花园里为信仰而彷徨之际，耳边响起清脆的童声（神启）："拿起，读吧！拿起，读吧！"他急忙翻开手边的《圣经》，恰是圣保罗的教诲赫然在目："不可荒宴醉酒，不可好色邪荡，不可争竞嫉妒，总要披戴主耶稣基督，不要为肉体安排，去放纵私欲。"奥古斯丁年轻时生活放荡，他感到这段话击中要害，"顿觉有一道恬静的光射到心中，驱散了阴霾笼罩的疑云"。自此以后，奥古斯丁心里有了平安，他感觉有从上帝而来的能力胜过罪恶，内心起了极大变化。公元 387 年复活节，他接受洗礼正式加入基督教而开始专注于精神世界。

《圣经·旧约·创世记》称，人类当初联合起来，兴建希望能通往天堂的高塔。为了阻止人类的计划，上帝把人类分置世界各地，让人类说不同的语言，使人类相互之间不能沟通，导致计划失败。从符号学解读："通往天堂"其实就是通往最高端的"纯粹精神"世界，"不同的语言"就是不同编码的符号体系，"沟通"即符号互动，登临通天塔（巴别塔）则隐喻从兽性到人性，再到神性的逐层攀越。未来是否有可能呢？尼采已经宣判上帝之死，似乎人类已经不受辖制而攀缘通天塔。但马尔库塞却开出诊断书《单面人》，似乎残疾人登塔不便吧？也许更大的困难在于通天塔基座不牢靠，如亨廷顿《文明冲突论》、罗尔斯《政治自由主义》、福山《历史的终结与最后之人》暗示兴建高塔的符号体系尚且缺东少西，通天塔摇摇欲坠啊。

霍金斯认为，人的符号意识水平决定人的境界层次。[①] 人性因为符号智慧而居于兽性与神性之间。康德名言"那最神圣恒久而又日新月异的，那最使我

① 大卫·R. 霍金斯. 意念力：激发你的潜在力量 [M]. 李楠，译. 北京：中国城市出版社，2012：2.

们感到惊奇和震撼的两件东西，是天上的星空和我们心中的道德律。"[①] 天上星空所指应为物质、自然，对应于人之兽性，而心中道德律所指应为精神、社会，对应于人之神性。从自然视角而言，人是动物，因其身体来源于进化、遗传、繁殖等均受物质本能支配，这是所有肉身构成的动物的欲望之物。而从精神视角而言，人乃万物之灵，人的灵魂有神圣的来源，超越于一切自然法则。神性之形而上与兽性之形而下通过符号而彼此缠绕缠斗、相爱相杀，最终由符号彰显人性。正如周国平所言，人性实际上被一分为二：一是由道德意志、宗教情感和哲学理性所构成的超验部分，即神性；二是生物本能、日常情感和科学理性所构成的经验部分，即兽性。在伽达默尔的解释学中，语言符号具有本体论地位，人性、符号与世界融为一体，人以语言（符号）方式拥有世界。人、语言和存在是一而三，三而一的关系。因为语言是最成体系的符号，所以，谈语言，便是谈符号。

沿着巴别塔向上攀登，从兽性到达人性层级，逐步滚雪球般建构起符号帝国，进而驾驭符号帝国之力而上达"天庭"，开悟神性。人类也许可以抵达"天庭"南天门里，也许"离天三尺三"，但巴别塔不倒，便有希望；符号帝国在，便有后盾的力量。人工智能、虚拟现实、符号教育所标示的高级社会，将有99%的人类闲暇而享受诗意人生，他们在闲暇自由中体悟人类生存意义，究天人之际，通古今之变，有望成为叩开"天庭"之门的一个个勇士，或许，他们会在盲目自大中飞蛾扑火，但其行为本身蕴含着生生不息的"天问"勇气。

"我"是谁？世界何来？天堂何在？有上帝吗？你将何往？苏格拉底沉吟良久，双颊绯红惭愧说"我一无所知"！柏拉图一本正经地八卦其恋爱史，一言蔽之"理念界与现象界"。庄子说，"吾生也有涯，而知也无涯。以有涯随无涯，殆已"，言讫化为蝴蝶，装作天人合一，人笑之，答曰"自非神，安知神之性"，展翅逍遥游了。屈原《天问》亦曾追问兽性之谜"焉有石林？何兽能言？焉有虬龙、负熊以游？雄虺九首，儵忽焉在？何所不死？长人何守？靡蓱九衢，枲华安居？灵蛇吞象，厥大何如？黑水玄趾，三危安在？延年不死，寿何所止？鲮鱼何所？鬿堆焉处？羿焉彃日？乌焉解羽？"古来圣贤皆寂寞，唯有悟者留其名。凡大彻大悟者，不仅超越兽性，其符号意识必达最高层级，丰

---

① 康德. 实践理性批判 [M]. 邓晓芒，杨祖陶，译. 北京：人民出版社，2013：220.

满人性，通达神性。乔达摩悉达多在 19 岁时，有感于人世生、老、病、死等诸多兽性之苦恼，舍弃人性之王族生活，出家修行试图觉悟神性。35 岁时在菩提树下顿悟，遂开启通达神性、普渡众生的佛教之路。耶稣、穆罕默德等都有那样神圣意义的传说。

三、现象世界中的符号

三个椭圆象征三个世界，在中间的符号世界实现了精神与物质两个世界之间的部分相融相生，象征宇宙的辩证统一性，精神与物质之间可以相互转化，并无截然区分、判若云泥。物质世界与精神世界之间是连续的光谱分布。当然，理论上能够转化并不意味着现实上的任意转化，因为转化需要一定的条件，如时间、空间、主观能动性、客观现实性等，这些条件总汇的全域就是宽泛的符号世界全域。太极图正是这种转化的像似符。黑中有白白中有黑、阴阳互动天地祥和，如《中庸》"致中和，天地位焉，万物育焉"。又如《黄帝内经阴阳应象大论》认为世界起源时一片混沌，继而清阳上浮为天，浊阴下沉为地。故清阳为天而浊阴为地。又认为地气上升为云、天气下降为雨。天，象征精神世界；地，象征物质世界；二者的中介与和局即符号世界，因而，理想的符号世界即"致中和"或中庸状态。

二者任意一方打破平衡，则天地不祥、世界失序。如西方中世纪的黑暗时期，便是精神世界的僭越，它无视物质世界现实状况，通过编造宗教符号以压制芸芸众生，如布鲁诺就成为那种符号的祭品。启蒙运动及历次工业革命、世界贸易等大发展本质是物质世界的张扬，它敲醒精神世界的虚幻迷梦，通过创制科学符号以解放昭昭人性，如"日不落帝国"全球殖民就是此种符号的凯旋。精神信仰和宗教固然属于精神世界但并非全部，诸如理性、非理性、先天综合判断等均在此列，同理，物质生产和生活固然属于物质世界但并非全部，诸如经验、本能、脑神经机制等均属此类。实际上，更多的现象处于精神世界与物质世界之间的模糊地带，极难断言到底是精神世界现象呢或者是物质世界现象，但可以肯定均归于符号世界。因为符号世界就是两个世界存在方式和状态的显现，也即符号就是现象。

（一）符号就是现象

由上文得出结论：符号是标志存在的哲学范畴，它是世界存在（物质间接存在、精神直接存在）方式和状态的显现。符号是意义与信息的载体与外在形式，是意义与信息表达和传播中不可缺少的一种基本要素。符号就是现象。符号世界就是精神现象和物质现象的总和。符号世界是精神与物质转化条件的全域。

从最上端的"纯粹精神"如光谱般向下过渡到最下端"纯粹物质"，最中间是"纯粹符号"（主要代表：人工智能与虚拟现实）。从纯粹精神向纯粹符号的逻辑滑动可称之为精神符号化，从纯粹物质向纯粹符号的逻辑滑动可称之为物质符号化。从纯粹符号向纯粹物质的逻辑滑动属"符号降解"（赵毅衡），从纯粹符号向纯粹精神的逻辑滑动属"符号升华"。这些滑动根据不同符号域，一般可逆、可重复。如：自然界生长的竹林属于"纯粹物质"，被人加工成为一根光滑美观的竹棍，属于物质"去纯粹化"或"0度信息化"，虽然仍属于物质世界，但已经开始向符号化方向启动。当老师拿来这个竹棍当作指字棍或教鞭时，则变为教育工具，视为符用，又向物质的符号化滑动了一步。当把这个教鞭看作为含有教育权威或教师规训之意义的精神符号时，则符号化进一步滑动。当把这个教育仁爱精神符号作为能指，而所指指向人类至高至善的精神本原时，则开始向"符号升华"的逻辑滑动。当把人类至高至善的精神本原具体化为特定领域的教育至善或教师之爱时，则属精神符号化。教育至善或教师之爱若从抽象的精神符号具象化为教师言行之意义或以教鞭承载其信息，则属于符号降解（赵毅衡）。当某个老师带着教具回家路上突遇天雨地滑，那个教鞭被偶用来做拐杖时，则符号降解又进一步向意义逻辑滑动。

以人工智能与虚拟现实为代表的纯粹符号是信息与意义的交合，或从更大图景而言，它是精神世界与物质世界深度融合的产物，必将成为22世纪的核心课题。随着人工智能、深度融合式人文—科学符号发展，这个人工智能与虚拟现实区间符域将日益呈几何数增大，意味着符号世界的膨胀，那么，精神世界将被向上挤压而日益萎缩，物质世界将被向下挤压而日益远离生活。那种仿真、拟真、超真符号所构造的虚拟现实令人目眩，或者在那种高度强编码的、多重的符号镜像中人们不得不以其为真，而遗忘抬头仰望头顶蕴含"纯粹精神"的星空，并将原有"纯粹物质"当作假象，人类或许重新回到柏拉图的"洞穴"中。

信息与意义二者所共享的双重载体符号一直处于我们人类感官的一般认知谱系之中，也即在现有的微观和宏观范畴类，我们能够认识。但若在超微观和超宏观层次，则很可能超出人类感官的一般认知普系，如以光子、量子作为能指。霍金在《大设计》一书中以科幻影片《黑客帝国》为例，提出一个大胆的设问：我们何以知道自己不是存在于"模拟实在"的虚拟世界中呢？目前，世界一流人工智能、脑神经和基因工程研发中心夜以继日向着 VR 迈进，我们即将进入一个"无真人"的世界，国内外诸多网络平台都正在做这样的事。未来教育将超越传统教育、现代教育，而进入符号教育新阶段，教师、学校、教学、学习等存在方式和形态都将有天翻地覆之变。

精神通过符号而认识和改造世界，物质通过符号而形塑、承载精神甚至成为精神的质料。从黑格尔视角来看，纯粹精神源于上帝所创之逻辑体系，即"绝对精神"，它的显现与表达即"自然界"（无人的物质世界），符号世界的人源于自然界的进化。也即，对于"绝对精神"而言，自然界的物质世界是符号之能指；而对于符号世界的人而言，自然界的物质是符号之所指。马克思批判式汲取黑格尔思想，认为物质本身含纳精神，而无须先在之上帝。阿基米德曾豪言"给我一个支点，我就可以撬动地球"，康德年轻气盛，31 岁时壮语"给我物质，我就能创造整个宇宙"（《宇宙发展史概论》1755）。

然而，笔者认为，阿基米德"支点"正是符号，"我"就是抽象的精神主体。而康德由于早年深受牛顿物理学影响，高估了"物质"作用，故话说过头了，因为缺少作为工具的符号。后来在卢梭、休谟等启发下，开始摆脱独断论（物质与经验的），重点转向作为精神主体的人，并且日益谨慎，年近六旬才相继发表三大批判，试图调和理性主义与经验主义。三大批判的思想和逻辑可以看作为一种哲学符号，而理性主义属于精神世界中的一个哲学流派，经验主义属于物质世界中的一个哲学流派。

符号不断地追寻意义（赵毅衡）。赵毅衡的符号概念"符号是被认为携带着意义的感知"，此中"被认为""意义""感知"皆属精神世界，这就揭示了产生反映着世界存在方式和状态的符号的根源存在于精神世界本身之中，存在于精神的自身运动之中。正是精神的这种自身显现的属性，才使这个世界成为可知的世界。符号是世界的存在方式，也是物质与精神共有的展现世界的方式。尽管这种展现方式很有可能只是现象，但若没有符号，我们何以知悉世界以何存在？

物质世界在被符号显现（感知）之前属于本原世界，那是物质得以直接存在的世界（马克思主义哲学观所谓物质具有"客观实在性"在那个世界得到最为充分的体现），亦可看作潜在的符号世界。一旦被人感知，也即受到符号关照，则成为人化世界。人化世界的物质通过符号之镜而显现（符号镜像），故称为物质的间接存在。作为潜在符号而直接存在的物质世界是人先天的立足之地，它为人的生物性存在或兽性生存提供物质基础，人立基于此，首先进行自我的符号化，继而携带意义与符号"反哺"脚下的物质世界，物质世界犹如受到阳光普照而万物复苏、诗意益然。这便是符号作为物质世界间接存在方式和状态。与此不同，符号同时是精神世界的直接存在方式和状态。

根据马克思主义哲学观，精神与物质分属于两个相对的哲学范畴，相对于物质之"客观实在"，精神的本质为"主观不实在"（此处之精神特指4分存在领域之"主观精神"，而非现象学3分世界之"绝对精神"）。既主观又不实在，何以知之？何以显现？魏晋时期欧阳建认为，符号（言、称、名）为表，在符号背后隐藏着客观事物（物、形、色）及其规律（鉴识、理），客观存在为第一性，符号为第二性。欧阳建称客观规律为"理"，表达理的命题为"言"。① "理"先于"言"，具有先在规定性；即使没有表达事理之语言符号，世界仍然依理而存在（按照客观规律运行）。本研究难以认同，因为若无表征存在的符号，如何知道"世界依理而存在"？难道它的存在不需要前提假设和存在条件吗？也无须论证吗？王夫之说"乃盈天下而皆象矣。诗之比兴，书之政事，春秋之名分，礼之仪，乐之律，莫非象也，而《易》统会其理。"② 此言"象"为综合性整全符号，"易"为最高形式的符号大全，其余皆为符号的具体形式或门类符号。《尚书》"皇天无亲，惟德是辅"，皇天可指"纯粹精神"或"绝对精神"，而德可指代人化世界的正当性符号（如仁义礼智信等），故言"以德配天"。根据萨特本体论，"自在存在"独立于人的意识之外，它是静止混沌、不可描述的，也即未经符号化的实体。自在存在一经符号化，便成为"自为存在"。

从自在存在如何过渡到自为存在呢？这就是人的意识的"符号运动"。自在存在本身一片混沌，内容无限，未经辨认。人的意识作用在于"符号运

---

① 邬焜. 中国哲学关于名实、言象意关系论述中的信息认识论思想 [J]. 西北大学学报（哲学社会科学版），2011，41（04）：9-12.
② 王夫之. 船山全书（第1册），周易外传（卷6）[M]. 长沙：岳麓书社，1996：1039.

动"——根据自己意愿去否定、分辨、分离、标出，将无限、混沌、静寂的"自在存在"置于"镜头"之下，或远焦或近焦、或实化或虚化、或能指或所指、或有名或无名，使之成为千丝万缕、条分缕析的符号世界，即"自为存在"。大道起洪荒，"洪荒"乃"自在存在"之谓也，"起"乃符号运动。若将黑格尔《精神现象学》一元论（绝对精神）推进到二元论，则精神世界与物质世界都属于"自在世界"，符号世界属于"自为世界"，而最高级则是符号世界之中符号的符号（如 N 度镜像符号、虚拟现实 VR 等符号、高级人工智能符号 AI 等），类似于黑格尔所言"自在自为"世界。

符号既是人"参赞天地之化育"的结果，又是人的存在方式。中国原始天命观认为，天存在于浩瀚无涯的宇宙中，它至高无上，不会直接介入人事，"不以物喜不以己悲"，不论人类是否认识或不认识，它一直在那儿存在。《张载集》言"太虚无形，气之本体，其聚其散，变化之客形尔；至静无感，性之渊源"。太虚即本研究所谓的纯粹精神本体与纯粹物质本体，其性"无感无形"，时空不在场；而处于两者之间的人化世界即符号世界，属于具体存在，其性"客感客形"，时空在场。《庄子·秋水》言"道无终始，物有死生"，此形上层面的道所指天道（含纳本研究之纯粹精神与纯粹物质），近似于程伊川"天理"，① 皆无有"终始"，甚至"天理"这一概念本身之"能指"与"所指"，也"只是道得如此，更难为名状"。② 但是智者可以运用符号而"究天人之际，通古今之变"。

符号使人知道何种世界以何方式存在，因为它既"实在"而且含纳其"主观"性，因为"符号是被认为携带着意义的感知"（赵毅衡），它与精神有根本性的相通，即"意志自由"（康德）：自由展现、意义开放、任意表达，理论上不受制于任何外在约束条件，这种意义开放、任意表达、自我表征即精神的直接存在方式和状态，而表达、表征、展现正是符号的在场（没有意义表达不需要符号，也没有符号是不含意义的表达。按照皮尔士符号学对解释项的阐释，无限衍义是符号的重要特征）。精神无拘无束的直接存在方式和状态与物质被符号显现之前的潜在符号状态和存在方式（直接存在）具有逻辑相似性，均是直接存在。但仅仅是相似而非相同：前者是在人化世界中的直接绽放，而后者

---

① 郭晓东. 程颢、程颐与宋明理学 [J]. 文史知识，2016 (3)：56-61.
② 曾振宇. 论张载气学的特点及其人文关怀 [J]. 哲学研究，2017 (5)：63-69.

是在无人世界中的直接沉寂。

那个本原世界的直接存在的物质沉寂已久，为何那样？尽管人类学、考古学、宇宙学、神学都一直在努力探索，但截至目前，并没有令人信服的定论。也许暂时超出人类理性之限，尽管有符号之光的探照，但是，天地玄黄，宇宙洪荒。日月盈昃，辰宿列张，人类历史是人类产生和发展的历史。人类历史可分为史前史和文明史。根据大爆炸宇宙模型推算，宇宙年龄大约 138.2 亿年，太阳系年龄大约 50 亿年。宇宙为地球的诞生奠定物质基础，地球起源于 46 亿年前的原始太阳星云，它由原始的太阳星云坍缩、分馏、凝聚而形成。若把漫长的地球史浓缩至 60 分钟，则动物直到最后 15 分钟才出现。人类从动物演化而来，其历史仅仅 600 万年左右。[①] 相对于宇宙浩然之大、悠然之久，可以编织符号的人类只不过如流星划过苍穹，也许稍纵即逝，但其划过的星光足以映照世间万物。那星光是人类的理性之光，凡光照之处，必欣欣向荣。

《道德经》言"天地不仁，以万物为刍狗"之灰暗单调的世界自此五彩缤纷，其意无穷。沿着康德星云假说继续上溯，潜在符号世界何以存在的终极问题其实悬而未解，符号学心有余而力不足，不妨存而不论，或者默许宗教信仰的传说，或者任由科学的解构。但基于其存在时空的先在性，那应该是一个直接存在的世界，不以物喜、不以己悲，自然而然。一旦被人类精神世界的理性之光照映，便成为现实的符号世界，也是意义的世界，所谓诗意的栖居于世（海德格尔）正是此种世界。然而需得谨慎，这个符号世界只是一个镜像世界，它是精神的自我存在方式和显现状态，是我们自认为真实存在的幻境——在此，它同时是物质的间接存在方式和显现状态。先知伟大，柏拉图的洞穴隐喻早已告知我们这一切。

（二）符号镜像

实际上，关于人类世界（物质+精神）存在方式和显现状态的镜像世界是 N 度镜像的叠加，而在这个 N 度镜像世界中，直接存在的精神与间接存在的物质以符号的方式和显现状态彼此融合、有无互动、相生相克、辩证统一。但是，根据信息哲学，任何系统都必然有熵，即混乱和无序——基于索绪尔能指端与所指端的易位、能指与所指的多维映射、能指与能指间和所指与所指间的映射

---

① 大卫·克里斯蒂安. 极简人类史 [M]. 王睿，译. 北京：中信出版社，2016.

杂交；基于皮尔士再现体与对象的易位、再现体与对象的多重迭代、再现体与再现体间和对象与对象间的替换混合、解释项无限衍义性导致的歧义百出。根据系统论，自组织性会导致负熵，即从无序走向有序。世界的复杂和奇妙在于"只有变是不变的"，道生一，一生二，二生三，三生万物。

物质与精神融合的符号世界充满意义之变、形式之变、结构之变、内容之变，那一度镜像之镜亦如同魔镜，时而折射、时而反射、时而透射、时而投射，其像变幻无穷：忽真忽假、半真半假、非真非假、本真仿真、拟真超真、如梦如幻。于是，符号世界的一度镜像迅速变幻为二度镜像、三度镜像……N度镜像。西方学者鲍德里亚等所谓"符号的异化"[①] 只不过是（N-1）度镜像而已，信息社会基于人工智能的虚拟现实也许可算作（N+1）度镜像。而所谓"活得本真"最乐观的估计便是栖居于一度镜像。

返璞归真何以可能？一方面，沉寂的原生世界有了精神充盈而意义饱满。另一方面，精神意味着主体意识，也意味着理性和七情六欲，所以在我们所生活的N度镜像中，掺杂着各色各类非正当的意义，如欲望、贪婪、邪恶、扼杀生命、钳制人性、破坏生态、违背天道等。亚当与夏娃在伊甸园（一度镜像）本来相安无事，但经不住诱惑（好奇和告诫语言等符号构造的二度镜像）而铸成原罪（主体意识、羞恶之心等所构造的三度镜像）。好在人类精神中的理性之光具有趋真本性（赵毅衡），故而不断反思，在试探前行中修正其非正当意义，在总体意义正当趋势中走向幸福之路。

人通过符号在N度镜像中立身处世，多重符号的各种意义合二为一，成就人之境界。每个人的物质存在固然各有不同，但决定人生境界的是其精神存在，因为精神存在状态反映其意义觉解程度，若以意义觉解程度为标准，则人生境界由低到高：自然境界，功利境界，道德境界，天地境界。这便是冯友兰在《新原人》中所提人之四重境界。若以符号镜像视之，则不同境界实为人处于不同层次镜像，前二者居于较低镜像，物质性意义成分多于精神性意义成分，人是其所是；后二者居于较高镜像，精神性意义成分多于物质性意义成分，人应其所是。居于较高镜像者可以兼容较低镜像者，反之则否。天地境界处于最高镜像，栖居于此者非圣即仙，大化无形，"可上九天揽月，可下五洋捉鳖"，

---

① 张一兵. 拟像、拟真与内爆的布尔乔亚世界——鲍德里亚《象征交换与死亡》研究 [J]. 江苏社会科学，2008（6）：32-38.

任意穿越 N 度镜像，"言不必行、行不必果"，鲲鹏展翅天地间，是真正的自由人。柏拉图《理想国》隐藏着类似的镜像密码：哲学王须从感觉世界的"洞穴"（一度镜像）上升到理智世界（N 度镜像）。方可三界通达、遨游天地。

外太空的生命体（外星人）、异度空间生存者或暗物质世界的存在方式或可称之为异度镜像。若放眼宇宙大图景，这种异度镜像不是没有可能。2014年，国际空间站的宇宙研究发现了暗物质存在的线索。研究称神秘暗物质隐藏了一个"镜像世界"。暗物质将成为打开全新世界的一扇门。欧洲航天局的普朗克望远镜搜集的 138 亿年前宇宙大爆炸后的数据显示，神秘的暗物质占据整个宇宙密度的 26.8%。正常的物质，例如天文学家利用强大的望远镜能够观测到的星系和行星，只占全部物质的 4.9%。剩余的则是更加神秘的暗能量，后者被认为是导致宇宙不断扩张的幕后推手。丁肇中认为暗物质是当今物理学最重要的神秘之一。① 另外，《星球大战》《三体》等已有异度镜像初露端倪。当然，这一切有待符号之光去映照，使之成为符号世界。而在映照之前，只是潜在符号世界。

总之，符号定义：符号是标志存在的哲学范畴，它是物质与精神存在方式和状态的显现（或曰物质现象与精神现象的总和，简称符号就是现象）。符号是意义与信息共享的载体与外在形式，是意义表达和信息传播中不可缺少的一种基本要素。

符号（实在的可感知载体+主观意义）的二维存在，从本体论而言，源于世界的二元本体——物质世界与精神世界，更为大胆的中庸观点：客观唯物论与客观唯心论的共在。物质实在性为符号提供经验基础，也是符号的物质外壳，类似于原初符号中的能指（索绪尔二维符号：能指+所指），相近于再现体（皮尔士三维符号：再现体+对象+解释项），也即物质性是原初符号的本性，至于"非物质性"符号，那只是符号的符号、N 度符号、符号的异化。精神为符号提供理性前提，也是符号意义的趋真之源，老子之"道"、柏拉图之"理念"、朱熹之"理"、黑格尔之"绝对精神"都是蕴含本质之客观真理（但本研究摈弃其一元论）。

面对彼岸世界的"自在"，此岸世界的人欲求意义，必得"自为"，人的意识在理性与经验、理智与情感、先天与后天、先验与经验的胶合中迷茫、焦虑、

---

① 吉菁菁. 寻找缺失的宇宙：暗物质 [N]. 北京科技报，2021-08-30 (16).

挣扎，但其本性毕竟是自由的，因而解释项无限开放，如同"纺纱梭子不停转动而无限衍义"（皮尔士），所以符号意义无穷无尽。如此，一方面百花齐放百家争鸣、万类霜天竞自由，另一方面则鱼目混珠、歧义百出，那么，如何保证多元中的正道呢？也即无限衍义何以达致绝对真理？"人的灵魂天然趋真"（赵毅衡），"通过试推法，一步一步通向真理"（皮尔士）。乱石缝隙中的小草虽然生长曲折、多头试探，但总会向着阳光匍匐。此岸自为之人面对彼岸自在之"绝对精神"，看似隔岸观火，但何尝不是向日而生？

第二章　符号·意义·信息

李幼蒸（2003）对符号学研究领域边界提出一个看法："符号学只研究那些意指关系欠明确的现象，一旦某种意指关系问题充分明确之后，该研究即进入了科学学科阶段。"[①] 也有学者认为科学学科阶段的核心概念是信息，而信息不是符号。但是在量子纠缠、全息影像、多维时空等最新科技领域，信息就是符号之一种——科学符号。世界上所有的意义行为都依靠符号，因此符号学基本规律，符号学基本理论，应当适合所有这些活动，这是符号学理论的普泛特征所规定的。

20世纪80年代以降，随着欧洲语用学和诠释学与英美语言哲学逐渐合流，哲学研究主题也发生转向——从意义转向信息。此时，信息、意义、符号三者的关系问题日益紧迫，且在不同学科间其能指与所指亦多有错位。符号学即意义学，尽管学者们知道各有分殊，但在行文中往往默认意义等价于符号，或信息等价于信号。信息、信号、意义、符号之间关系混乱，形成概念丛林。特别在中文语境下，它们作为舶来词，其翻译的非对称性，加之诸概念的论域本来交叉重叠，故而剪不断理还乱。厘清其关系固然迫在眉睫，然而笔者一己浅陋之见，并无强迫学界共识之意。

一、信息、意义、符号三个概念的纠缠

我们可以从知识考古学探查 sign，符号、信息、意义之词源。英语单词 sign，既可以指符号又可以指信息。符号学即意义学（赵毅衡），没有不携带意义的符号，也无不借助符号而表达的意义。现有话语体系中，符号的内容和实质乃意义。符号 sign 是信息与意义共同的能指，信息和意义都需要借助符号而

---

① 李幼蒸."历史符号学"概念简析［J］. 史学理论研究，2003（1）：152-155.

生成（编码）、表达、传送、接受、解读（解码）。

（一）符号与意义

自从符号学鼻祖索绪尔和皮尔士以降，后起学者针对符号概念的阐释可谓百花齐放。巴特说："符号是一种表示成分（能指）和一种被表示成分（所指）的混合物。表示成分（能指）方面组成了表达方面，而被表示成分（所指）方面组成了内容方面。"[1] 卡西尔认为信号和符号分属两个不同论域，符号不可能被还原为单纯的信号。信号是物理世界之一部分，符号则是人类意义世界之一部分。"信号是操作者（operators）；符号则是指称者（designators）"。[2] 姜永琢认为，意义奠基于能指、所指、符号之间的系统性差异关系。[3] 从麦克卢汉到媒介化社会理论，媒介作为一种意义空间，一种信息方式和一种社会关系的隐喻。符号是意义与信息的双重载体，符号反映出意义和信息表达的逻辑特点和意识的认识过程。而媒介是符号的载体，媒介与符号、符号与意义之间的关系犹如皮与毛，皮之不存，毛将焉附？

赵毅衡提出简明扼要的符号定义：符号是被认为携带着意义的感知。[4] 王铭玉说："符号是指对等的共有信息的物质载体。"[5] 它有四大特征：对等性、物质性、约定性、指代性。对人而言，一切事物都潜在地是符号，一切事物的意义都可以用符号来表达。人类创造符号就是为了表达意义、解释意义，故已有研究一般将符号定义为：人为了表达意义而创制的标记。符号学就是探究意义活动的学说。

（二）符号与信息

信息与符号天生纠缠不清，如文化符号学家洛特曼在《文学文本结构》中说"从引申意义而言信息论即符号学，因为它不仅研究社会符号，而且研究信息传播与存储，因此信息可被理解为相对于熵的组织性的度量。"信息与符号

① 罗兰·巴特. 符号学美学 [M]. 董学文，等译. 沈阳：辽宁人民出版社，1987：35.
② 卡西尔. 人论 [M]. 甘阳，译. 上海：上海译文出版社，1985：41.
③ 姜永琢. "意义"的符号学内涵与意义理论批判 [J]. 广西社会科学，2012（03）：42-46.
④ 赵毅衡. 符号学原理与推演 [M]. 南京：南京大学出版社，2011：27.
⑤ 王铭玉. 语言符号学 [M]. 北京：高等教育出版社，2004：14.

二者在老三论（系统论、控制论、信息论）中都是核心概念，如信息论创始人香农 1938 年在麻省理工学院硕士论文 *A Symbolic Analysis of Relay and Switching Circuits*（《继电器与开关电路的符号分析》）涉及信息与符号。更早则是哈特莱 1922 年在《信息传输》中认为信息的符号即消息，消息数量的对数可以表征信息量。后来，阿什比 1964 年在《系统与信息》中阐述系统论、信息论，认为信息与表征信息的东西（图像、情报、声音、信号、语言、数据等符号）是两个概念，而"表征信息的东西"其实就是符号。

信息论奠基人香农 1949 年发表作为信息论诞生标志的《通讯的数学原理》，探究信息的度量方法，信息意味着不确定性降低，信息关涉到通讯的数学原理和人类语言。然而，香农的学术搭档韦佛警告信息学不处理意义问题。[①] 控制论鼻祖维纳 1948 年发表《控制论——关于在动物和机器中控制和通讯的科学》，创造一个新词 cybernetics（控制论），他认为"信息就是信息，既不是物质，也不是能量"。有实效的生活即有充足信息的生活（to live effectively is to live with adequate information），[②] 我们亦可如此承接：有价值的生活即有充足意义的生活。

系统论旗手贝塔朗菲 1968 年发表系统论代表作《一般系统理论基础、发展和应用》，总结系统的整体性、自组织性、动态平衡性，以及要素、系统、环境之间相互作用，进行着物质、能量、信息的交换。这说明信息是异于物质和能量的特有的一类范畴。维纳、香农等控制论和信息论者认为信息是"负熵"，即确定性的增强，香农与维纳修正既有信息论思想，提出度量信息量的原理：单位信息量就是对具有相等概念的二中择一（0，1）的事物做单一选择时所传递出去的信息，即 1bit。1970 年贝特森认为信息是意义之差异。[③] 美国学者德雷斯科 1983 年认为意义产生于信息流动。[④]

---

① 崔艳英，魏屹东. 复杂系统理论是不是心智模块的替代论？［J］. 系统科学学报，2020（1）：35-39.

② 陈雄，王志超. 系统思维在信息化顶层设计中的应用［J］. 系统科学学报，2020（01）：93-97.

③ 程守华. 拓扑量子计算与"耗散脑"神经计算的数学统一和实在论［J］. 系统科学学报，2019（04）：16-19.

④ Fred Dretske. Knowledge and the Flow of Information［M］. Cambridge, MA：MIT Press，1983：53-62.

　　当代信息哲学家邬焜 2005 年认为，直接存在的一级客观显示，亦即一级客观间接存在；信息第二性级的质是直接存在的多级客观显示，亦即多级客观间接存在；信息第三性级的质是人类认识赋予信息的某种主观关系的质，即通过主观约定而赋予信息的符号化意义。① 信息论开创者之一韦弗曾说过，信息作为一个信息学的专有名词，应该避免与日常用法混淆，尤其不应与"意义"相混。② 许多信息语义学者持有意义实在论的立场。威廉戴佛认为：在语言系统内，口头语音符和书面语字符都属于符号，这些音符与字符所蕴含之"意思"即意义，而言说者试图传递的"消息"则是信息。③ 信息是由人主观建构出来的、为了克服生活中的间断性、为了使既混沌又有序的现实具有意义而设计的工具。信息是个体在特定的时刻创造出来的意义，意义建构的核心活动是信息查寻、处理、创造和使用。

　　信息、符号与意义三个概念之间剪不断理还乱的关系在心理学中也有反映，如图式理论（schema theory）就是三个概念的融会贯通。最早在 1781 康德首先提出图式理论，他认为图式就是联结内在意识中的意义符号与外在感知对象的纽带。1932 年人工智能学家巴特勒特认为图式即主体意识对经验意义的符号式组织化，符号化水平越高则越有利于记忆增容。1985 年安德森认为，心理中意义群为了特定认知对象围绕一个共同主题而组织化为大型信息结构，便形成图式。信息是意义在长时记忆中的储存方式之一，信息子集越多，网络越大，则存储的意义当量值越多。④ 心理学家一般认为图式是个体记忆中的信息与经验（意义）组成的认知结构。格式塔心理学和认知心理学等都探究图式在个体内心意义运作和信息处理中的关键性作用，特别是皮亚杰提出"同化""顺应"是外在信息与内在意义动态建构的基本途径——心智通过同化和顺应既有信息而生成新的意义或矫正旧的意义。米德、布鲁姆的符号互动论与传播学结合，

---

　　① 邬焜. 信息价值论纲要 [J]. 西安交通大学学报（社会科学版），2005（02）：37-43.

　　② 王健. 形式、关系与意义：信息哲学的形上之思 [J]. 西北大学学报，2012，42（02）：28-31.

　　③ 关胜渝. 语言的符号、意义与信息以及语篇文体风格 [J]. 山东外语教学，1996（01）：6-10.

　　④ Savolainen R. The sense-making theory: reviewing the interests of a user-centered approach to information seeking and use [J]. Information Processing & Management, 1993, 29 (1): 13-28.

形成一个互动模式"传播者—信息—受众";与知识论结合,则形成另一个互动模式"人—意义—人"。① 美国认知心理学和人工智能的创始人之一西蒙认为符号即可是物理符号,亦可是意识中的抽象符号。② 其物理符号所承载的是信息而抽象符号则承载意义。

笔者认为,任何符号都是一个间接存在和直接存在的统一体,亦即所有符号都既是物质体,又是精神体。信息论与意义论的发展相互参照,如文化符号学家洛特曼、生物符号学家西比奥克等都从信息论获取灵感,在 20 世纪 70 年代两个论域不仅融合重叠,而且信息与意义、符号与信号、信息传播与意义表达等词汇混用,这也是造成今天能指混乱的渊薮。

二、信息、意义与符号的统一性

本体世界通过符号而被表征为现象世界,也即皮尔士所言符号学乃是一门显现学。人类通过符号而表达意义,物质与能量通过符号而实现信息的传递与反馈。在前符号时代,信息与物质和能量相互胶着,混沌依存。在第一次符号浪潮时代,信息的载体是语言符号;在第二次符号浪潮时代,信息的载体是科学符号;在第三次符号浪潮时代,信息的载体是虚拟符号。虚拟符号时代的今天,信息流为意义在五官六感多模态信息传达中的多样性提供了可能。赵聪寐总结和阐释了信息设计中的符号学现象,如文字、图标、图表、图像、多媒体等的组合轴与聚合轴运用。探究信息设计中符号学现象对于获得符号组建和意义表达的规律大有裨益,也可使符号编码者(如设计师)及符号解码者(如读者受众)在信息的符号设计与意义解读过程中达到高效互动。

在工业设计和信息学领域,已经形成一门新的学问"信息设计"或"符号建模"。符号建模以设计对象符号作为产品信息的载体和建模基本元素,实现信息的形式化、抽象化和集成化描述,通过符号模型的演变表达产品的设计过程。文字、图形、声音、影像等多模态符号元素被信息时代的新媒体融合,既有利于信息的高保真传导,同时对接受者的意义解读带来挑战。一方面意义似乎超乎寻常的浅显易懂,解码者无须劳神费心便接受了信息流所给予的意义;

① 康立新. 国内图式理论研究综述 [J]. 河南社会科学, 2011, 19 (4): 180-182.
② 韩永进, 李晓刚. "信号携带信息"命题的博弈意义 [J]. 自然辩证法研究, 2014, 30 (06): 107-113.

另一方面这种对接受者心智的"溺爱"则导致盲从和肤浅，在意义深刻性、神秘性解构的同时，造成弱智式天真。

（一）意义与信息的存在之维

第一章所言"符号"是日常的狭义符号（与"意义"构成一体两面），此处再次重复第一章第一节的立论基础，旨在对比一种广义符号观，即符号$=F$（意义+信息）。当代信息哲学家邬焜认为，如果我们假设：客观的$=P$；实在的$=Q$，那么，客观的反题"主观的"就是$-P$（读"非P"）；实在的反题"不实在的"就是$-Q$（读"非Q"）。这四个命题两两组合，则有6个逻辑公式：$P \wedge Q$；$P \wedge -Q$；$-P \wedge Q$；$-P \wedge -Q$；$P \wedge -P$；$Q \wedge -Q$。因最后2个违反形式逻辑的"不矛盾律"的"永假公式"，故删除，剩余4个公式所对应的含义如下，并纳入坐标系统（如图2-1所示）：

$P \wedge Q=$客观实在（物质，第三象限）

$P \wedge -Q=$客观不实在（信息，第四象限）

$-P \wedge Q=$主观实在（意义，第二象限）

$-P \wedge -Q=$主观不实在（精神，第一象限）

$[-P \wedge Q] \wedge [P \wedge -Q]=$意义+信息 = 符号（第二象限+第四象限）

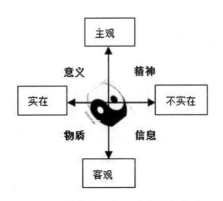

图2-1　笛卡尔坐标系统中的存在域

（注：此图与第一章第一节的图1-1相似，但图1-1第2象限"符号"实为侠义之符号，而图2-1所示乃广义之符号，即涵盖意义与信息）

第二象限意义与第四象限信息有着千丝万缕的关联，甚至在某种程度上互相纠缠与转化，但均有共同的载体"符号"。两者共同点在于都是物质与精神之间的过渡区间，意义体现世界的自由性、目的性、价值性；而信息体现世界的确定性、规律性、本然性。尽管信息学家与意义学家彼此想撇清关系，挖空心思试图找到合适标尺赋予对方"标出性"，实际何其难也！例如针对"水中月，镜中花"既有人从符号学之信息角度解说，也有人从符号学之意义视角阐释，但若做一对比，却也发现"和而不同"。又如针对语言，索绪尔（偏意义）① 认为"是一个纯粹的价值系统"，而布朗费尔德（偏信息）却认为是信号系统。邬焜曾在《信息哲学》中写道："信息是既非物质也非精神的第三态""信息是物质成分和精神成分的特殊融合物""信息是在表征、表现、外化、显示事物及其特征的意义上构成自身的存在价值的"；"信息是它所表现的事物特征的间接存在形式"。如鲍德里亚言"符号和信息激增而消解意义，信息和意义内爆，瓦解为无意义噪音"。在信息学与符号学的圈子之外，人们更易混用，更乐于把信息与符号看作一片混沌沼泽。

实在与不实在是哲学中较为艰涩的大词。信息学家邬焜认为信息是不实在的，笔者认为相对于信息，意义具有实在性。此实在性相通于中国传统语境的一个词语"实体"，它一般含有 3 义：一是指真实的具体的东西，如晋朝陆机《浮云赋》所说"有轻虚之艳象，无实体之真形。"二是指主体、要点，如南朝刘勰《文心雕龙·总术》"昔陆氏《文赋》，号为曲尽，然泛论纤悉，而实体未该。"三是作为哲学概念。如清朝戴震《孟子字义疏证·天道》："阴阳五行，道之实体也；气血心知，性之实体也。"② 西方哲学中，不同流派各有其义，如：古希腊也有认为实体是一切变化背后不变的东西；马克思主义哲学之实体即永恒运动的物质；唯心主义哲学认为实体乃精神。

传统实在论把心理过程的实在性诉诸物质实体，而非与心理过程相关的符号操作过程。意向实在论通过符号的句法操作映射和回归本体，从而建立一切心理意向的实在论的本体论基础。张怡认为，虚拟实在利用计算机数据处理功能及时跟踪处理人的五官六感所输入与输出的信息，给人主观感受以拟真性，而非具身真实实在性。③ 拟真性是通过符号来逻辑运算和表达，但本质上是对信息的操作和意义的割舍。赛尔说："实在论主要认为事物的实际存在方式逻

---

① 肖娅曼.索绪尔符号"价值"系统理论在 21 世纪的发掘与超越——纪念《普通语言学教程》发表 100 周年 [J].四川大学学报，2015（06）：5-18.

② 王杰.义理学视阈：戴震对元气论思想的阐发 [J].中国哲学史，2005（03）：117-123.

③ 张怡.虚拟实在论 [J].哲学研究，2001（06）：72-78.

辑上独立于所有人类的表象。"① 这其实属于本体论的实在论，也即主张在人的经验的事物之外，另外还有一个难以被人所经验的"元基"。历史上曾经有诸多朴素本体实在论思想，如：迈克尔·达米特认为有争议的命题具有某种客观真值，而与我们认识这种真值的手段无关，它们之真假取决于独立于我们而存在的实在。"② 人对世界的认知有多个层次，既有对表象的认知，即三度或 N 度符号的认知，也有对实在世界表象（二度符号）的认知，天赋过人者也许可对零度符号（实在世界本身）有所认知。若认知与实在世界相符合，则被称之为真知、真值。在宗教哲学中，所谓的"神""上帝"便是一个纯粹精神世界的终极实在，柏拉图哲学中的"理念界"和康德哲学中的"物自体"也是一种普遍实在。物质本体论者一般会认为，经验所及的物质形态就是本体的实在。本研究中"意义"的实在性正是借鉴了唯心主义哲学思想。

以往学界没有厘清三者间的关系，有的以"符号"指代意义，有的则以其指代信息。笔者冒昧建议：符号是信息与意义共同的载体，也即符号是物质实体与精神实体共同的再现体，是二者的居间区域。符号作为居间区域的能指，当其所指为意义时，英语中常以 symbol 表之，如卡西尔等人；当其所指为信息时，则英语中对应词是 signal。但是从词源、词义来看，两者均可用一个 sign 指代，即符号。实际上，赵毅衡对此已有精准辨析，同时他在《传播符号学人名术语英中对照表》中，将 symbol 翻译为象征，将符号统一翻译为 sign。

（二）孪生兄弟：意义与信息

列宁《唯物主义和经验批判主义》写道："明显的感觉只和物质的高级形式（有机物质）有联系，而'在物资大厦本身的基础中'只能假定有一种和感觉相似的能力。""对于那种看来完全没有感觉的物质如何跟那种由同样原子（或电子）构成但却具有明显的感觉能力的物质发生联系的问题，我们还需要研究再研究。""假定一切物质，具有在本质上跟感觉相近的特性、反映的特性，这是合乎逻辑的。"③ 邬焜基于列宁思想认为：一切事物间都具有类似于反映的特性。反映的实质就是将某物的内容、特性等在另一物中映现出来，这种

---

① 赛尔. 心灵的再发现 [M]. 王巍，译. 北京：中国人民大学出版社，2005：19.
② Miachael Dummet . Truth and Other Enigma [M]. London：Duckworth，1978：146.
③ 赵毅衡. 符号学原理与推演 [M]. 南京：南京大学出版社，2011：122.

映现着的某物的内容、特性显然并不等同于某物本身，也并不等同于映现着这些内容、特性的另一物。① 邬焜根据这种反映特性而在存在世界划分出"客观不实在"的信息世界。

这个信息世界似乎与意义世界有着某种关联，都可以用符号学一网打尽。根据符号学鼻祖皮尔士的观点，像似符、指示符、规约符都有类似于邬焜所言信息之"将某物的内容、特性等在另一物中映现出来"的符号特性，1905年皮尔士说："我用显现 phaneron 一词（而不用黑格尔等现象 phenomenon）来称呼任何方式以任何意义存在于头脑的东西。"②

笔者认为，无论从能指端的"映现"与"显现"，或所指端的意涵，都说明信息与意义有内在关联（如图2-2所示）。其共同点：都处于精神与物质之间的过渡区间，第二象限的符号，既含有第一象限精神之主观性、又含有第三象限物质之实在性；第四象限的信息，既含有第一象限精神之不实在性、又拥有第三象限物质之客观性。符号学即意义学（赵毅衡），符号实为表达意义，而意义的方向、维度、层次、真假、善恶等皆无定向，完全处于混沌状态。皮尔士所谓解释项的无限衍义，也呈现发散、开放、多元，心生万物，心有多远则意义就有多远，也即意义的全域占满真相与虚假的所有谱系，只要插上想象的翅膀，则可飞向无穷的意义王国。但不免令人担忧"真相何在"？

图2-2 意义与信息的对偶

---

① 韩永进，李晓刚. "信号携带信息"命题的博弈意义 [J]. 自然辩证法研究，2014，30（06）：107-113.

② 川野洋，心峰. 从艺术符号论到艺术信息理论 [J]. 文艺研究，1985（04）：140-142.

也许皮尔士、赵毅衡给了一个无法驳倒的玄而又玄的答案——人之灵魂具有趋真本性。从而保证人的意识在探寻意义之旅时，一边无限衍义一边不断试推，总归会趋近真相。一旦触及真相（也许只是某种层次的、特定时空的），则意义探寻之旅结束，接力棒便交给"信息"——信息乃意义全域中最切近真相的那条意义。可谓：弱水三千，只取一瓢饮；娇玫万朵，独摘一枝怜；满天星斗，只见一颗芒；意海茫茫，唯系一信息。亦可换而言之：信息体现符号的确定性维度，也即符号的科学化，或真值，是符号在科学与人文维度的背反；意义展现符号的不确定性维度，也即符号的人文化，或信息取值全域。

（三）符号：意义与信息共同的物质外壳和载体

英语单词 sign，既可以指符号又可以指信号。符号是意义之载体，信号乃信息之载体。若统而言之，则 SIGN（符号）是意义与信息之共同载体，因为这个共同载体 SIGN 在英语中本来含有符号和信号之意，而且在汉语语境"符号"可被拆解为"符标"＋"信号"。如此，便在人文领域和自然领域有了一个清晰而统一的能指——符号，在人文领域，意义是所有符号议题的核心——符号学即意义学，没有不携带意义的符号，也无不借助符号而表达的意义；在自然领域，信息是所有符号议题的焦点——符号学即信息学，没有不传输信息的符号，也无不借助符号而传播的信息。这样，三个世界便得到统一解释：由纯粹精神实体和一般精神界构成的精神世界；有纯粹物质实体和一般物质界构成的物质世界；作为精神世界与物质世界共同表征方式的符号世界。当面向精神世界时，符号世界的所指为意义；当面向物质世界时，符号世界的所指为信息。换言之，符号共同的能指 sign，是信息与意义共同的物质外壳，其实就是世界存在的表征。意义与信息都需借助符号而生成、表达、传送、接受。①

赵毅衡认为，符号学就是意义学，符号是被认为携带意义的感知；福柯认为，符号与意义如同硬币的两面，故而符号学与诠释学多重叠和。总之，意义需要借助媒介等符号来表达，符号是工具性的，而意义乃内容性的。以上解读主要来自人文范畴，而在自然范畴，也有类似推理。如信息哲学认为，信息需要借助媒介等信号等表征，信号是工具性的，而信息乃内容性的。实际上，英

---

① 韩永进，李晓刚."信号携带信息"命题的博弈意义 [J]. 自然辩证法研究，2014，30（06）：107-113.

语里，无论信号或符号，都可使用同一单词 sign，也即西方符号学中大量的单词 sign，既可以在人文领域被翻译为"符号"，也可以在自然领域被翻译为"信号"。Sign 一词两用，著尽风流，贯通人文与自然，正好暗合李幼蒸所言"符号学是人文、社会、自然诸学科的公分母"。至此，我们可以规约：符号是意义（人文）与信息（自然）的共同的物质外壳和媒介；符号学是沟通意义世界与信息世界的跨学科桥梁。艺术信息论的日本学者川野洋也有同类看法，符号（Sign）包括殊义符号（symbol）和信号（signal）。① 符号学者一般认为"符号携带意义"，而信息论者认为"信号携带信息"。由于信号 signal、符号 symbol 皆可统一于英语单词 sign，这样为避免混淆，可统一于大符号观——"符号携带意义和信息"。

若从挠场涡旋观点来看，信息与意义的关系，正如物质与精神的关系类似，彼此相生相克，同根而生，相向而旋。② 从微观世界的 DNA 双螺旋结构、到宏观的信息与意义挠场涡旋，无不体现"量子纠缠""天地玄黄""阴阳相抱""正负相克""相由心生""虚实结合""黑白相间"，太极图的双鱼旋涡正是这种智慧的符号。若从量子力学来看，则大脑量子信息与意义意识等同，而精神意识正是符号与意义的发源地。如英国 Roger Penrose 教授、美国 Stuart Hameroff 教授、中国朱清时教授都认为，人脑中一种骨架蛋白含有大量电子，这些电子和宇宙中的电子一样都来自"大爆炸"，电子之间处于量子纠缠状态，每坍缩一次，就产生一次意念。③ 笔者认为，精神、意念、意识、意义、符号、电子、量子、信息等，这些概念具有家族相似性，在特定时空可以重合或互换。1999 年风靡全球的虚拟现实电影《黑客帝国》演绎了鲍德里亚《拟像与仿真》的主题：在未来虚拟现实中，人的一切符号意识，不过是人工智能对人脑细胞的信息交流，符像生成与否以及生成何种符像完全可以通过信息控制。

三、信息、意义与符号的分殊

根据萨特《存在与虚无》、塔拉斯蒂《存在符号学》，符号更加靠近主观

---

① 川野洋，心峰. 从艺术符号论到艺术信息理论 [J]. 文艺研究，1985（04）：140-142.

② 俞叶. 幽灵挠场 [J]. 大科技（科学之迷），2006（10）：4-9.

③ Hameroff Stuart, Penrose Roger. Consciousness in the universe: a review of the Orch OR theory [J]. Phys Life Rev，2014（11）：39-78.

维，也即更加亲近"自为"范畴（精神领地）——这里所用"符号学"实质
是意义学，因此其虽有符号一次，但所谈皆可以"意义"代之。而信息更加靠
近客观维，也即属于"自在"范畴（物质领地）。皮尔士开创了符号解释项的
自由本性，也即意义的无限衍义、无限开放性，同一个符号呈现"横看成岭侧
成峰"的面相，然而，哪个才是真相？倾向于意义之学的符号学家们鞭长莫
及，在此留下漏洞，或者说正是神秘所在——意义属于"弱码"（符码及其符
义有无穷多，作为意义载体的符号不承担其所是的编码、解码规制）。与此
相对的是，信息属于"强码"（真码只有一个，作为信息载体的符号必须如其
所是的编码、解码）力求祛魅、精准明晰且一一映射。也即，在符号的无限意
义之中，最符合真相的那个意义就是信息所在。从更加宽广的意义而言，意义
给予自由性，而信息给予确定性。从上图2-2所见，第二象限与第四象限互为
对角，彼此纠缠，若做一个折叠，则二者同出（符号）而异名（意义、信息）。
前文已述意义与信息统一于符号，这里主要简析信息与意义的5点区别（如图
2-3所示）。

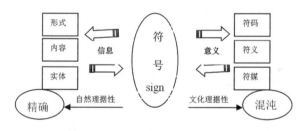

图2-3　符号、意义、信息之间的关系

（一）信息是精确化的意义，意义是广延化的信息

李幼蒸认为："符号学主要研究那些意指关系欠明确的现象，一旦某种意
指关系问题充分明确之后，该研究即进入了科学学科阶段。"[①] 有学者认为科学
学科阶段的核心概念是信息，而信息不是符号。但是在量子纠缠、全息影像、
多维时空等最新科技领域，信息就是符号之一种——科学符号。世界上所有的
意义行为都依靠符号，因此符号学基本规律，符号学基本理论，应当适合所有
这些活动，这是符号学理论的普泛特征所规定的。纯粹物质世界对应于信息，

---

① 李幼蒸. 理论符号学导论 [M]. 北京：社会科学文献出版社，1999：49.

纯粹精神世界对应于意义，信息与意义共同借助于符号显现于人的世界。人的感性能力捕获到符号外形，通过知性能力对符义、符用、符码进行综合判断，最后个别卓越之人有超常理性对符码、符义和元符号深入觉解，甚至超越于符号世界，而上溯到纯粹物质世界和纯粹精神世界。

总体而言，信息是精确化的意义，而意义是广延化的信息。思想家之天国或教育家之理想国均属于富含意义的精神世界，这个世界的意义如何到达人的符号世界呢？首先，先知者或教育家的大脑作为意义源，蕴藏着无穷意义，而在特定教育符号域基于特定目的，某些意义被辨别、筛选、结构化而形成信息，信息借助适当的符号被显现化。接受者则通过五官六感多模态辨识、认知、解读显现化的符号，这个获义过程伴随着去符号化。正如赵毅衡所言，符号是表达意义的，一旦意义在场，则其符号便退场。[1] 整个过程或如此：意义——符号（信息）——意义。由于意义的广延性、开放性、无穷衍义性，使得编码者可以大展拳脚，同时解码者也可以任意发挥。但是为了在接受者和发送者之间尽可能不失真，则需要精确化的信息。如同远距离管道输送石油，为了防止滴漏，则管道须尽可能密封、精细。

信息学界一般认为信息即负熵，且提出精确计算的信息量公式：如：申农信息量：$Ii=\log(1/Pi)=-\log Pi$，川野洋提出的信息量 $I(M,a)=E(a)-EM(a)$。[2] 还有一些定量研究探讨如何识别特定信息符号的意义（meaning of information sign）。[3] 相比较而言，符号及其背后的意义具有开放性、无穷衍义性，截至目前尚不可斗量。目前的核磁共振、脑电扫描、脑神经测试等最新科技也只是在意义之源的脑海边探测到一沙一贝。一旦某些局部意义符号被精确测量，则总是被冠以"信息"，如脑神经信息、视网膜信息、感知觉信息等。

以有限的符号传递无限的信息，势必造成意义的不确定性和模糊性，符号守恒指符号承载的意义或信息在符号转换前后保持不变。信息由符号载体承载，包括附带和伴随在载体上的空间和时间特征、属性、状态等信息。信息的采取

① 赵毅衡. 符号学原理与推演 [M]. 南京：南京大学出版社，2011：2.

② 川野洋，心峰. 从艺术符号论到艺术信息理论 [J]. 文艺研究，1985（04）：140-142.

③ H Tseng and B Liu, Identifying the meaning of information signs in traffic facilities [C]. 2011 IEEE International Conference on Industrial Engineering and Engineering Management, Singapore, 2011：405-409.

量与需求量有关，有限度之分，伴随和附带在载体上的信息因而也有限度，各自的参数值总和不变，符号信息就能守恒。但正是意义的不确定构成了信息的价值所在，才有了交流传递的必要。① 人类的大脑作为信宿，需排除"噪声"干扰，运用适切手段消除意义模糊性，使意义获得确定性，从而在交际系统中最大限度地产生正反馈回输。②

（二）信息是符号的科学范式表达，意义是符号的人文范式表达

1994 年召开的第一次世界信息科学大会已经为建立统一的信息理论而争论不休，其中也暴露出对信息、意义、符号三个概念的纠缠交叉，Marijuan 在开幕词上说"对这些令人困惑的概念的厘清，涉及诸多学科领域，尤其在一些基本观点上需要很多学界做出大幅度转变。"大会最后提出建议：首先探究信息等概念背后的哲学本质；其次从系统理论角度考察背景理论的含义；重新系统思考符号理论、认知科学（意义）与人类传播理论（信息）的含义和关系；最后从整理上考虑通用信息论。③ 虽然每个学科都有一统江湖的冲动，但是直到目前，也难有统一体系统合之。如信息学家钟义信、邬焜等认为信息无所不包，其实已经涵盖了意义的领地，而符号学家西比奥克、李幼蒸、赵毅衡等认为符号学乃是一切学科的通用工具。徐光宪则认为意义的重要领地"知识"是一种人工信息，是人类在历史长河中长期积累的系统人工信息。④

在一个科学主义泛滥的社会，实际是被所谓的数据、量化、技术框定的社会，信息社会也在此窠臼之中。随着人工智能普及，符号的信息意味更浓，而符号的意义之味道日益稀薄。人类社会发展始终伴随着符号的演化，从前符号时期的具身符号（如身体姿势、体态、手势、眼神、表情等），到语言符号（口头语与书面语、文字与图像等）、科学符号（如数理化定律方程公式等）直至正在到来的虚拟符号（如 AI@ VR 等），作为意义与信息共同载体的符号渐趋

---

① 王铭玉. 翻译符号学的学科内涵 [J]. 解放军外国语学院学报，2016，39（05）：1-10.

② 王铭玉. 语言符号学 [M]. 北京：高等教育出版社，2004：20.

③ 闫学杉. 信息科学的历史、现状与未来 [C]. 马蔼乃等编. 信息科学交叉研究论文集. 杭州：浙江教育出版社，2007：1-22.

④ 闫学杉，武健. 信息科学的历史、现状与未来 [J]. 中国信息技术教育，2015（18）：4-10.

精致、玄妙、离身（游离于日常生活的身体之外）。意义本来混沌、整全、具身，充满人文性，但在符号演化史上，符号愈来愈出离意义甚至异化。但反者道之动，符号所蕴藏的 thing 日益清晰、定量、数据化，这个 thing 的指代物从"意义"滑向"信息"。

时过境迁、物是人非，"符号"还叫符号，但其承载之物已经不是曾经人文范式所表达的意义，而是新的意义或科学范式所表达的信息。也可以说，信息是数理符码的集合，意义是非数理符码的集合。赵毅衡在《符号学原理与推演》中有令人脑洞大开的创见：控制文本形成时的意义植入规则，控制解释时的意义重建规则，都称为符码。符号传达的理想过程，很像发电报：符号信息的发出者，依照符码，对符号信息进行"编码"，意义就被编织入符号文本，文本就带上了意义；符号信息的接收者，对符号信息进行"解码"，信息就变换成意义。

（三）信息对应于客观的事件，而意义则对应于主观的对象

迪利严格分析皮尔士的三维符号论（再现体、对象、解释项），并引用皮尔士曾举的温度计的例子，温度计的水银线对房间里温度的上升起反应，水银线升高是由所处环境温度升高而导致。迪利辨析了事件（thing）与对象（object）之别：环境温度升高是一个物理事件，而被感知到导致水银线升高（sign or representamen）的经验事实"环境温度升高"则成为一个对象。[①] 迪利对事件与对象的例析，启发我们对于符号（sign）三元论阐发：皮尔士的符号学实际包含了信息学和意义学，符号乃信息与意义共同的物质外壳——符号是信息和意义两个领域的公分母。信息的因素如同逻辑推论中的要么真，要么假，或如数据符号要么 0，要么 1。但在关于意义的溯源推论中，往往既真又假。布莱尔和乔思林 2010 年曾说"信息和科学史不可能与符号和符号化历史相分离"[②]。

在信息学范畴，与解释项对应的主要是客观的"事件"，（正如邬焜所言，信息乃客观不实在的哲学范畴），它是独立于心灵的（mind-independent）；在意

---

① Deely. Basics of semiotics [M]. Tartu: Tartu University Press, 2006: 31.

② Brier S, Joslyn C. Introduction to information in biosemiotics [J]. A special issue of the Journal of Biosemiotics (Call for papers guidelines), 2010: 1–2.

义学范畴，与解释项对应的主要是主观的"对象"，它依存于心灵（mind-dependent）。当然，客观与主观本就纠缠不清，即便以二元论著称的笛卡尔最后也不得不悬设一个绝对实体的"上帝"来弥合矛盾性，这也是上面两句加入"主要"作为限定词。在此，笔者冒昧设想，当代符号学家赵毅衡的经典定义"符号就是被认为携带着意义的感知"，可否再推进一步为"符号就是被认为携带着意义或信息的感知"。迪利还认为信息不仅是最原初的符号，而且是符号化的第一步，但在发生学上看，信息并不是在符号化之前，而是与意义协同共进。坎尼扎罗修编皮尔士三元符号论，提出两种模式：一是基于意义的三元符号模式，此种模式下，thing＝object；二是基于信息的三元符号模式，此种模式下，thing≠object。[①]

（四）信息体现符号的信度之维，意义体现符号的效度之维

随着符号的演化，符号所承载的信息和意义也在飞速发展，或者说正是信息与意义的嬗变，才导致符号本身的演化。意义是一个相对静态的世界，或其动也是一个整体性的运动，而信息则是定时定量定向定人的意义运动。卢曼基于符号互动理论提出自我指涉论，"自我指涉"指符号系统通过相互关联的要素生产出另外一些通过系统而相互关联的要素，使其作为一个要素生产的封闭网络而存在的社会现象。信息社会正是基于自我指涉特征的虚拟符号，信息的自我意义指涉成为信息社会人类交往的实质，在原有意义坍塌的废墟中，新的意义生成。信息所构成的一个自我指涉的社会意义系统，这个自恰的信息自我指涉系统超越传统符号意义和日常具身生活，而成为由光子、电子、比特所主宰的虚拟符号世界。

自虚拟现实元年2016年以来，人工智能、大数据、物联网、虚拟现实技术等深刻形塑着眼前世界。符号泛滥、信息超载、意义解构，人被自我指涉符号系统玩于股掌之间，个体情感、尊严、隐私、神圣、价值等无处安放，肉身急剧萎缩。物质世界被数据信息流精准计算、分毫不差，但只是对物的解构，人也被当作物件处理。显然，这样的信息尽管体现符号的信度之维，但却难以保证符号的效度——人的尺度。碎片化、泡沫化的信息满天飞、符号接受者茫然

---

① Cannizzaro S. Where Did Information Go? Reflections on the Logical Status of Information in a Cybernetic and Semiotic Perspective [J]. Biosemiotics, 2013 (6): 105-123.

不知所措，人被边缘化导致无所事事、精神萎靡、意义坍塌。若要葆有人性的效度，则需善用一切新科技重构人的意义世界。

（五）信息具有负熵性，意义具有熵性

借用信息学术语，信息具有负熵性，意味着有序、确定和确实性。意义具有熵性，意味着无序、不确定和无限可能性。符号在符境约束（context-bound）中的表现形式，可视为信息。维纳所言的"信息即负熵"，也即具有精准性、确定性、有序性。符号在符境自由（context-free）中的表现形式，可视为意义。简言之"意义即熵"，也即具有混沌性、自由性、无序性。当然，这仅仅是大致的分野，且在总体上的性质判定。如《安魂曲》的符号可大致分为2类，一是作为乐谱（符境自由）表现形式，无论在何种场景、用何种乐器、由何人演奏，它都具有内在确定而精准的旋律和节奏规范，展现有序性，即便是西方乐谱，东方依然可以演奏得如同原版。二是作为演奏中（符境约束）的表现形式，体现出强弱、高低、粗细、情感等自由发挥的"冗余信息"。意义=信息+冗余信息。

信息论中的"冗余信息"或"噪音"成为意义的一部分，甚至从边缘意义被人为解读为主要意义，可谓"因人而异""歧义百出""文不尽言""言不尽意"。"圣人立象以尽意"的功效在于超越第三存在层级的信息或意义，而上溯至第二存在层级的符号"象"。当然，第一存在层级关涉本体论，如物质本体或精神本体，另文将会处理。

如果继续探究，也许会列出更多关于信息与意义之分殊，如：信息偏于符号的理性和真相，意义偏于符号的感性和艺术审美。符号的标出项（异项）的信息量值更大，而符号的非标出项（正项）的意义量值更大。

第三章 教育意义

一、本体论视域的意义：主观性兼实在性的存在世界

人类甫一诞生便开启存在之思，无论原始神话想象或远古形上追问，都反映出人类对世界本元的好奇。但辗转反侧，终不可得。于是乎，从存在之思转向物质实体，继而从实体本体观转向关系实在观。人类哲学主题也从本体论、认识论、价值论、实践论一步步从星空玄想坠落到低头走路。但企图看透世界的野心从未消逝，因为在这纷繁变幻的世界之外，人们坚信一定有一个别样的意义世界。如：柏拉图提出"理念世界"正是一个既不同于可感的现象界，也异于灵魂界的意义世界；佛雷格在纯粹精神世界和外在世界之外划分出一个意义世界；波普尔切分出 3 个世界（物理世界、精神世界、精神产物内容世界），第三世界实际也是一个意义世界；符号学鼻祖皮尔士提出符号三元论（对象、再现体、解释项），解释项本质上关涉到意义世界。当代学者罗嘉昌、高清海、秦光涛、赵毅衡、卢艳红等都从本体论等对意义世界做出卓越探究。高清海提出人的有形与无形两重世界（肉体存在、意义存在），身高标示有形存在，而意义表征无形存在。无形存在所透射出的意义往往是人类的本质追求，有形存在就是无形存在的意义载体。

据波普尔、邬焜、赵毅衡等对于世界、意义世界的划分，笔者尝试以笛卡尔坐标系（横轴为实在—不实在；纵轴为主观—客观）表征世界的存在范畴：第一象限（主观性且不实在性）是精神世界；第二象限（主观性且实在性）是意义世界；第三象限（客观性且实在性）是物质世界；第四象限（客观性且不实在性）是信息世界。第一象限与第三象限形成对偶，正是以马克思为代表的二分世界。第二象限与第四象限形成对偶，意义世界与信息世界的合集便是符号世界。笔者在坚守这一存在范畴的前提下，汲取哲学史上关于物自体、本体、

现象界、理念界、绝对精神等思想，斗胆提出居于物质世界与精神世界之间的过渡区间，即符号世界。符号世界兼具物质与精神的二重属性，是二者相互转化和依存的居间存在范畴。如果说物质世界与精神世界的二元划分法对应于传统的牛顿经典物理时代，那么信息世界与意义世界的提出则是因应爱因斯坦相对论和量子力学时代。《道德经》："道之为物，惟恍惟惚。惚兮恍兮，其中有象；恍兮惚兮，其中有物。窈兮冥兮，其中有精；其精甚真，其中有信。自古及今，其名不去，以阅众甫。"也许道在其中："象""物""精""信""名"是否暗含着四个象限世界的密码？

（一）意义：符号所携带的精神内容

若从二元论来看，世界有两个本体：精神存在与物质存在。但如何知悉世界的存在？譬如我们如何认识自身的存在？"以铜为镜可以正衣冠"，即照镜子，通过镜像符号认识自己外貌；通过手表、生日仪式等获得自身时间符号的认知；体重计、测身高、量体裁衣等获得自身空间符号的认知；抽血化验等体检获得自身生理符号认知；通过基因测序等高级符号认知自身遗传密码。即便如此，人对自身认知仍然十分有限。但也说明一个问题，我们无法直面身体本身，而是通过各种符号去逼近身体、关照身体。这便是我们与世界本体的关系——无法直捣黄龙，只能借由符号与本体相会。符号，就是标志世界存在（意义存在和信息存在）的哲学范畴，是人与世界相会的鹊桥。符号还是意义与信息的双重载体，意义是主观而实在性的哲学范畴，信息是客观而不实在的哲学范畴。人只能使用符号而展现精神向度，所面对的只能是一个蕴含意义和信息的符号世界。

西方符号学家卡西尔《人论》、塔拉斯蒂《存在符号学》都深刻阐述了人之意义问题，中国符号学家赵毅衡《哲学符号学：意义世界的形成》、龚鹏程、叶舒宪各自的《文化符号学》都颇有创造性地探究了文化意义问题。当然，符号学界对于符号的认识远未定型，卡西尔名言"人是符号动物"；乌克斯库尔认为不仅人有符号，整个生物界都有符号；西比奥克将符号圈扩展到整个宇宙。中国是符号学大国，《春秋谷梁传·僖公二十二年》载"人之所以为人者，言也。人而不能言，何以为人？"说明先人早已认识到语言符号之重要意义。古有明辨家惠施、公孙龙，近有赵元任、周雪光等，前人有言："文不尽言，言不尽意，圣人立象以尽意。"王夫之"乃盈天下而皆象矣"，象者，符号也。但凡意义、文化、人情世故无不涉及符号学，正如理论符号学译介大家李幼蒸所言"符号学是人文、社科领域的公分母"。

但凡表达、传输、解释意义，则必须借助符号，符号是表达意义、传输信息的，意义是人赖以生存的精神空间。符号是世界存在的表征，"表征"意味着不是世界本身，而是一个意义世界，正如赵毅衡所说"符号是被认为携带者意义的感知"。符号学就是意义学，凡与意义有关的疑难杂症，符号学必须开出一剂药方才可显示自身的学科地位。而意义是人世间如同空气一般无处不在，故而处理意义问题便是至本至真的课题。李幼蒸认为，符号学是人文、社科的公分母。但笔者以为不必排除自然学科，因为即便信息、量子、基因等也有符号问题，只不过是遵循信息学"科学意义"或强编码的符号，不像弱编码的人文社科那样有更自由的意义解释空间。

（二）教育意义：教育符号的理念世界

符号学视域的教育就是以人生幸福为直接目的的符号化或意义探寻。本体论的教育意义与人生意义、生命/存在意义具有同构性，它是教育符号的理念世界，是以形而上的真善美为其灵魂，以人的信仰作为确证方式。教育所关注的是人自身价值的提升，其核心旨趣是人存在的意义。追寻生命或生存的意义，就是追求超越性和自由性，最终导向幸福。从宗教神学的天堂和"第一不动的动者"，到柏拉图的理念界、康德的物自体，乃至马克思的共产主义，其超越性和自由性无不以信仰作为本体论证明。本体论教育意义是一切教育活动、教育事业的意义之圭臬，是所有教育者的意义之本源。

鲁洁曾说，"生存的意义是什么；人应该怎样生活，生活的理想与价值等，这类意义世界的问题是要通过学习去把握的"。若再向前走一步，到达本体论的教育意义，则需自我超越甚至信仰。伦理性是教育意义的内在尺度，如《说文解字》界定"育"为"养子使作善"，正中教育本质乃使人向善。教育学之父赫尔巴特1806年的《普通教育学》也是以伦理学和心理学作为两大理论支柱的。但凡心怀善念、普度众生，皆有教育意义。耶儒释道等正当性宗教如此，故也是教育。佛教在教化人心之戒定慧、闻思修的循序渐进历程中，其戒、定、闻、思，可以通达世俗教育的意义世界，不同凡响处在于其慧、其修，非一般理性所能穷尽，故而通过信仰方能获悉教育意义。孔德认为人类历经神学阶段、形而上学阶段，继而步入科学阶段。启蒙以降，神学瓦解；工业革命，实证高歌。西方尼采"上帝死了"所表征的祛魅与解构，东方鲁迅"打倒孔家店"所追求的民主与科学，都是对神学教育意义和形而上学教育意义的抛弃。婴儿和洗澡水是否被一起倒掉了？当代教育意义荒芜、异化、精神内核缺失，是否与神性和信仰维度的意义缺失有关？教育被数字所主宰，技术标准日益细密，而信念、信仰却处于分裂和瓦解之中。拯救教育，从本体论而言，就是修复教育超验的先验的意义世界，我们有必要在反思与批判教育世俗性、工具性、技术性基础上，将教育者教育信仰作为重建符号教育学时代教育体系的精神内核。①

二、认识论视域的意义：含义与价值

卡尔纳普 1947 年在《意义和必然》中表达了意义问题乃哲学的核心问题，从语言符号学角度而言，意义可分解为内涵与外延。但不同学科对于意义的探究有不同进路，如：语言学的意义聚焦于语言本身的功能与结构；逻辑语义学则主要探索字词句法本身意义。罗素的《知识与逻辑》认为，专名的意义就是其指称。列维-斯特劳斯则批驳罗素把指称与意义混淆了。他认为意义是语词的一种功能，其中真或假的问题属于语词的使用功能。维特根斯坦的《逻辑哲学论》论述名称所指的对象，赋予对象以特殊含义，只有将对象理解为类似量子力学中的粒子，才能达到理论自洽性。弗雷格倾向于唯名论，他从语言表达现象出发来理解非语言实体，开创了分析哲学之语言转向的先河。新弗雷格主义者强调弗雷格式含义的认知功能，并从 3 个路向阐发弗雷格式含义：一是解释成从物的思考方式或心理呈现模式；二是解释成证实性知识的概念；三是解释成动态的信息体或文件系统。② 国内教育哲学领域，石中英等特别重视教育概念的意义分析，并将意义共享的概念作为教育探讨的知识论基础。③

在英语世界，关于"意义"的词有 meaning, significance, sense, 也曾有过长久纷争，为了选择一个与德语哲学所言的意义词 Bedeutung 相匹配，英国牛津的一家出版社组织学者专门讨论并投票表决，最后统一使用 meaning。在

---

① 张权力. 论教育者教育信仰之构成 [J]. 湖南师范大学教育科学学报, 2016, 15 (4)：63-71.

② 杜威. 民主主义与教育 [M]. 王承绪译. 北京：人民教育出版社, 2001：347.

③ 石中英. 教育学研究中的概念分析 [J]. 北京师范大学学报 (社会科学版), 2009 (03)：29-38.

汉语语境,"意义"作为能指,它有双重所指,一是指"含义、含意、涵义、意思"(meaning)),如:请解释特定文本中某个词语的意义。二是指"价值、重要性"(significance),如:某课题研究的理论意义和实践意义。《阐释并守护世界意义的人》一书所谈主题正是在这两种意义之间滑动,或曰兼而有之。该书作者尤西林分析人类劳动的二重性(谋生与自由),进而阐释劳动的含义与意义之分殊。在德语中有 2 个词 Sinn,Bedeutung 表示意义,赫施对其做出辨析:前者是文本内在的、由符号发出者的意图而定,不关符境和符用,可被译为"意思、含义";后者则是外在的、随符境变化,是符号接受者解释行为的结果,可被译为"意义"。狄尔泰主张以"Bedeutsamkeit"表示形而上的具有价值取向的意义,而用"Bedeutung"表示一般意义。我们可以借鉴尤西林对其解析,建议"意义"的英语对应词 Significance(与价值有关的形而上意义)和 meaning(一般含义)。

简而言之,意义之意义(含意/含义/涵义)可被细分为三:(1)外延性意义;(2)内涵性意义;(3)功效性意义(外在价值)。外延性意义对应于英语词 denotation(台湾地区用"指义"),即词典意义,是字面意思,直接指称的东西 object,赵毅衡认为这是文化认定的相对固定的意义。内涵性意义,对应于英语词 connotation(台湾地区用"延义法"),即隐含意义、延伸意义、言外之意。赵毅衡认为这是每次解释都有可能衍生出的新意义。由于外延性意义清楚明了,相对固定,可以直接从字典查找。颇费周章的是内涵性意义,所以赵毅衡讲"符号学是意义学"主要从处理内涵性意义的角度而言,正如巴尔特所言 Semiotician is the scientist of connotation(符号学家是内涵科学家)。

(一)外延性教育意义:词典解释

教育外延性意义是词典字面直指的解释意义,如:《辞海》《新华词典》中对教育的解释:培养新生一代准备从事社会生活的整个过程,主要是指学校对儿童、少年、青年进行培养的过程。对应英语 education 在《科林斯词典》解释:the activities of educating or instructing or teaching;activities that impart knowledge or skill;《牛津词典》解释 a process of teaching, training and learning, especially in schools or colleges, to improve knowledge and develop skills。《韦氏大学词典》Significance 指可深层追究的重大意义。符号学家艾柯认为外延(指义)是"所指物在文化上得到承认的潜在属性",那么明晰教育的潜在属性便会明了教育的外延性意义。培根《新方法》和彼得斯《教育即启发》都表达了作为普遍一般的"教育"乃不可定义。陈桂生却认为，虽然"教育一般"上位概念无法确定导致难定同位概念，故而无法依据属概念加种概念之差的逻辑学规则下定义。但其内涵是可以定义的，即"长善救失"的价值准则。

(二) 内涵性教育意义：符境解释

教育内涵性意义是字面意思之外的隐含意义，往往义随境迁，即便同一个教育外延，处于不同符号情境，则有不同解释意义，如孔子之"仁"在当代语境具有不同的教育意义。所谓教育定义，就是教育在特定情境的内涵与外延的特定意义。教育概念很难找到适合所有情境的普遍性定义，而是通过差异性和相似性比较相关概念背后的教育关系，由此区别于名词解释或操作性定义的界定。[①] 学生行为表现是其意义世界借助行为的外显化，是在特定符号情境中与教育者共同建构的结果。好的教育者需要基于特定符境通过对学生行为表现去精准阐释内涵性教育意义，从而深度理解关于教与学的完整的意义世界。符号学家艾柯认为内涵（延义）"未必对应所指物在文化上得到承认的潜在属性"，内涵必取决于先行的外延。但赵毅衡坚称外延未必先行，有时内涵会反过来创造外延。甚至符号本身可以先存于对象之前，如筹划、设计、盘算等人类意义活动，反过来创造对象。

(三) 功效性教育意义：价值作用

在日常功效性用语中，意义等同于价值，如公民教育的教育意义（价值）何在？课题申报书里总有一个问题：请阐述本研究的意义，实际需要阐述该研究的理论价值和实践作用。教育功效性意义即教育因其功能而起的价值和作用。石中英认为[②]"价值是主体提出和满足需要的正当性原则。"故而"价值"一词亦可细分为二：一方面可从方式性视角解析为"正当性"（正当性原则），教育意义在本体论上天然蕴含伦理性，就是这种正当性的价值反映。如：符号教

---

① 余庆. 论作为教育哲学研究方法的教育概念分析 [J]. 教育学报，2019，15 (3)：10-16.

② 石中英. 关于当前我国中小学价值教育几个问题的思考 [J]. 人民教育，2010 (08)：6-11.

育学认为，教育是以人生幸福为直接目的的意义追寻。另一方面也可以从功效性视角解析为"有用性"（主体提出和满足需要），如：创新创业教育对于市场经济有何意义？在第一次教育浪潮的语言符号时期，教育意义主要在于传承知识、教化人心；第二次教育浪潮的科学符号时期，教育意义主要在于提升能力、实现经验改造；第三次教育浪潮的虚拟符号时期，教育意义主要在于优化意义组合，促发意义感和幸福感。

三、实践论视域的意义：符号实践运动的内在动力

卡西尔《符号形式哲学》阐述了实在世界的意义源于自身的精神构造活动，符号形式是意义互动得以实现的条件，人类通过创造符号形式而构造意义。意义生成并呈现于人的创造性实践活动。在成己与成物的创造性过程中，人既不断敞开真实的世界，又使之呈现多方面的意义，人自身也在这一过程中走向自由之境。杨国荣认为虚无主义和权威主义是阻滞意义创制的毒瘤，因为在实践中破坏了意义的开放性和创造性。刘龙根认为意义就是基于人类实践活动的诸种复合关系。卢艳红从实践论视域如此定义：意义就是指主体对其有所意谓的客体所具有的影响、价值、作用的理解，而这种理解一般是在实践活动的过程中而进行的（狭义的意义）。

根据赵毅衡研究，三个符境中的意义都有诸多学者提出精彩纷呈的理论。如：胡塞尔倾向于"原义"作为意义标准，也即追寻符号发出者的原始意义。海德格尔与加达默尔倾向于"释义"作为意义标准，也即重点关注符号接受者基于符境、符用所阐释的意义；处于两者之间的是符号集合形成的"文本"，这是矛盾的渊薮，因为文本既是符号发出者的产物，蕴藏着符号发出者的意图，也即含有"原义"成分；同时，文本又是符号接受者面对的解释对象，故也含有"释义"成分。如此而言，文本之"本义"到底存在吗？为了分析的便捷和理解的清晰，有必要假定一个独立的、客观的符号文本，因为发出者往往作古千年、遥不可及，而接受者言人人殊，可谓一千个读者便有一千个哈姆雷特。那么，这个假定的文本本义则有锚定意义之效，正如赫施所说意义是一部作品所展示出的具有客观确定性的东西，也是被符号发出者运用符号系统所表达的含义。

按照传统的教育定义：教育是基于善的目的，对受教者施加身心影响的过

程。这样一个过程的本质属于符号化过程，也即关涉到符号发送者、符号文本、符号接受者。格雷马斯曾提出关于"是""似""非是""非似"的述真方阵，结合赵毅衡在《符号学原理与推演》中的改进，可做如下阵列以呈现意义：

诚信意图（是）+忠实文本（似）+诚实接受（诺）= 三度真实

诚信意图（是）+忠实文本（似）+非诚实接受（非诺）= 对牛弹琴

诚信意图（是）+非忠实文本（非似）+诚实接受（诺）= 歪打正着

诚信意图（是）+非忠实文本+非诚实接受（非诺）= 阴差阳错

诚信意图（是）+非忠实文本（非似）= 保密

诚信意图（是）+忠实文本（似）= 二度真实

诚信意图（是）+诚实接受（诺）= 心照不宣

非诚信意图（非是）+忠实文本（似）= 虚幻

非诚信意图（非是）+非诚实接受（非诺）= 指鹿为马

非忠实文本（非似）+诚实接受（诺）= 本本主义

非诚信意图（非是）+非忠实文本（非似）+非诚实接受（非诺）= 三度做假

　　若按照雅各布森传播符号论，意义与信息的传播需要借助符号进行一种客观的实践运动，即"编码"—"文本"—"解码"的动态过程。意义解释的标准极为复杂，意义在运作空间中有 3 个符境：一是原始意义空间，即符号发送者的原初意义，这时的意义可简称为"原义"；二是文本意义空间，即符号形成特定体裁的文本（非语言学中狭隘的文本），这时的意义可简称为"本义"；三是解释意义空间，符号接受者所感知和解释的意义可简称为"释义"。如此，便是意义三段论：原义—本义—释义。从而在实践中，教育意义便可分为三段：一是作为意义之源被符号发送的教育意义——源于信仰、意识形态、国家组织、文化传统、教育专家、课程制定者；二是作为意义之本的符号文本所含的教育意义——教材、学材、课程、课标、教育网站、静态教育空间等。文本是符号的集合，文本常常携带大量看不清道不明的附加元素，被称为隐文本，如同冰山被隐藏在海水之下的部分，如：多模态教材的图文视频并茂之美、课堂师生互动之关系、学校的校风校貌之文化等。三是作为意义之流通过符号接受的教育意义——师生对课程的领会、教材的解读、课程大纲的细化、考核指南的落实，以及作为意义互动的教育社群、动态教育空间。

　　在"编码"（发送）—"文本"（传输）—"解码"（接受）的动态过程

中，意义具有很大不确定性，充满增强、衰减、变异等状况。有时为了特定目的，需要意义"高保真"，如近年高校思政课为了使意识形态领域的教育意义不走样，施行学生信息员制度、书记听课巡视制度等。以科学符号为主宰的第二次教育浪潮时期，特别注重信息精确、量化实证，正是以教育意义"高保真"为鹄的。南宋以降，朱熹《四书集注》成为朝廷科举考试中对教材意义守恒的参考。即便同样的教育编码和教育文本，但是接收者的解码水平各异，从而得出不同教育意义，可谓"一千个读者便有一千个哈姆雷特"。解码高手在意义运作中往往成为符号特权者，如古代巫师、中医、钦天监、占星家等。正如尤西林所言：劳动二重性中谋生含义的基础性与人类社会历史演进的矛盾限制着大多数人自由创造与意义意识，这使一个专事意义阐释的阶层，以及某些专事意义阐释的活动形态（以艺术—审美为主干）历史地从生存含义的世界中独立了出来。以虚拟符号为主宰的第三次教育浪潮，特别关注创新创造，也即意义的多元化解读。不追求意义"高保真"，而是意义的开放、多元、变幻，文化艺术、诗意人生大行天下。

四、意义呈现中的双轴运作

从符号学角度而言，任何教育意义的呈现必须通过符号而运作，即如前文所述基于雅各布森的教育符号实践运作三部曲：教育符号的发送、形成文本、教育符号的接受。在教育的整个过程和各个环节，其内在机制中无不需要双轴（组合、聚合）操作。组合轴与聚合轴概念最早源自索绪尔观点——任何符号表意活动都必定在组合与聚合的双轴关系中展开，他认为所谓组合就是一些符号组合而形成有意义的符号链（文本）的方式，也即雅各布森所言的结合轴（axis of combination），功能是联结黏合；聚合是凭记忆而组合的潜藏系列，属联想关系（associative relations），雅各布森称之为选择轴（axis of selection），功能是比较与选择。赵毅衡对其进一步完善，他清晰定义聚合轴：符号系统结构中每个要素背后所有可比较从而有可能被选择（有可能替代）的各种成分的集合。聚合轴上的各种成分是一个潜在可能性，一旦形成文本，便显性化为一种实然。

莱布尼兹《单子论》提出经典命题："现实世界是所有可能创造出来的世界中最好的一个"。所有可能世界便形成聚合轴，而实然中由单子构成的宇宙万物互相协调构成一个前定和谐运行的、特定结构的现实世界系统总体便是组合轴。实际上,双轴不可能同时显现,但凡显现的都是组合面。组合轴一旦形成,也便意味着完成了此次聚合轴上的特定选择,而一旦选定,则聚合系里各种未被选择的成分便隐而不显。尽管在意义分析时,若要获得全面而深刻的意义,则必须考虑到聚合系里那些要素。所谓"深度学习",其深正是对聚合轴的挖掘。"春风又绿江南岸"已然形成绝妙组合轴,其妙在于"绿",据传王安石当时比较了到、入、过、满、吹等数十字,这些像似的字便构成为聚合轴。在我们理解诗意时,只有对聚合轴上各个近义词比较分析之后,方能领悟绿字之妙。随着意义的深度挖掘,双轴之间并非只存在于文本中,也非单层而已,而是在意义运作的任何环节都有双轴之间的相互嵌套关系,只要乐意则可以无限嵌套下去。

在符号教育史中,第一次教育浪潮、第二次教育浪潮(1687—)、第三次教育浪潮(2016—)分别对应的语言符号教育、科学符号教育、虚拟符号教育,构成一个组合轴,而每个阶段内部的各种教育形态则形成聚合轴。比如,在第一次教育浪潮时期有庠、序、校、塾、堂、院等,此阶段教育中能指与所指大量分离,逻辑距离较远。知识符号本身还处于理据性较强而抽象性较低的像似符和指示符,属于表征主义教育范型。这种范型内部的表征主义、本质主义、普遍主义再次构成聚合轴。第二次浪潮属于实用主义教育范型,井喷大量科学符号(如数理化的定律、公式、化学元素符号等),科学符号更多的属于规约符,它理据性更低但抽象性更强。此阶段教育中能指与所指逻辑距离遥远。对客观世界具有强大编码解码功能的科学符号使得现代教育的正当性和紧迫性空前提高,其蕴含的科学主义、建构主义、实用主义、专业主义、经验主义则成为这个教育阶段内部的聚合轴。第三次浪潮出现虚拟符号(如虚拟现实、仿真、超真、幻象、灵境),此阶段教育中能指与所指借由虚拟现实而拉近逻辑距离,实现充分浸入感、交互性和多通道融合,教与学在逼真甚至超真幻象中进行。教育符号不再拘泥于像似符、指示符或规约符的类别化,也不再纠结于生活符号、科学符号和人文符号之分野,而是随心所欲不逾矩。符号教育是人类可预见教育的最高形态,其焕发的意义主义、自由主义、造世主义、自然主义、人文主义、幸福主义共同构成本阶段的聚合轴。

在教育时空中,也有组合轴与聚合轴的双轴运作从而表达不同教育意义。今天在全球化的教育体制下,我们仍然处于第二次教育浪潮科学符号时期,教育时间安排方面，每个学生的成才路径大致相似，各个地区和国家的青少年教育时间分配从纵向而言形成多条组合轴：早中晚、春夏秋冬、日周月年、学期学年等时序。但在组合轴的每个节点，都有多种可能性选择，比如8点前时间，有的学校安排自习，而有的学校却安排早操锻炼；上午是黄金时间，有的学校安排语数外，而有的学校却随机排课；下午4点之后，有的学校仍然加课讲授，有的学校却采取丰富多彩的课外活动，还有学校直接放学。这些多种选择就构成聚合轴，选择什么不选择什么体现了不同的意义追求。人之一生，都有婴幼—少年—青年—中年—老年构成的组合轴，但芸芸众生的区别在于聚合轴上的价值取向不同，从而展现不同人生意义。正如赵毅衡所言，人的意义活动是高度聚合性的，不断通过"选择"而追寻意义，以明确意识与世界之间的关系。

在教育空间方面，学习者的身体位移轨迹形成组合轴，如在家—上学路上—在学习场所—回家路上—在家。但是每个空间里，学生身体分布有多重选择，从而构成聚合轴。凡有选择，则必有不同意义取舍。如美国：学生在校时间一般是8：00—15：00，即便在校时间内，也充分体现开放、自由的符号意义，如开放式校园使身体不被禁锢、超大落地窗和门窗敞开使学生思接千载视通万里，桌椅任意摆放以便身体的放松、学习时身体随意摆动。学习形式的多样化如俱乐部学习、场馆学习、教会学习、户外学习、旅行学习、夏令营学习等，无不尽可能扩展教育空间以使身心得到符号暗示，从而引向自由、开放、包容、独立、平等、责任等意义追求。相比而言，东方如中日韩的教育空间大多局促严整，身心被紧紧束缚，活像笼中鸟池中鳖，造成视野狭窄，个体意识羸弱。在基础教育—高等教育的组合轴看似中美相近，但因其聚合轴大相径庭，故而教育之后的意义分殊——创造性、开放性、独立性、责任感都有明显不同。

在课程安排中，学制时段（如6-3-3-4制）的衔接形成组合轴（幼教—小教—中学—大学），而每个时段分别选择什么科目则形成聚合轴。在教材编写中，根据由浅入深、由易到难、由具体到抽象的知识体系形成组合轴，而每个年级教材内容的选择集合则形成聚合轴。如近年中学语文教材中关于"去鲁迅化"的问题，实质是中学语文知识范文的选择性问题，也即关涉到聚合轴。聚合轴上每种选择都有像似性，都体现了整个组合轴（语文知识体系）中特定学段的课程标准。也正因为像似，所以选择鲁迅与不选择鲁迅才成为论争焦点，而实质上，从聚合轴上无论选择什么对于组合轴（语文知识体系）无伤大雅。

既然像似，为何选择这些而不选择那些？虽然有符号像似性，但其意义却有差别——时代不同，"鲁迅"作为某种符号的意义自然不同。面对浩瀚的知识宝库，编排教材内容首先在组合轴上基于心理学、教育学和学习科学规划整个学段的知识量和各个学段之间的衔接关系，然后再在聚合轴上铺排、对比、筛选，如国外素材与中国素材的比较、文科与理科的比较、现代与传统的比较、领袖与平民、意识形态与非意识形态等。这种比较和筛选并非易事，一般需要教育专家、知识学者、政府部门共同研讨确定。这种组织决策权从以前人教社独家代理转为当下多家出版社百花齐放，显示了对教育符号意义权的开放性、自由性，为各省自由选择教材提供可能，从而形成下一层聚合轴。看似乱花渐欲迷人眼，但都指向高考，所以无论聚合轴上有多少可能性选项，但由教育部、教育厅所规制的排他性高考组合轴是确定的。人生意义的开放性、多元性，与单一的、排他性中考高考组合轴之间形成意义漩涡，两者之间的冲突造成人们对于统一高考是否取消的争论。韩寒、哈佛女孩等就是寻求别样意义的媒体典型，媒体有意将其符号化为现有中考高考组合轴里的标出项（异项）。"狗咬人"作为异项更易成为媒体热点，对于常规教育体制组合轴更有冲击力。

第四章　教育符号

一、教育符号初论

儒佛鼻祖聚会，孔子与佛祖两人相约互写2字，对方若认不出便输了，输者应任由赢者弹一指。当下议定，孔子遂写了两字："矮""射"。如来并未思考直接笑答：前者读"ǎi"，后者读"shè"。却见孔子摇首笑道：差矣差矣，前者乃是"矢"落于"委"应是个"shè"字。后者只有"寸""身"分明是个"ǎi"字，你可念颠倒了。如来依其理而想，竟无语对答，只得认输，让孔子弹了一指，自此额心处留下一抹痕迹至今犹存。随后如来也取出两字："重""出"。孔子亦是胸有成竹，朗朗念道：前一字有两音：一读"chóng"一读"zhòng"。后一字则读"chū"。不料如来竟作势以其人之道还治其人之身，亦笑道：你也差矣，第一字才该读"chū"，因为千里迢迢嘛。第二字是"山"上加"山"，故有两个读音：一是"zhòng"两座"山"焉得不"zhòng"？另一音则读"chóng"，一样的东西有两个岂不是"chóng"了。言毕哈哈大笑将手指曲起就要来弹，谁知孔老人家自感理亏，早在如来抬手时就笑嘻嘻溜走了。所以我们现在看到的如来佛像总是一只手做弹指状，便是那时养成的习惯，一直在等着孔圣人呢。①

这则故事富含符号教育学意蕴，特别是告知我们有关教育符号的真谛。人是符号动物（卡西尔），人是"元符号化动物"——能在意义生成中创生新的意义。因有符号运作，故人高于普通动物。教育的理念、方式、内容、手段等皆以符号为工具，教育符号是符号之特类，人之教化即符号化。教育符号是整个符号教育学大厦的根基，符号与象征构成为我们看待教育的一种新的锋面，符号给教育探

---

① 陈金文. 孔子传说的文化审美研究 [M]. 济南：齐鲁书社，2004：76.

究带来的理解方式正在开启一场新的革命。那么到底何为教育符号？

（一）教育符号之内涵

1. 核心概念

感性无概念是盲的，知性无内容是空的（康德）。100 个符号学家就有 100 个符号概念，目前学界更无统一的教育符号定义。本文通过汲取索绪尔、皮尔士、莫里斯、卡西尔、维特根斯坦、赵毅衡、坎宁汉、赛默斯基、涂尚等符号学思想，基于符号教育学视角，尝试透视教育符号。概念是符号互动的前提，基于概念认同的对话才有可能达到符号共识。本研究的 5 个核心概念如下：

教育：（广）以人生幸福为直接目的符号化。（狭）教育即教育符号的创制、释义、应用。

符号：被认为携带意义的感知（赵毅衡）；符号是能指与所指的二维合体（索绪尔）；符号是再现体、对象与解释项的三维合体（皮尔士）；符号是人理解人的条件，根据"使用者—符号—世界"三角结构，人类知识可分为 6 类：符形学、符义学、符用学、社会学、物理学、实践学（莫里斯）。笔者从宏观提出一个定义：符号是标志存在的哲学范畴（主观而实在的存在），它是物质与精神存在方式和状态的显现（或曰物质现象与精神现象的总和，简称符号就是现象）。

教育符号：（广）具有教育意义的符号；（中）教育场域的符号；（狭）教育场域具有教育意义的符号。套用赵毅衡的符号学思想①，可做如此解读：教育符号是被认为携带教育意义的感知。教育意义必须用教育符号才能表达，教育符号的作用在于表达教育意义。反过来说没有教育意义可以不用教育符号表达，也没有不表达教育意义的教育符号。教育符号是教育意义的载体。教育意义表达、显现和解释等过程是以教育符号为工具而运作。

2. 主要分类

马克思主义认为，人之意义需从其社会关系中解读。符号学鼻祖索绪尔认为，意义并非源于符号本身，而是符号的结构关系。中国西部符号学派创始人赵毅衡认为，文本意义由体裁决定。"关系""结构""体裁"即为对象在特定纵横坐标系中的相对位置，纵横轴由分类而定，因为："关系"决定分割比例；

---

① 赵毅衡. 符号学原理与推演［M］. 南京：南京大学出版社，2011：1-2.

如何切分事关"结构"内涵;"体裁"限定类型。为了更为深刻明晰教育符号在"教育纵轴""符号横轴"系统中的坐标位置,兹做 9 维分类:

S1. 模态之分(韩礼德):语式教育符号、图式教育符号、像式教育符号

(1) 语式教育符号:文字教材、课堂教学、语文教育、外语教育等

(2) 图式教育符号:思维导图、教学图表、绘图、挂图、插图、地图等

(3) 像式教育符号:教育雕塑、立体教具、教学音像影像、虚拟现实教育等

S2. 范围之分(约翰斯通):微观教育符号、中观教育符号、宏观教育符号

(1) 微观教育符号:字、词、句、篇、音素、姿态、概念等

(2) 中观教育符号:教材、课程、学制、规章等

(3) 宏观教育符号:政治、经济、科学、文化等

S3. 显现之分(布鲁姆):显性教育符号、隐性教育符号

(1) 显性教育符号:教学大纲、考试、语言、学校等

(2) 隐性教育符号:缄默知识、留白、沉默、学风、仪式、服饰等

S4. 功用之分(康德):理论性教育符号、实践性教育符号

S5. 场域之分(布迪厄):家庭教育符号、学校教育符号、社会教育符号

S6. 学科之分(狄尔泰):人文学科教育符号、社会学科教育符号、自然学科教育符号

S7. 层次之分(瞿葆奎):元教育符号、一度教育符号、二度教育符号、三度教育符号

S8. 知识之分(石中英):原始知识型教育符号、古代知识型教育符号、现代知识型教育符号、后现代知识型教育符号

S9. 历史之分(赫拉利):原始教育符号、传统教育符号、现代教育符号、符号教育符号

(注:以上括号中人名为该种分类所依据的主要理论来源。)

只要乐意,可以无穷罗列各种分类。针对学校教育这个特定场域,我国台湾学者姜得胜专著《符号与教育场域关系之研究》(2012)提出所有学校共同的 8 种校园符号类型(基本型、组织型、时代型、规范型、文化学习型、艺术创意型、休闲运动型、日常生活型),又根据符号核心教育意涵与功能而提出特殊性的 5 种校园符号类型(励志性、感恩性、艺术性、民族传统性、纯学术性)[①]。

---

① 崔岐恩. 国外的符号教育学及其研究进展 [J]. 高等教育研究, 2016 (2): 47-54.

如果以上分类可以被看作横向铺陈，本研究"奥卡姆剃刀"尝试纵向下刀——基于莫里斯对人类知识学科六分法（符形学、符义学、符用学、社会学、物理学、实践学），① 伯恩斯坦之精致符码（elaborated code）与受限符码（restricted code），② 笔者将教育符号一分为五：教育符形（edu-syntactics）、教育符义（edu-semantics）、教育符用（edu-pragmatics）、教育符域（edu-semiosphere）、教育符码（edu-semiotic code）。此 5 类既可看作对教育符号的深度透视，又可归于符号教育学体系之下位学科。

根据索绪尔二维（能指—所指）符号学理论，教育符形是教育之能指，教育符义是教育之所指；根据皮尔士三维（再现体—解释项—对象）符号学理论，教育符形是教育再现体，教育符义取决于解释项。教育符域指关涉教育符号的场域和情境，它是教育符号的运作空间。教育符码是指教育场域或以教育为目的的符号编码解码、算法、符号传达的方式方法、特色表征、体制规律、范式规则等，它是教育符号的运作机制。教育符形则关涉教育符号表征、教育符号分节、教育符号间关系，它是教育符号的最表层。教育符义则关涉教育符号的意义，包含本义与引申义、教育者之意与受教者之意、实然之义与应然之义、现实之义与象征之义等，它是教育符号的孪生兄弟，因为符号学就是意义学（福柯：符号与意义相辅相成，如同硬币的两面）。教育符用关涉教育符号对于教育主体的功能和作用，它是教育符号的价值。"学以致用"是个动听的符号，教育符用固然有其功效正当性，但不能扣其一点而不及其余，教育符域—教育符码—教育符形—教育符用—教育符义，此五者乃相互关联的和谐系统。过渡功利主义教育带来有目共睹的弊端，因其过渡强调教育符用，特别是短视的、自利的、极端的符用观，正在日益扼杀兴趣、想象、诗意等创新因子。

（二）教育符号之解析

1. 师者，所以传道授业解惑也

师者，助益学习者符号化之人也。"教"字从甲骨文、金文来看，既是象形符号，又是会意符号。可做这种解读：一只手呈爪状，拿着一根针在缝纫，

---

① 张良林. 卡尔纳普与莫里斯 [J]. 科学技术哲学研究，2012，29（02）：45–50.
② 巴索·伯恩斯坦. 阶级、符码与控制 [M]. 王瑞贤，译. 台北：联经出版事业股份有限公司，2007：13.

缝合处呈交状针线。旁边是一个很小的孩子在学习。当然还有另外一种解读：左下角一个小孩学习左上角的文化经典等教育内容，右下角的成人之手拿着右上角的教鞭在督促、教学。对于"教师"这一符号，有很多意象表达，譬如：韩愈《师说》"师者，所以传道授业解惑也"；北师大校训"学为人师，行为世范"；斯大林语"教师是人类灵魂的工程师"；以及无数的民间符号象征：教师是蜡烛、园丁、灯塔、守夜人、清道夫、良心守护神等。基于皮尔士符号三分法（再现体、对象、解释项），这些意象都是再现体，对象是教师，而解释项各不相同，无论是再现体或解释者主体的不同，即便能指像似，但对所指之师者形象的理解缤彩纷呈。其因多样，如：不同的教育符号域——基础教育教师意象与高校教师意象不同；不同的教育符号组合轴——历史长河中对教师称谓不同；不同的教育符号聚合轴——同一时代对教师有不同的角色期待；不同的教育符形——"教师"在不同语言系统中有不同的符号表征；不同的教育符用——教师在不同人性假设和教育理论流派中功用各异（性善论：顺其自然、涵养复归；性恶论：化性起伪、改造重塑；二元论：因善攻恶、扬长避短；中民之性：因材施教、因人而异）；不同的教育符义——"教师"的意义与符号虽然互为表里、相向而生，但词不达意，符不尽义乃是常态；不同的符号映射——教师的能指与所指间、教师符形与符义间、教师再现体与对象间，会从不同维度展现满射、非满射、单射、满单射等各种映射样态。而一一映射着实不是常态。

这便需要教师首先深度学习、系统学习进而深度教育和系统教育。美国威斯康星大学涂尚教授 2012 年提出了全方位的深度学习（Deep Learning）的理念、过程、方法、规则，并创建了语言 IAPI 学习模式，采取基于项目的学习法。他认为，真正意义的个性化学习，学生必须是课程的建构者，语言学习必须经历学徒期身份，语言学习读写优先于听说，听说只是写作的副产品。语言与文化没有帝国之说，主张在 5C 基础之上倡导世界大同主义 6C 学习。[①] 欲超越符形的学习，则应深度融合学科间、跨学科间、超学科间的知识点一串一网。每一个知识点实际是知识网络中的一个小小结点。若要全面探求任意一个符形，则如同要摘一个瓜，必然扯动藤藤牵出蔓。相对于过渡专注于符形的浅

---

① Bernstein B The structuring of pedagogic discourse（Volume IV）：class，codes and control [M]．London：Routledge，1990：1-2.

层学习，语言文化知识要经过内化、深度学习、深度反思、深度评估等，从而实现学习者符义和符码的深度转向。符义之最小的意义单位是词汇衔接的重要手段和具体体现，如陈鹏、濮建忠利用"词项模型分析法"比较英语本族语者和中国学习者英语写作中的词汇衔接特点（符形组合轴），研究发现二者有显著性差异。[①]

人工智能精英吴恩达领衔开发过 GOOGLE BRAIN，BAIDU BRAIN，基于人工智能深度学习概念，利用科学符码帮助谷歌和百度开发基于 AI 的网络神经学习系统。科学符码高度发达时代的符号教育将有条件借助虚拟现实的科学符码，为学习者提供多通道多感官的仿真、拟真、超真的教育符号域，使同一个能指的符形呈现多模态，如"苹果"能指的符形可以呈现字、画、像、色、味、形、音等各种样态。如此，学习变得更有沉浸感、趣味感、效果感，譬如儿童学习"苹果"，当孩子进入苹果符号域，立即可以聆听到苹果花开的声音，看到红扑扑的苹果本体，闻到沁人心脾的苹果味，甚至苹果和学习者对话交流。智能时代的教育符号域借助量子纠缠、神经网络、基因修复等科学符码也会对符用、符义扩展、升级、具身、增效，使学习者超越时间、空间的局限。对于符码层次学习的改造疆域也将无可限量，眼前难以言表，或许政治、国家等意识形态有大的转型。

2. 茴香豆的茴有几种写法？

鲁迅 1921 年小说《呐喊》笔端人物孔乙己曾经傲娇而酸腐地提问：你知道茴香豆的茴有 4 种写法吗？1921 年，爱因斯坦获得诺贝尔奖后初访美国，面对总有人问："音速是多少？超音速是多少？"爱因斯坦不屑于这种仅仅是符形层次的问题，答道："这种问题可以在任何物理书中找到答案，何必问我？"他认为，大学教育的价值不在于记住符形本身（如要求英语 4 级必备词汇量 4000 个，6 级 6000 个），而是训练大脑会思考（符号之无限衍义能力）。哑巴外语就是那样炼成的——过渡专注于符形而忽视符义的深加工、深度学习。

黎巴嫩文学家纪伯伦（1883—1931 年）散文诗集《泪与笑》《沙与沫》等都极好地体现了符形与符义的文学应用，如《沙与沫》从符形而言，仅仅是自然景物"沙"和"泡沫"，而符义则所指为事物如泡沫般虚幻、个人如沙尘之

---

① 涂尚. 世界语言与文化学习深度教育法 [M]. 龙翔，肖建芳，译. 美国蓝梦市：德普大学出版社，2015：1-3.

微小。通过像似符、规约符的运用而表达"一沙一世界、一花一天国"的深层意义。文学家都是符号学应用大家，"假如你只能看到光所显示的，只能听到声所宣告的，那么实际上你没有看也没有听"，正是纪伯伦的名言。

符形作为符号的最表层，固然有其积极作用。如微分（d）、积分（∫）、商（a/b）、比（a∶b）、相似（∽）、全等（≌）、并集（∪）、交集（∩）三角形（△）、斜角（∠）等数学符形形象生动、简明扼要，这些都由数字符号学大家莱布尼兹等选取或创设，极大地推动了数学迅猛发展。莱布尼兹认识到运用符号技巧是数学成功的关键之一，他说："为了减少人的思维劳动，则要挑选恰当的少量符号来表达内在本质。"他还创立了符号逻辑学的基本概念。但毕竟，教育符形是教育符号的最表层，假若学习裹足不前、浅尝辄止，不积极跟随或主动构建新的教育符域以向教育符义、教育符码等维度掘进，则肤浅短视，难得教育真谛。正如叔本华曾说，读书若不独立思考，则只不过是重复作者思考过程而已，自己头脑沦为别人思想的跑马场。这种单维度的浮于表面的读书实际上只是专注于符形，而未向符义、符码等深度掘进，如同小孩描红习字或临摹画画。在中国传统教育阶段，教师会强制要求学生死记硬背四书五经，临摹抄写经典古书，过多强调汉字、字母、单词的教育符形之维，令学生枯燥乏味。当然，读书识字须得了解初步的字形、读音、字义，因其是步入符号帝国的入门券，故古代将训诂、音韵、文字归为小学（如清朝《四库全书》），"小学"最早见于《大戴礼记》，能指为初级学堂，即正规符号化的最初级教育符域，所指则为初学之起点，是教育符形之开始。

中国近代以降，随着王国维、梁启超、章太炎、陈寅恪、钱锺书、季羡林、冯友兰、涂又光等国学大师们一个一个驾鹤西去，国学日渐式微。好在信息时代利用数字符号的显现方式传承国学经典，几乎所有面世的古书文字都已被建立网络数据库，实现了快捷、仿真、免费的读取、共享。但是，国学所能最大化传承的仅仅是符形而已，而符义、符码又能传承多少呢？毕竟时过境迁（符域变化）、人去茶凉（解释项之主体不在场）、无用之用少有问津（符用的错位）。如一代大儒、台湾政治大学教授、享寿106岁的清朝皇族后人爱新觉罗·毓鋆曾经致力传承经学，尤重《易经》《礼记》，晚年唏嘘感叹，如今学生底蕴浅薄、文史欠缺，国学仅仅做到认字诵读，而思想境界无从谈起。大部分人碌碌于生活之琐碎，未曾思考深层意义①。

更高层次则是"悲天悯人"，即对教育符码的掌握，如雅思贝尔斯所言"一颗灵魂带动另一颗灵魂"。这启示教与学不能局限于符形——死记硬背知识点本身。知识点的简单堆砌未必能带来创新，所谓读死书、死读书便是符形滞涨，结果导致"读书死"。符形即能指（若按照莫里斯符号观，则指符号与符号之间的分布形态）。语言符号学中一般有拼音式（如西方字母符形）与拼义式（如汉字）符形之分。周有光以书写笔画为标准将符形分为原始符形与成熟符形②。从符号教育学角度来看，哪些教育符形被哪些人所掌握，事关教育权威的分布。如中国古代大兴文字狱，据传清雍正四年（1726 年），江西乡试主考查嗣庭引用《诗经》"维民所止"作考题，被人诬告为"雍正去头"，引怒龙颜罪获戮尸——符号运作的低级阶段就如此残忍，与商鞅之五马分尸、司马迁之腐刑具有符号相似性，是对身体符号之符形的宰制。在精致符号全面爆发之后，身体符号的被宰制从符形上升为符码和符义，往往杀人于无形，如：诛心（符义符用符码的深度围剿）、舆论杀人（操纵符码）或抹黑形象（故意恶解符义）。鲁迅目光可谓毒辣，看穿精致符号杀人不见血的把戏，故《狂人日记》能指之故事文本成为其解码叙述，其所指乃"封建礼教之吃人本质"。

其实天下乌鸦一般黑，如德国达豪集中营入口处，刻着 17 世纪一位诗人的警世名言："当一个政权开始烧书的时候，若不加以阻止，它的下一步就要烧人！当一个政权开始禁言的时候，若不加以阻止，它的下一步就要灭口！"尽管东方远古符号灿若星辰（如红山文化、甲骨文、河洛图等），但符号学发源于西方，西方语言符号先行者更早参与符号斗争，如埃德蒙·柏克说："邪恶盛行的唯一条件，是善良者的沉默。"沉默是金的符用立场何在？符号功能在于表情达意，虽然沉默也是符号，即空符号，空符号也是一种意义表达。但却从符域聚光灯下隐匿，从符号正项抽离而成为异项（赵毅衡）。

在国家层面，自 1840 年第一次鸦片战争开始，国人对于中国传统符号体系的笃信开始动摇，魏源、林则徐等放眼看世界，惊喜地发现西方那种新式符号系统与国内传统符号系统截然不同，虽心向往之，但囿于时代局限性（符域）

---

① 陈鹏，濮建忠. 意义单位与词汇衔接的实现 [J]. 外语教学与研究，2011，43（03）：375-386.

② 许仁图. 一代大儒爱新觉罗·毓鋆 [M]. 上海：上海三联出版社，2014：1.

而未能洞悉符码、符义层次，仅仅止于符形（旁观、译介、舶来成品、学其表象）。及至中法战争、第二次鸦片战争连连败绩，方才意识到西方船坚炮利背后的科技符码，于是大兴洋务运动，升入符用层次（如中学为体西学为用）。1888 年首次把自然科学纳入考试内容，1898 年加设经济特科，荐举经时济变之才。可惜大清政治符码早已"降解腐烂"，仅靠科技符码难以回天。甲午战争、八国联军侵华给了大清最后两记重拳，1905 年清政府终于废除持续 1300 多年的科举制度。

1911 年新的政治符号开始推陈出新，1919 年、1921 年、1949 年、1978 年这些重大历史节点（符域）为政治、文化符号的转圜、跃迁提供了历史舞台。符号互动互竞没有终结，近 30 年来西方英语符号国家通过 GRE、IELTS 和 TOEFL 筛选具身符号进入西方教育符域，从符号帝国入场券的符域和符形层面维护其优先性，进而造成西方符码、符义、符用各个层面的文化霸权。现代教育通过"做中学""学以致用""开放办学""多边合作""教育全球化"等途径纠偏，是对教育符形的反转。但需谨防在教育符用维度用力过猛，教育是为了让人成为更好的人，而非成为一台冷冰冰的赚钱机器（弥尔顿）。过渡功利主义，则过犹不及。教育符域之"钟王之争"①、文化符域之"孔子学院"、政治符域之"中国梦"、国际符域之"一带一路"无不彰显全面的符号斗争。

在科学符码极度精制的社会，符号教育有了质变——从符形、符用向符义、符码的跃升。深度学习、系统学习都不约而同地提出契合时代要求（新的符域）的教育理念（或许是旧瓶装新酒）——教是为了不教（符号无限衍义能力），授之以鱼不如授之以渔（对符码的深度解析）。聚焦于符形的浅层知识在教育史上重要性将日渐式微，符形的拥有价值和运作成本越来越低，如结绳记事、雕刻、涂画、硬笔书法、软笔书法、雕版印刷、活字印刷、电子印刷、激光打印等，以及现代电子时代的五笔输入法、拼音输入法、手写输入法、语言输入法、视觉输入法、意念输入法，文字符形的显示和运作从难到易，展现了人类深层符码的进步。篆刻、书法曾经是教育教学的必修课，现在沦为少数艺人的个人爱好，而未来智能社会或许有历史的翻转，艺术美化的诗意人生将成为常态。从符形中节省的成本可以做高级符号的深度运作，如对符形背后理据

---

① 郑巧灵，汪奎. 新课程改革背景下的"知识"观——从"钟王之争"说起［J］. 黑龙江史志，2009（19）：149-150.

性的思考、对知识图谱的联想、对学科大图景的构思、对知识演化机制的反思等。比尔·盖茨把自己定义为 reader、learner 和 teacher，即大量阅读的人，学习的人，愿意授人以渔的人。当然，即便是符形，也有深浅之分，浅层符形只是散乱的字、词、句等知识点；中层符形是对浅层符形的概括融汇，知识点之间有个别维度的联结，形成知识串；深层符形则是符形的网络化、系统化，知识点、知识串彼此之间纵横交错、形成知识网。如是，知识在符形视角呈现出知识点、知识串、知识网 3 个层次。

中外教育者基于历史和生活积淀，多会总结一些常用的浅层符形，如《书法笔画临摹手册》《简笔画入门》《三字经》《十字鉴略》《百家姓》《千字文》《说文解字》《汉语常用字词汇编》《汉语核心词语总结》《英语常用词语手册》《英语 900 句》等。对于初学者而言，这些都是很好的工具书。因为任何一项意义，必得借助相应的符号来表达。我们要理解字典中任意一个符号 A，必得借助另外一些符号 B 来解释，而另外一些符号则又需要借助符号 C 来解释，这样就无穷无尽，显示意义和符号的无穷魅力。若倒过来看，无穷衍义则是"打破砂锅问到底"式的追根溯源。大量的字典、词典等工具书都是展现浅层符形的知识点，很多教育题材影视总会出现这样一幕：教师拿着指字棍严肃认真地给学生教读某个字词，甚至还出现符形误识（如电影《美丽的大脚》中，张老师把"千里迢迢"误教为"千里 zhāo zhāo"；对"好好学习天天向上"的错误翻译）。

给学生教授字词读写当然没错，但这不应该是老师的核心功能，也不是教育的主旨，更不应该成为社会媒体关于教师教育教学状态的刻板印象（少数作品如《流氓师表》《放牛班的春天》《麻辣教师》表达符号反转，就此引发学生诘问：为何真正的好老师总那么不着调？）。时过境迁，人类教育历经 3 次革命性浪潮：第一次教育浪潮后，学习者符号意象是存储器；第二次教育浪潮后，学习者符号意象是工具箱；第三次教育浪潮后，学习者意象是万花筒。当然，即便停留在浅层符形教育水平，也还是有一些自由探索的教育形式，如拼读游戏、字谜、趣味识字、看图认字、成语接龙、书法欣赏、Brain Twists、Cross Word、Puzzle 等。许多字谜和文字游戏巧妙利用了符形与符义的纠缠，如：下雨天留客天留人不留——借助标点符号对符形 4 种分节，可以产生不同所指，也即基于不同符用目的、通过不同符形分节，从而达到多种符义效果。

又如关于符形的趣味阐释：

熊对能说：穷成这样啦，四个熊掌全卖了；

兵对丘说：兄弟，踩上地雷了吧，两腿咋都没了？

王对皇说：当皇上有什么好处，你看，头发都白了；

口对回说：亲爱的，都怀孕这么久了，也不说一声；

果对裸说：哥们儿，你穿上衣服还不如不穿！

比对北说：夫妻何必闹离婚呢？

巾对币说：戴上博士帽就身价百倍了；

臣对巨说：一样的面积，但我是三室两厅；

日对曰说：该减肥了。

（摘自 http：//wenda. so. com/q/1363008803062208）

在特定的学科领域，必然有一个大致的教育符号域。如医学专业有《医学常用词汇手册》，古汉语专业也有《文言文常用词汇手册》。世界浩瀚无边，世界是由符号构成，符号必然无穷无尽。对于特定的教育符号域，特定符形数量没有最大值，但会有一个最小值。最小值何以可能？缘于知识网内的符号结点——符形之间、符义之间、符形与符义之间纵横交错的联结点，网状结构内疏密有致，结点分布不均，那些较大的结点意味着有更多的符形关联和符义分叉，意味着有更多知识串在此相交。随着学习科学和信息科学发展，这些符号结点将被一一挖出，结合思维可视化和词频分析技术，使核心概念之间的关系更加明了，从而举一反三，事半功倍。也可探明哪些符号结点是思维死角，妨碍高效学习，这便是《英语语法易错解析》《汉语常见别字大全》等的内在符码。英语世界有教育俗语 Learn Less，Learn More，汉语世界有俗语"教是为了不教"，其共同的符号密码正是发凡于符号结点。

目前对中层符形的教学形式有：造句、同义词、反义词、词性归类、仿写句子、对科学公式定律的记忆等。对深层符形的教学形式有：语篇分段、总结中心思想、符形类作文（记叙文、说明文）、套用公式定律做数理演算等。很多初学者或小学生常常会问：这个字为何这样写？勾股定理为何称"勾""股"？没有符号教育学观念者往往回答：哈哈，你太幼稚啦。干吗问这么简单的问题？爱因斯坦说了，好问题远胜过好答案。或者不屑一顾道：大家都这么写的，古人都那么叫的。实际上，要圆满回答这些问题并不容易，因为已经超越了符形层次，需要教师博古通今，掌握符用（这个知识点在历史发展中的作用、功能）、符义（该知识点在文明进化史中的内涵、外延）和符码（该知识点在主客二分中的规律和运作机制）。教师若不能很好地将学生问题符号化，则最好保持沉默。无须望文生义、衍义误导，尽管"意义分叉"（每个符号可以从不同层次和界面做无穷种意义阐释）是符义的本然状态，但人类灵魂先天具有趋真潜势，一旦背离"真值"，固然不会在符形、符义层面"降错"，但如此过渡开放而无限的阐释的阐释者（解释项之主体）势必面临"趋真压力"，身心将会备受莫名隐忧。如同昧着良心而言行，将会噩梦相伴。

维特根斯坦告诫：能说的则可说明白；不能说的则最好保持沉默。所谓"不能说"只不过其所指之"玄"暂时难以在能指端有贴切的匹配，或者在符形界面暂时难以找到合适的"型号"。可谓：道可道，非常道；名可名，非常名；无名天地之始，有名万物之母（老子道德经）。道、名作为符号，若从能指—所指，符形—符码等多维切分，或可获得更为明晰的符义。得鱼忘筌、得兔忘蹄、得意忘言（庄子），此筌、蹄、言既可在中观层次解读为符号，亦可在微观层次解读为符形或能指。冯友兰曾以中国传统哲学力图重建中国式形而上学，主张"始于正方法而终于负方法"，陈晓平"接着说"从"实际"到"真际"至"道际"（陈晓平符号逻辑导论）。大音希声，大象无形（老子道德经）。科学符号、逻辑哲学之推论形式、推导方法可以在符形、符用和符义部分层面抑或元符号能指端获得"真值"，但在部分符义、符码及元符号之所指端鞭长莫及。

但对"不能说""难以符表"的部分不是全然无所作为，近代已降也有诸多哲学家探索开路，如"显示"出来，以具身符号作为能指彰显其所指（张再林）；海德格尔之"说不可说"（孙周兴）；冯友兰之重建形而上学（涂又光）；以及现象学本质直观；逻辑哲学论者推透于可能世界等，这些路数均可看作是对"语言转向"的符号补丁。当然，即便"可以说"的部分，也未必"非说不可"，西有 silence is golden，古有《道德经》"处无为之事，行不言之教"，艺术之"飞白重彩千寻影，岂道真境是淡然。"符号学之"零符号、空符号"（如武则天之无字碑、金生鈜所言不教之教）。说得太多，未免陷入"修辞以立其伪"或"巧言令色"之嫌。当然，这也给符号学出了难题——无法处理"有一说一"，只能处理"知一说一"及随后的"信其一"（赵毅衡）。

3. 此中有真意，欲辨已忘言

根据赵毅衡符号学思想，教育符号与教育意义相伴相生，没有无教育意义的教育符号，也无教育符号不携带教育意义。因为教育符号就是被认为携带着教育意义的感知，教育意义是由教育相关者共同创造。教育符号的降解——教育物化（教育硬件、师生等）、教育符义增值——符号化（教育成为身份地位、文化品位等象征）、教育符义衰减——片面化（教育符用之过渡功利主义、教育符形之僵化教条、教育符域之过渡依靠学校教育、教育符码之科学符码泛滥）。教育符号的无限衍义特性为教育意义阐释留下无穷空间，而获取真值真相真知难如百步穿杨。根据巴特所言，由于结构开放性与意义多元性导向不确定性，意义的实效性不能保证真值真相真知，教育符号之能指与所指间关系是一个历时性与共时性相融合的动态滑动关系。符号教育学对意义的追寻不仅有助洞悉教育真谛、明晰知识科学性与非科学性，辨别真相与假象，贯通现实与虚拟，而且改变教育过程。

符号无限衍义性、文化规约性和开放普泛性使得批判质疑永无止境，从而令真相不满足于当下状态，这便使真理、本质和信念抗拒固化。符号学对本质论、决定论的抗拒在西方并不孤单，如：维特根斯坦 1921 年《逻辑哲学论》言及"没有先天为真的图像"。石里克 1925 年《广义认识论》认为不能证实也不能证伪的断言是"形而上学"（黑格尔之贬义），与胡说八道无异。波普尔 1963 年《猜想与反驳》提出"问题—猜想—反驳"以批判科学主义之"观察—归纳—证实"的实证机制，认为所谓科学只是尚未被证伪的理论，需要通过"试错机制"去检验。符号学鼻祖皮尔士也曾提出"试推法"以克制归纳法和演绎法之弊端，符号学就是在谨慎试推中一步一步趋真，但没有永恒不变的真理，真理就是效果。这种观念也被詹姆士、杜威等实用主义者所援引。

石中英等教育哲学家十余年前曾掀起关于本质主义与反本质主义大讨论，[①]从教育哲学视角为人们廓清了迷思。但若从符号教育学锋面而言，这本身是一个开放性问题，答案不在当下。在本质与反本质间、真相与假相中、白与黑里，尚有无限空间分布着连续光谱。人犹如树，越是向往高处的阳光，它的根就越要伸向黑暗的地底（尼采）。表情达意的符号就遨游于阳光与黑暗的两极之间。符号学探究旨在极大地促发感知、感觉和推理等符号所指过程中的丰富性和灵活性。探究发现的过程通过解码教育符号而创制出新话语。符号学探究有利于

---

①　石中英. 本质主义、反本质主义与中国教育学研究［J］. 教育研究，2004（01）：11-20.

克服思维定式和消解意识形态之强制，人们对真理的判断不再依赖权威，而是自然领悟，通过具身体验而得出切己感悟。这种"自由散漫"方式可以重构人们对于真相和本质的特定认知，真相和本质不是固定和自然化的，相反，它是独立和流动的。

符号学就是意义学（赵毅衡），没有不表达教育意义的教育符号，也没有教育意义可以不通过教育符号而表达。人类倾向于既定观念：意义与感知中的感知图式相匹配。意义生成空间的元符号和符码从外围图景和大背景中规制着符号教育的边界条件。符号学为教育提供动态观点而非确定信念的简约之法。因为无限衍义性被认为是永恒的，所以符号学的核心魅力在于宽泛性和多元性，这与教育的弥散性和创新性不谋而合。故而，所谓共同的符义或符码，那只是一种幻象。尽管符号学者建构并分享大量的概念词汇，如：符号化、外延、第一性、语境、所指、解释项，但辛普金斯认为，符号学本性决定没有什么基本概念可被假定为最终的符号真理或相关原则。[①]

尽管符号学展现出如此的流动性和拒斥固化的信念，但概念工具并不能阻止符号学家重新概念化那些符号本身所具有的活力。整个生命界都被符号化和意义所弥漫，对符号本质的全景式理解注定了符号式推理方式及其悖论。比如：数学黑洞（Digital black hole）；四色猜想（Four color theorem）；欧拉定理（任意凸多面体的顶点数与面数之和再减去棱数，其结果总是一个常数2）；任何三角形内角和只有一个真值180°；勾三股四则必玄五。诸如此类的真值与本质无处不在。但符号本质就在于悖论之间：像是层层剥除的洋葱，最后什么也没有；又像是千层饼——也许在中观上，反本质包裹着本质，但微观上，本质包裹着反本质，而在宏观上则本质包裹着反本质，层层相扣，无始无终。那么推到最后，这个巨无霸的大饼，最外层到底是什么呢？其实，这个千层饼就是由"……不确定—确定—不确定—确定……"或"……虚幻—真相—虚幻—真相……"层层包裹而成。

当下人类对符号探究到底达至第几层了呢？也许，我们永远只能确定当下之确定，而无法知晓过去和未来。诚如康德所言，时间和空间是先天形式，一切符号运作都是现象界的后天之为，我们可以想象没有符号运作的时空，但却无法想象不在时空中的符号运作。过去—未来、超宏观—超微观，隐含在物自

① 周有光．比较文字学初探［M］．北京：语文出版社，1998：33．

体之中，人类认识能力难以企及，因而牛顿、爱因斯坦都在晚年惊叹，自然运行之奥妙、宇宙浩瀚之和谐，背后那个第一不动的动者（亚里士多德语）一定是上帝，那是操控符号运作的终极力量。符号演化与人类进化具有逻辑与历史的同构性，所以这种所谓的本质、确定性只不过是人类自身的心智机能而已，所以才有暂时性的、局域性的假象。即便是假象、反本质、不确定，只要有足够的符号资源坚持足够的时空，未必不会走向反面。反者道之动（老子）。黑夜只要坚持 12 小时，便会迎来又一个白昼。《太极图》之阴阳鱼正是此种哲理的像似符。

本质、确定、真具有符号相似性。那么中观层次的符号运作何以具有"本质"？当下的确定何以"确定"？"真"何以可能？答案就在人与符号的关系中：人是符号动物（卡西尔语），符号是人的存在方式。今人之"确定"一方面源于前人确定之遗传基因（带有遗传信息 DNA 片段）的符码基因——现代科学已经证实：组成简单生命最少要 265 到 350 个基因；基因具有物质性（存在方式）和符号性（根本属性）双重属性。另一方面源于后天符号建构，人在成长中所遇符号犹如纵横交错的渔网，看起来似乎散乱无头绪，但当渔夫傲立船头抛出渔网在霞光中划过美丽的弧线时，正是网到撒时方知妙！网线的每个结点都是人在成长中所获得的确定性——认知的真相、体悟的实在、人生的定向、心灵的笃定、灵魂的皈依。对当下不满即是对确定性的反叛，是对真相的遮蔽，对本质的反讽。

德国文学家歌德《少年维特之烦恼》（1774）的所指若从个体层面而言，正是确定性的未得或丢失，符形杂乱（倘若你现在去世了，从这个圈子里消失了，他们会不会因为失去你而觉得内心有所缺陷，这种感觉又能保持多久？多久？——唉，人生多么须臾无常）、符义冲突（世界上误解和懈怠也许比奸诈和恶意还要误事）、符用偏邪（我们是自己的魔鬼，我们将自己逐出我们的天堂。凡是让人幸福的东西，往往又会成为他不幸的源泉）、符码不得（从此以后，日月星辰尽可以各司其职，我则既不知有白昼也不知有黑夜，我周围的世界全然消失了）。我只不过是个漂泊者，尘世间的匆匆过客。难道你们就不是吗？从而内心苦闷。据传该小说被拿破仑读了 7 次，是否激励了其雄心勃勃欲重建"确定性"？与此同时，德国哲学家康德殚精竭虑，奋笔疾书，终于在 7 年后完稿《纯粹理性批判》（1781），能指乃"人可以认识什么"，而所指在于确实性（真）何以可能。虽然提出诸多符号概念如先天、先在、先验，欲以

"先"之确定性确定"后"之确定性，但追根究底，还是需要在唯物论者看来并不确定的 3 大基本假设——上帝存在、灵魂不朽、意志自由。

时至今日，真概念中，仍然存在大量逻辑悖论，其实乃符码漏洞或符号 BUG。虽然符号从原始生存生产符号、日常生活符号，发展到科学符号、人文符号，已经高度精致化，但在符号原始初创阶段编织符号之网时的"难言之隐"，造成遗留后世的诸多软肋。基础数学、逻辑分析、语言哲学就是为那些符号 BUG 而不断"打补丁"，并提醒符用者需根据符域的变迁而时时更新符义和符码。但显然，人文社科符号学中的补丁何其难也！不像电脑软件的科学符号补丁那么容易。罗素与怀特海合著关于哲学、数学和数理逻辑的巨著《数学原理》本想打补丁以解决"说谎者悖论"（最早源于《圣经》：克利特人中的一个先知说：克里特人常说谎话，乃是恶兽，又馋又懒），但最终不得不气馁感叹，无论哪一个学派逻辑学家，从他们所公认的前提中似乎都可以推出一些矛盾来，尽管留下一些不适宜的"符号补丁"。所有的逻辑悖论里都有一种"反身的自指"，也即符号的符义分节矛盾。比如对上帝万能的反驳：上帝能够造出一块上帝自己搬不动的石头吗?！

总之，所谓本质、真相、确实权当看作为符号游戏周延性和自洽性之表征未尝不可。熊明 2017 年在《算术、真与悖论》一书中梳理逻辑学家 60 年代以降围绕真与悖论问题为解决符码漏洞而打的各种"补丁"，探究真在形式语言（规约符）中的可定义性（能指）问题，阐述符号游戏的周延性、自洽性技术思想和方法，进而为形式真理论的发展探路。一般而言，在现实世界，能指与所指一一映射，符域—符形—符义—符用—符码内在一致，则这种符号命题就是必然真理，在现实生活中可以被验证。但若出现断档、错位或分离，则可被看作可能世界中的可能真理。如：教育是以人生幸福为直接目的的符号化；真正的人是全面发展的人。

（三）教育符号之简史

1. 时与文字古，迹将山水幽

人类从远古走来，伴随着符号的演进史——从理据性较强而任意性较弱的像似符（icon），到指示符（index），再到理据性较低而任意性较强的规约符（symbol），符号再现体与对象的"逻辑距离"渐行渐远，符号的"意义载荷"

逐次加重，符号"编码程度"越来越高，从原始生存符号到一般生活符号，再到精致编码符号，玄之又玄，人类一直孜孜不休地尝试着诗意地栖居在符号之巅。维果茨基《思维与语言》的文化—历史理论认为人类心理实质是社会文化历史通过语言符号为中介而不断内化的结果，个体心理机能从低级到高级的跃迁正是符号运作之功。皮亚杰《儿童的语言和思维》《儿童符号的形成》等论著也表达个体认知发展四个阶段都以符号为中介：运动感知符号、表象符号、具体运算符号、形式运算符号。

在原始社会，哭喊呼应、脚手比画、结绳记事、物物交换、图腾祭祀等属于原始人类的原始符号，对应的原始教育则附着于野蛮生产之中，为生存而战既是谋生也是教育。这是教育前浪潮时期，教育内容简单，也没有专门的教育场所和教育者，教育与生产劳动合二为一，如传说燧人氏教民钻木取火、伏羲氏教民结网捕鱼、神农氏教民制耒耕作等。表情达意多以像似符为主，如表达"野猪"也许就直接绑着一头野猪，表达"跑"就真地跑，表达哭就真哭。此阶段教育特征主要有：教育无阶级性（无精致编码符号）；教育不是专门的社会实践活动（教育符域与生产符域重叠）；教育以口耳相传的观察模仿为主要手段（像似符为主）。由于当时刚刚从类人猿进化尚无文字符号，先天缺少符号遗产，部落缺少符号积淀，个体缺少符号意识，因而表象、图像、想象、概念、推理等符号运作尚在蒙昧状态，教育能指与教育所指之逻辑距离为零，教育符号的再现体与对象几乎重合，解释项溢出。

公元前公元前 21 世纪以降，出现语言、文字等系统符号，这是人类第一次教育浪潮阶段。随着生产力的发展，有了剩余产品可以供养一部分"闲人"专门从事教育活动。出现特定功能的教育固定场所，如《孟子·滕文公上》"夏曰校，殷曰序，周曰庠"以及稍晚之"辟雍""成均"皆为古代社会专门的教育符域。学校教育与生产劳动开始脱离（教育符域与生产符域开始分离）。内容与形式虽然也很简单（符形、符义极少），但是毕竟有了系统的语言符号。教育能指与教育所指之逻辑距离开始拉大，为解释项的符义腾出空间，从而教育符号的再现体、对象、解释项三者有了立体架构。这个阶段以指示符为主，例如表达"野猪"可以画头野猪（像似符 icon 的运作），也可以用手指向荒野中的野猪（指示符 index 的运作），笔画逐渐简约成为文字符号，文字符号"野猪"历经符号演化，最后可以指代"野蛮凶猛的敌人"（规约符 symbol 的运作）。

人类政治在符号演化中逐渐从"耀武扬威"升级到"文觌武匿"，锣对锣鼓对鼓的刀枪剑戟嬗变为杀人不见血的诡道之谋——符号的误用开始了。在语言符号发展中后期，出现大量规约符，尤其是科学符号与阶级社会的政治符号一起构成精致编码的高级符号。如：17 世纪，欧洲科学技术迅猛发展，由于生产力的提高和社会各方面的迫切需要，经各国科学家努力与历史积累，出现大量科学符号：函数符号 F（x）（伽利略、笛卡尔、伯努利等），极限符号 Lim（柯西和魏尔斯特拉斯、律里埃等），微积分符号∫（牛顿、莱布尼兹等），化学符号（波义耳、道尔顿、汤姆逊等），物理符号如牛顿之万有引力定律符号串，以及爱因斯坦之质能方程符号串 $E=mc^2$ 等。在人文社科领域，随着野蛮收手、理性昌明，勾心显现（符号深度运作）而斗角隐晦（符号浅层运作，如古罗马角斗场退出历史舞台），斗智渐盛（如伯恩斯坦之精致编码的控制权）而狠勇式微（如伯恩斯坦之受限编码的被控制），所以井喷大量精致编码符号的深度运作，如：政治符号（卍、NATO、G8、BRICS、Belt&Road）、经济符号（剩余价值符号串 $p'=m/C=m/（c+v）$，$\$$、WTO 等）、社会符号（阶级、组织、流动、角色等）、教育符号（规训教化、批判反思、关怀伦理、人本主义、实用主义等），并且构筑分门别类的学科体系，各种精致编码的符号大行其道，试图用更柔软、更复杂、更深刻、更持久的符号力量造福人类抑或宰制世界。

人们常常戏谑咬文嚼字、玩文字游戏，其实这是在抬举人，因为只有符号发展到中高级阶段，也即出现语言符号时，这种文字把戏才得以可能，因为语言是人类最系统、最完善的符号（索绪尔语）。人所能够感悟的意义、认识的真理都来源于符号，但符号只不过是人类更为宽广意义的"文字游戏"，尽管人们为了尊严而时时守护其神圣感、正当感，但若跳出人类本位，拉伸宇宙演化和生物进化大图景的长镜头，则顿生"清虚冷淡神仙事，笑名场、多少尘埃"之叹。往事越千年，弹指一挥间。能够运作符号的高级智能生物来到世间，似乎没几天。早期原始蒙蒙，前天玄学，昨天形而上学，今天科学（孔德）。

1687 年牛顿发表《自然哲学的数学原理》提出其后 200 多年一直被奉为真理圭臬的三大运动定律。笔者认为这是科学符号系统诞生的标志，也是第二次教育浪潮起点。引起第二次教育浪潮的科学符号所向披靡，势若洪水，但谁说不会重蹈玄学和形而上学之覆辙？百年一瞬息，万事皆尘埃。一切不都是符号主体为了符用而基于符形所精心编织的符码？1921 年维特根斯坦在《逻辑哲学

论》中讲"我们自己给自己构造图像"。符域境迁，符义嬗变。自我建构的神性、尊严、意义、真理、本质、规律等从符号中来，到符号中去。我们生活于自我构筑的符号之中，而非化外之人，"不识庐山真面目，只缘身在此山中"。柏拉图的洞穴隐喻也揭示了我们无法叫醒一个装睡的人，或许，作为叫人者的我们何尝不是在梦游？

2016 年是虚拟现实时代的起点，也是第三次教育浪潮的开端，符号教育作为体系化教育样态走上历史舞台，相应的理论与实践流派可称之为符号教育学。① 正在来临的虚拟现实符号将提供多通道融合的深度学习，也许会消解历史的弊端。

2. 名不正，则言不顺

康德在《纯粹理性批判》中一方面阐述数学是最纯粹的自然科学，因为可以离开感性经验，完全以分析、判断、归纳、演绎、推导等符号运算而构筑数学王国，并成为物理、化学、生物等所有自然科学的基础和工具。但康德同时认为，尽管人有感性、知性和理性，但是难以认识物自体。因为人在现象界所遭际的杂多质料，只有被人的先天时空形式规整之后才能被主体所认知，事物被注视才成为对象，对象符合认知才能得出认知的结果性规律。物自体只是人们出于理性之本性而人为设定的符号——上帝存在、灵魂不朽、意志自由。从符号学视角而言，这里的"被规整"实际是被符号化，所谓的自然规律、普遍必然性等都是符号解释项之主体所赋予的。由此出现符号悖论，也即在认知层面，物自体与现象之间（所指与能指间）就永远存在着一条不可逾越的鸿沟。正如：我们要想了解西方意识形态等真相，则要借助百度、谷歌等搜索引擎（符号工具），但那些关于真相事实的对象在到达我们鼠标之前，已经被搜索引擎内置的防火墙、过滤器所删选（符号规制），也有人用"翻墙软件"（利用符码漏洞）逼近真相，因此我们只能趋近于真相，而不能得到真相本身。马克思自认找到了康德唯心主义不可知论的"符码漏洞"，否定存在不可认识的物自体，物自体与现象之间没有不可逾越的鸿沟。通过社会实践可以能动地从事物现象进入本质，实现"自在之物"向"为我之物"的转化。这种观点的意义在于：强化唯物主义符用观而悬置唯心主义符义观，尽管在符码层次上有辩证法为调和，但其主次之分却也泾渭分明。

---

① 熊明. 算术、真与悖论 [M]. 北京：科学出版社有限责任公司，2017：1-3.

人工智能之父图灵认为，没有哪门学科能像数学那样精确描绘自然界的和谐。这说明高度精致编码的规约符号作为能指可以很好映射对世界某些方面的所指。诚如罗素所言："数学知识不依靠对经验做归纳而获取，人们认定 2+2=4 这个符号串的确实性，其理由并不在于我们凭观察发现到两件东西跟另外两件东西合在一起是四件东西之经验。在此意义上，数学知识不是经验的知识。但也不是关于世界的先验知识。其实，这种知识只不过来源于语言符号而已"①。但针对 2+2=4 这个符号串，罗素或许忽略了一个前提——每个符形之源和符码（运算法则）诞生之初都是人的"符号游戏"（为了生产生活而规约符号）之流，则是个体后天学习而重复记忆。为了使符号游戏能够长久地玩下去，我们会强制儿童在初度符号化时固化一些信念，比如死记硬背 0、1、2、3 等符形，要求他们不仅会认，还要会读；不仅会读，还要会写；不仅会写，还要写得规范（四线格、田字格等符形规制）。同时强制儿童记住加减乘除等运算法则（符码）。在这个时候，儿童往往甚感枯燥并不住地问"为何这样？为何那样？"可是鲜有老师耐心讲解，尽管每个简单的符号都有悠久的演化史。最后，在掌握简单符形、符码基础上，再进行符号运作 1+1=2，至于为什么，那应该交给陈景润等数学家去寻找理据性（符码的周延性、自洽性、合理性）。

遗憾的是，不是所有符号都能找到适当的理据性，符码的周延性和自洽性并非处处令人满意，所以人类必须通过一种原始的"无需任何证明理由就无条件地接受它们"的方式来获得确实性和世界图景。维特根斯坦把儿童对确实性以及世界图景的获得看作某种精神状态的成就，在此过程中确实性以一种看似无意识的方式被吸收。儿童成长由此在根本上不仅在于符形积累，更在于与成人一道分享数量众多的无理由的假设（元符号）。如果儿童陷入无休止的理由追问中（符码），将阻碍儿童与成人分享世界图景（符域）。儿童必须克服一系列的挑战与困难，学会鉴别可靠与不可靠的符义来源，学会区别成人何时是严肃地与他们交谈而何时仅仅在开玩笑或讲故事（符号修辞），能够按照其所获得的确实性或信念行动，能够辨别什么是可以研究的而什么不是。维特根斯坦（1889—1951）时代正值形而上学崩塌而分析哲学崛起，由于当时数学被认为是最纯粹的自然科学（纯粹的符号编码，尤其是欧几里得几何），笛卡尔、弗雷格和罗素起初探究为何数学定理为真？数学证明为何有效？逐渐认识到符号，

---

① 张晓霞. 符号教育学论纲 [J]. 高等教育研究，2017（10）：48-54.

特别是语言符号是整个文明的基础，哲学的本质应该在日常生活中解决，在"符号游戏"中解读游戏。这便是哥白尼式革命的语言转向：逻辑分析法利用现代数理逻辑（科学符码）这个强有力的工具，对语言符号进行分析，并通过语言符号分析来解决哲学问题。

西方这个转向来得太晚，其实中国古已有之：《周易》文不尽言，言不尽意，圣人立象以尽意。即文字符号之能指难以全面表达言语符号之所指，言语符号之能指难以全面表达意识意志之所指。象者，高级符号也，有更大的意义载荷，它为联想、想象、比喻、修辞等符号运作提供了更大空间。又如：《名实论》"天地与其所产焉，物也。物以物其所物而不过焉，实也。实以实其所实而不旷焉，位也。出其所位，非位；位其所位焉，正也。以其所正，正其所不正；以其所不正，疑其所正。其正者，正其所实也；正其所实者，正其名也。"《论语》"名不正则言不顺，言不顺则事不成"。

二、符号与教育的本质

（一）符号是一种教育活动

从本质上看，符号的输出与传播是一种信息的供给、接收、转换的过程，也可以视为一种典型的教育活动。符号必须携带某种意义、认知、理念或概念才能使其具备更广泛的价值。在教育活动中，符号携带的认知、意义、概念通常与教育教学的实践相关，也与教育教学的理论内容相关。正是由于符号的简约化、信息化和传播性的特征，才使得符号的传播、输出与转化在很大程度上具备教育性的特色，让符号在教育实践活动中发挥的作用愈发明显。

哲学家怀特说："一切人类行为都是在使用符号中产生的。正是符号把我们的猿类祖先转变成人，赋予他们人性。只有通过使用符号，全部人类文明才得以产生并获得永存。正是符号使人类的婴儿成长为完人，未曾使用符号而成长起来的聋哑人则不能称之为完人。一切人类行为皆由使用符号而构成，或依赖于它。人类的行为是符号行为；符号行为是属人的行为。符号就是人性之全体。"[①] 可以说，符号与教育几乎是同步出现的，它们对于人类改造和自我发展

---

① 怀特. 文化科学：人和文明的研究 [M]. 沈原, 等译. 济南：山东人民出版社, 1988：22.

的意义不可忽视。符号之于教育，犹如竹木之于舟船，二者相辅相成，不可分割。同时，人的符号化教育其实是一个循序渐进的复杂过程，甚至历经几百数千年才能完成的。符号的极大丰富乃至体系化也就是教育完备和高度发达的标志，这是教育发展的规律，也是符号演进的必然特征，无可逆转。经年累月的符号化教育让人逐渐成为完人，而这种完人则是支撑人类文明的基座，也是构筑起五彩斑斓、多姿多彩的人类社会的基础。

符号的运行具备"符号、对象、解释项"三类要素，而三者之间借助"动力因果，目的因果，形式因果"的关系进行运转并相互作用，其中的选择也随机变化，构成了符号运转的基本业态和模式。所以，符号学家认为人的符号化的过程就是人的发展与改造的过程。其实，从教育学的角度来看，人之所以区别于动物，就是因为人不仅可以掌握、理解大量的符号，而且可以借助符号完成情感沟通与交流，以符号为载体建立起灿烂的文化体系，并且构筑伟大的人类文明。符号是改造人和教育人的工具，对于人的发展与境界的提升有着至关重要的作用。符号的出现与人类文明的自我改造是同步的，这是一种典型的教育活动。符号具有指向性，是对意义的具体解释，同样与人的关切有密切的联系。

教育的本质就是人的符号化的过程，这是因为人类具备以主体的抽象思维能力对客观世界进行解释并建构符号文明体系的能力，这自然也是符号存在的最核心意义所在。同时，人类还通过符号的传递、传播和留存来延续文明基因，让文化符号成为人类发展的血脉。通过有效的教育，人类可以更好地积累符号元素，并久而久之地形成符号体系，而符号体系的完备其实也为教育的发展奠定了更为坚实的基础。由此可见，符号的出现、发展和运用的过程就是教育，而教育将人改造为符号人的过程反映了教育的实质。

从符号学研究的轨迹和脉络来看，索绪尔、皮尔士和卡西尔等学者在长期的研究活动中逐步构建并完善了现代符号学的理论体系，并将其逐步推向应用。随着近现代以来语言符号学、艺术符号学、文化符号学、伦理符号学等学术体系的建立，符号学的应用范畴进一步扩展并增强，也让构建一门符号教育学的夙愿成了许多教育工作者的迫切追求。实际上，从符号的概念、特点及应用价值来看，其与教育的关联是极为密切的，二者是一种内在交织的关系。然而，真正意义上关于教育的符号学理论并不完整，符号教育学的理论建构仍然处于摸索的阶段，这与教育和符号之间存在如此密切联系的现况极为不符。也正因为如此，才有越来越多的学者对于尽快地建构和完善"符号教育学"有更加强烈的愿望。实际上，建构完善的"符号教育学"理论体系并将其真正地推向教育实践应用，确实需要一大批熟知符号学理论与教育学的学者、工作者付出巨大的努力。

从本源上来说，教育本身就是一种符号化的行动，符号对于人的改造、提升本来也就是教育。越是复杂、紧密的关联，反倒使得人们从复杂紧密的关联中抽丝剥茧而创造一种学科变得困难重重。但是从近些年来一些学者、研究人员的工作来看，基于符号学理论基础和现代教育成果的符号教育学模型正在形成，并且正在与现代教育实践活动完成对接。要知道，之所以构建符号教育学体系的任务显得十分紧迫且重要，主要是因为人们愈发认识到现代教育实践必须借由科学的、完整的理论体系加以指导，而符号学则能够很好地在其中发挥作用。所以，认识到符号是一种典型的教育活动，就明白了教育不能脱离符号而存在且发挥作用。基于此，推进现代符号教育学理论的梳理、整合，并基于科学的方法和策略来建构贴合实践的理论体系，无疑是现代教育实践发展的客观要求与内在诉求。

（二）教育本质上是符号运作的过程

德国哲学家卡西尔 1944 年在《人论》一书中断言"人是符号的动物"，在很大程度上奠定了教育与符号的研究基础。诚如前文所述，教育在很大程度上就是一种符号传播、传递和输出的过程。无论是传统意义上的课堂教育教学，还是现代基于信息化技术、网络环境的教育教学活动，都是将某种特定的符号传递出去的过程，是一种基础性的符号信息播散的过程。因此，教育的实践活动与符号传播是存在极其密切的联系的，二者的复杂关系可见一斑。

从符号的产生、发展以及符号学的发展轨迹来看，符号与教育的关系是一种"天然存在"的联系。教育的目的是通过对人的改造来提升人的意义深度和广度，让人成为更完善、更丰富和更有效的人。而在这个过程中，符号扮演的角色是极为重要的，甚至可以用"无处不在，无所不包"来形容。符号学的研究认为，人的符号化就是教育推进的过程，也是人能够更为完善和持续演进的过程。符号的工具性、基础性和广泛性使其在教育活动的推进过程中具备独特的价值和作用。正是由于符号的诸多特质和优势，才使得教育实践中符号传递与传播成了教育本质的内在意涵，而教育之所以能够产生并携带意义就是因为教育必须借助符号这一载体才能完成。教育的最终目的是让人成为符号化的人，成为对世界、对自然进行符号化理解和感悟的人，这是教育最后要达到的诉求。符号在教育改造人的整个过程中有着决定性的影响和价值，其传递、传播的价值要引起足够的重视与关切。

卡西尔说："符号化的思维和符号化的行为是人类生活中最富于代表性的特征，并且人类文化的全部发展都依赖于这些条件。"可以说，教育本质上就是人的符号化的过程。通过对人的符号化的感染、改造，让符号成为主导人的重要工具，并且教给人更多地运用符号来理解、认知和改造世界的方法，这就是教育最终要达成的诉求与目的。从卡西尔的话中不难看出，符号化的过程便是人类社会发展的过程，这与唯物辩证法的观点存在某种契合。唯物辩证法认为思维主导着人类的实践活动，而实践活动则产生了新的思维，从而让人类社会不断发展壮大，走向未来。换言之，思维来源于人类实践活动，而科学、正确和先进的思维被用以更好地指导实践活动。人类的科学、正确与先进的思维就是一种符号，是一种对于特定意义的感知。符号化的思维和行为来源于客观的实践，也来源于各式各样的教育活动。教育并非只限于学校教育，同时也包括社会实践教育、生活教育、知识经验的传授教育以及其他思维改进演化的教育等。教育让约定俗成的、被证明了的正确符号化思维有效地散播和传递开来，从而让被教育者更快速、更准确地掌握这些符号思维，并用于指导实践活动。

人是符号的动物，也是一种被教育的动物。人类学家认为，人类与其他灵长类动物的最大区别便在于人类拥有极其复杂的思维意识，并能够运用思维意识来改进和提升自己的实践行为。包括大猩猩、长臂猿等灵长类动物在内的其他高智商动物，都不能掌握如人类这般复杂的思维意识，自然也就不可能有如此复杂的实践行为。在人类自我驯化以及驯化后代的长期演进过程中，教育发挥了无可替代的关键作用，而符号一直都是教育活动中最基础、最核心的"元工具"。也就是说，符号是教育的最基础工具，也是一切教育工具的工具。认识到符号的"元工具"属性，便能够理解为什么教育必须依托符号来发挥作用和影响力。

早在索绪尔提出"语言符号学"的时代，研究学者就认为语言是最大的一门符号学门类，而语言派系中的符号形式和内容也是极为丰富的。不同民族、不同国家都有自己的语言，而借此语言形成的符号、指号或者符码自然就被赋予了特定的意义，形成了完善的意义体系。虽然后来经历了皮尔士、卡西尔等大家的发展，符号学的范畴已经大大拓展了，完全脱离了单纯语言符号的桎梏，但是不得不承认语言符号仍然是符号学体系中极为重要的一部分，甚至也是教育符号系统的基础，至少是教育符号体系的核心工具之一。正是借助各种各样丰富的语言符号或指号，教育才能持续地推进，教师与学生的互动才能有序进行，教育的知识才能得到很好的储存、传播和扩散，教育形成的文明才能传承有序地延续下去，基于文化和族群的文化系统才能得到很好的发展。在具体的教育教学实践中，运用语言符号来传递知识、经验和能力，这就是教师需要完成的任务。

而衡量学习者是否具备良好学习能力和符号储备的重要标志，往往也就是其对于符号、指号、符码的理解、认知和应用水平。能够很好地掌握、运用甚至完善、创新语言符号，也就具备了良好的学习基础，甚至可以开展一些创造性的学习活动，这自然是教育的重大成果。反之，如果接受教育的学习者失去了对于语言符号敏锐的感知和理解能力，自然也就不具备很好的符号使用和创新能力，其学习的深度、广度都必然严重受限。

从教育的本质而言，皮尔士认为"大学应该是不包含教授的学习场所"，其强调的就是教授、学生都是学习者，而不是任意发号施令的对象或主导者。教育要以特定符号的传递、传播为核心诉求，最终达成学习者对于教育符号解释能力的提升，让这种解释意识更加勃发，解释的能力逐渐增长。以语言符号学来说，通过良好的教育和学习实践，学习者确实可以在解释性的符号研究中得到新的知识，进而创造全新的符号或符码，形成教育符号与知识的拓展。例如，古人在教授诗歌写作技巧时经常说到，"熟读唐诗三百首，不会作诗也会吟"，这一方面说明了技巧反复记忆和熟练的重要性，另一方面也说明了复合训练的重要性；现代的教育经常强调学生要做到"熟能生巧"，要通过对现有符号的丰富理解和认知来获得全新的自我解释。

具体到语文教学中，老师经常要求学生朗诵和背诵优秀的古诗词、散文、小说片段，其目的正是让学生在对业已形成的优秀语言符号的记忆和深刻理解中寻找自己的解释灵感，为今后的写作实践所用。有些优秀古诗词、文章中的词语、句式和写作技巧确实值得借鉴，这在本质意义上是一种约定俗成的、正确的语言符号模式，而学生在初始的学习阶段应该记忆、理解和掌握这些方法或技巧。语文的学习是要"听说读写"的能力汇总，所以在学生记忆、掌握和运用特定语言符号的背景下，今后自然也就具备了对先前业已记忆和掌握的语言符号进行二次、多次解释的可能，这是语言符号能够无限解释的基本规律所决定的。

比如，有的学生在吟诵和记忆优秀诗词的过程中记住了诗词写作的特定方式与组合的句式，所以直接也就具备了诗歌创作的浅显能力。如唐代诗人李白的《渡荆门送别》中的"月下飞天镜，云生结海楼"一句自古被誉为名句，对仗工整，写景与想象完美结合。在学生吟诵、背诵和理解这句诗的过程中，学生不仅记住了优美的诗歌句式和画面，而且掌握了"实景+副词+动词+意境"的五言诗构成技巧。在特定的时期，当学生有机会写作五言诗的时候，借助自己的知识储备，就可以写出类似的诗句。这就是一个典型的由"约定俗成的语言符号反射到解释项，并实现再度解释，拓展全新语言符号"的过程。

在这个过程中，学习者不仅很好地掌握了前人创造的、正确的语言符号系统，而且通过自己的知识储备和能力提升完成了对语言符号的再解释，并且可以持续地、无限度地解释下去。当然，这其中的解释并非都是正确的、优美的，但这意味着教育的发展和知识的拓展，自然也就是人们所乐见的，也是教育期望达成的创新化图景。

三、教育中的符号现象

（一）教育活动中符号"无处不在"

教育活动与符号的关系是极为密切的，可以说符号是教育活动推进的核心载体。作为一种具备意义的感知体，符号的价值体现在教育活动推进的各个层级、细节上，也表现为教育活动的各类通道上。严格地来说，教育活动的推进要借助符号来完成，教育活动的知识、理论、实践和渠道都必须依赖符号及其体系来实施。教育活动中的符号是无处不在的，具体表现为符号的包容性、多样性和广泛性。如，教育活动中的符号表现形式是极为多元的，既可以是具体的形态，也可以是抽象的形态；同时，教育活动中的符号具备广泛的应用性，既可以是视觉性的符号，也可以是听觉性的、感觉性的符号。对于参与到教育活动中的人来说，教育符号的多样性使得教育活动的开展更具选择的空间，也促使教育活动的基础更为稳固，意义更为多元。

教育者，教书育人也。从古代中国先贤和西方哲人的许多关于教育的论述中都可以看到，教育要强调知识体系的传承和对人的改造两个方面。前者更加突出物质层面的知识内容、文化脉络的延续与传承，后者更加强调了对于人的主观思维与精神世界的改造。"传道授业解惑"早已是我国先人对于教育最直观的描述，反映了中国古人从客观层面对于教育实践活动的设想。当然，在西方文明的圣贤中也可以得到许多关于教育的营养，比如苏格拉底的研究、柏拉图的学术与亚里士多德的思想等。总体来说，教育作为一种传递知识、建构文化、延续文明、改造人性的实践活动，在人类历史的发展过程中扮演着极其重要的角色，发挥了无可替代的关键性作用。也正是由于教育活动的重要性，才使得关于教育符号的研究愈发受到现代人的关注。

实际上，教育活动中符号的运用是常态，也是一种典型的工具性实践行为。这是因为，符号是一切社会实践活动的元工具，自然也就是教育活动的元工具。如，教育活动中必须借助语言文字来传播知识、讲授相关概念和理论，帮助学生更好地理解、掌握相关的知识点，而语言符号早已是符号学理论体系中非常重要的一个分支。与之类似的，语言文字的符号与伦理符号、艺术符号、审美符号、动态符号等类似，都在教育活动中发挥了关键性的作用。从某种意义上来看，教育就是运用符号来改造人的过程，教育是不能脱离符号而存在的，失去了符号的教育是毫无意义的。也正是由于符号之于教育的重大意义，才使得教育工作者必须致力于研究教育符号的相关议题，进而提升自己的理论修养和水平，并用以更好地指导教育实践活动。

在教育学的理论体系中，"符号"的意义更为多元化，用途更为广泛，产生的影响也是极为深远的。早在古希腊时期，柏拉图和亚里士多德就提出了"名称"的概念，认为"名称"具有"所指"和"能指"的特征，而这里的"名称"其实指的就是"符号"。柏拉图作为亚里士多德的先辈和导师，他运用的符号教育理念及方法对他的学生产生了极为深远的影响，而其中亚里士多德就是一个典型的代表。亚里士多德将符号学的初始概念进行了精妙的总结，使其露出了最初的雏形，并且使之与教育活动本身产生了密不可分的复杂联系。亚里士多德在自己的多篇著述中专门提及了"符号"的概念、意义和方法等问题，提出了"符号具备认识论与本体论特色"的论点，并且指出了"符号作为一种引导和推进认知的知识工具"，在引导知识接收者方面的功能是极为显著的。

同时，亚里士多德认为，"符号具有严格符号逻辑的约束性质，这源于符号具有对其自身功能加以约束的形成机制"。由此可见，亚里士多德这样的先贤不仅认识到了符号的意义和价值，同时也指出了符号更为本质的内涵。同样的，在古代中国，很多的先贤与学者也对教育符号的概念进行了探索。比如，春秋战国时期墨家学说的代表性人物墨子就认为"举、名、实三事并列而共实也"。而《墨子·经》上："举，拟实也"。这其中提到的"名""举"就可以视为现今的"符号"。当然，很多古代学者和大家对于符号的初始认知其实有自身的考量特色，但是与教育活动的关系则是随着教育实践活动的发展而不断深化形成的。

时至今日，教育活动中符号的表达更为多元，更具多样性。教育活动中符号的存在是常态化的，无论是最基本的文字符号、信息符号、数字符号、图形符号，还是随着技术的演进而产生的更为复杂的多元化符号，都代表着教育活动推进所需要的基础材料和素材。符号在今时今日已经演变为教育活动所需要的工具和载体，符号之于教育活动的意义犹如"水滴之于江河，树木之于森林"，二者的关系可以用"须臾不可分离"来形容。因此，单纯从理论意义上解读，符号的意义和作用是无可计数，因为其对于教育活动的价值是无法以度量进行评估的。教育透过对人的改造来让知识得到传承、文化得到保存、文明得以延续，并以此建构起了完善的社会和国家，而符号就是这一切实践活动的基础工具。教育中运用的语言、文字、规则、方法、工具和思维，都要以符号的形式存在并表达出来，并透过"教育者→被教育者"的传播形式传递下去，周而复始，生生不息。

符号在教育范畴内有特定的意义，能够对于人的改造起到决定性的作用。携带丰富教育意义的感知被植入到被教育者的脑海，成了被教育者的习惯和意识，符号的解释便有了余地，符号的发展便有了依托。符号的解释是教育发展的基础，而无论好的还是坏的解释，都是符号延续发展的必然。而站在教育者的视角来看，推进教育符号的传播、解释，让教育理论极大丰富，教育实践不断发展，这是社会赋予人的使命和责任。经验、感知、意义、知识都可以以教育符码或教育代号的形式加以表达，也可以从符号、指号的再度解释中得到发展，这就是教育文化存在的证据，也是教育实践得以延续的恒定基础。推进教育发展和进步，必然需要对符号进行丰富、解释和完善，而学习者、接受教育的人就承担了后续的任务，他们会随着时间的推移担负符号解释的使命。认识到教育中符号的内在意涵并知晓其发生作用的机理，便可以掌握这种规律来反作用于教育实践的运行，促进教育活动的进步与发展。

　　从皮尔士、卡西尔等人的研究论述中，人们可以清楚认识到符号在人类社会发展和演进过程中的作用和价值。从很大程度上来说，人就是符号化的动物，人类社会就是由符号构筑起来的。作为特定意义的载体和代表，符号、符码和指号能够发挥的作用是不一而足的，这一点自然也在教育活动中有极为充分的表达。从符号学的鼻祖索绪尔提出语言符号学的概念和理论开始，关于符号教育学的提法和概念始终没有成型，也没有形成真正的理论力量和范式，使得教育活动与符号学的结合变得极为困难，这种困难主要表现在没有一套完全的符号教育学理论来指导教育实践活动。实际上，教育就是人的符号化改造的过程。人只有经过符号系统的洗礼、改造和科学教育，才能称之为真正意义上的"完人"。这里的完人并非指道德意义上的完人，而是指的具备社会意识、成人能力和实践认知水平的正常人。在科学、约定俗成的、完备的教育下，人的身心能力可以得到很好的提升，基础的社会实践能力可以得到培育，人能够成为掌握知识的社会人，能够参与到社会化大生产当中，也能够为社会贡献力量和能量。因此，符号就是教育的载体和基础工具，也是教育发展必不可少的核心元素。

（二）教育必须借助符号才能完成

　　现代教育活动的开展往往是点对点的过程，而且借助更多的新型手段和技术加以完善。从传统教育模式来看，教师与学生的关系就是知识信息输出与接收的关系，教师是知识信息的传播者与输出者，学生则是知识信息的接收者。在这对关系中，教师往往处于知识信息的前端和上游，处在相对主动的主导者位置，而学生则处于较为被动的接收者的位置上。但是，无论是双方的角色如何变幻，其中恒定不变的一点就是教育推进的过程必须由知识和信息的输出、传播来完成，而教育符号就是知识、信息及其相关内容的统一载体。也就是说，教育符号的包容性、广泛性和多样性使得其在教育实践活动中充当的角色更为重要。从这个意义上看，突出符号在教育活动中的价值是教育发展的自身要求。教育借助符号的传播、传递实现了知识信息的下沉、转移，这是一个自然而良性的过程。

　　在教育教学的实践活动中经常运用的图示类符号，以简笔画或图标的简易形态呈现出教育相关内容，涉及不同的教育门类或学科，便于教学的推进，也有利于学生的理解与认知。在教育的实践中，符号经过解释被赋予意义，并且形成了与物质本体截然不同的意涵，最终才成为教育符号。比如在数学教学中经常用到的"π"，那就是圆周率，就是一种典型的经过解释被赋予意义的符号，可以成为数学符号。π本来是希腊文中的一个字母，后来被专门用以代指圆周率。当老师、学生提到圆周率的时候，人们就会想到希腊字母"π"，同时会想到圆周率的数值：3.141592653589……。因此，在π仅仅是希腊字母的时候，它只是希腊文字中的文本代号，并无其他的意涵。后来，随着圆周率的发现以及研究、教育活动的深入，其专门用来代指圆周率，并且在全世界范围内成了约定俗成的规则。此时，π就具备了教育符号的意涵，因此它经过了解释、被赋予了意义，而且可以在教育实践中发挥作用，即携带特定意义。

在现代教育教学活动中经常出现的一些形象化符号，其实在很大程度上携带了特定的含义，经过不同人的解释能够指向不同的载体，自然可以成为浅显的教育符号。因为符号具备约定俗成的公共性，同时也具备私密性的特性，所以对于符号的解释是存在差异的。在教育中，符号是实践活动推进的基础，教育要借助符号才能完成。教育是针对人的实践活动，而人本身就是符号的动物，所以教育与符号存在天然诉求的一致性。在教育的实际工作中，借助各类具象或抽象的符号来构筑教育的体系，完成教育的操作，都是教育工作的要求，也是基于人的符号化而开展的必然实践。因此，认识到教育中符号的价值和意义，对于更好地运用教育符号来提升教育品质是重要的前提性举措。

诚如前文所述，符号是教育活动开展的基础和载体，对于教育活动是不可或缺的。作为一种有意义的感知载体，教育符号特指教育信息和资源的载体，因此这类符号的教育特性要被格外加以关注。教育活动中的符号有着多重的表现形式，也有着极为复杂的外在形态。教育符号最常见的表现形式就是文字符号、数字数据符号、图形图案符号以及色彩符号。其中，文字符号是整个教育类符号体系的核心形式，也是教育活动开展的重要基石。教育之所以必须借助符号才能完成就是因此符号作为基础性的工具载体具备不可替代性。自人类结绳记事起，无论是象形文字、楔形文字还是后来表音表意文字，都是一种携带特定意义和特定信息的符号载体，这种载体对于教育的完成来说是无法被取代的。符号就是教育性信息的最终表现形态，这对于教育活动的开展来说是至关重要的。其中，文字符号是任何教育开展的基础，也是教育活动最重要的目的。以中文教育来说，汉字的符号形式就是任何中文教育都必须重视的，也是中文类教育推进的前提。汉字的符号携带大量的有效信息，具备意义的指向性、理论的堆积性和表达的多样性特质，与教育活动的实践有密切的联系。

从本质上来看，教育的开展必须以符号的简化、信息集聚和符号信息转移为依托，最终实现教育信息的灌输。教育中的符号是一种有特定意义和指向性的信息集成体，是教育实践的模式堆积。同时，符号的表现形式为教育开展提供了范式意义，帮助教育工作者更好地输出知识与理论内容。对于教育教学的实践活动来说，符号的便利性、信息多样性与传输的可操作性让整个实践更具效率，也大大提升了教育自身的品质。对于教育的接收者（即教育客体）而言，符号的学习就是接收教育内容的过程，也是更好地理解教育本质的过程。

无论是教育的研究者还是相关的学者，抑或是符号学的开拓者和先贤们，都认为教育的本身就是符号化的过程，其对象就是人。经过符号化的人，才能成为真正意义上的"完人"，具备正常的教育意义和感知的能力，能够参与到普遍的、广泛的社会大生产中，能够产生社会价值，同时能够实现个人价值。符号对于教育而言就是最基础、最重要和最本质的"元工具"，这是因为符号是一切工具的工具，符号是最基础性的工具，也是一切实践活动存在的阐释工具。通过符号的传递、引导、感知和运用，教育活动才能持续下去，教育的实践才能对人产生作用，人的改造才能真正地推进。

诚如前面提到的案例那样，教育的过程就是符号发挥作用的过程，也是人的人格、身心逐渐完善和健全的过程。失去了符号的加持，教育便没有任何意义，也不可能真正地实施，所以符号是教育存在的前提和基础。当然，教育并非仅限于学校或课堂的狭小范围内，而是一种具备教育意涵和意义的范式教育内容，这其中包括学校教育、家庭教育、社会教育、生活教育等。就如同近现代著名的教育理论家陶行知先生倡导的"社会化大教育"理论一样，教育就是生活，就是社会活动，只要真正实现"教学做合一"，教育的意义才能真正普及，才能对人产生实质的作用和效力。

从广义角度来看教育的实质，其实仍然是符号的运用和传播，只有符号化的活动才能促使教育朝着正确的方向发展。例如，在很多人的观念里，白色的鸽子被赋予了"和平"的意涵，这其实就是由教育活动来实现对人的符号化改造的案例。具体来说，在学校老师的教育中，孩子们知道了白色的鸽子代表着和平、休战的意义，这种意识从小就会建构起来；在生活的日常教育中，电视、媒体中会提到每到重大节日或庆祝活动时，人们会放飞和平鸽来宣扬和平的理念，号召人们更好地珍惜和平生活的可贵；在人们日常的言谈举止或实践活动中，白色的鸽子代表着纯洁、和平与自由，因此逐渐有了和平鸽的意义载体……因此，一只白鸽透过人们对其意义的赋予及阐述，以及各类教育活动的宣扬，使得白鸽具备了和平的意义和指向性，而这种意义的感知在长期的宣传教育中逐渐成为人们的共识，这背后自然就是符号在发挥作用。这其中，教育负责来解释白鸽的意义，而载体和对象分别是白鸽、学生等受众，而解释项则不一而足，但其指向性往往是聚焦的。在系列的解释和教育实践中，白色的鸽子成了和平的象征，并逐步成了普遍的意识与认知。

所以，教育从广义和狭义的角度进行分别解读，都能看到符号在其中发挥的巨大作用。没有符号便没有教育，教育必须依托符号来进行，这是无可争辩的基本事实，应该为人们更加清楚地认知。如此，符号教育学的理论体系才能逐渐建构并完善起来，教育与符号的联结才能更加密切，教育实践活动的发展才能有丰富的理论作为支撑，教育事业的推进才能更为顺畅。

总之，从主客体双方的角度可以看出，符号的载体作用、信息传输功能以及知识转化的平台效应，让教育符号具备特殊的功能，同时也为教育活动的有效推进奠定了基础。也就是说，教育的实施、完成必须依赖于多样化的符号媒介，而符号的媒介效应与载体功能也凸显了其自身价值，并更好地促进了符号教育学理论体系的完善，最终为促进教育符号实践发展提供了坚实的动力支撑。

（三）教育是"符号理论与实践"的统一

教育的推进在本质上必须实现"理论与实践的统一"，这既是教育的根本性要求，也是教育接收者的切身利益决定的。教育的理论指的是教育活动推进过程中的一切概念、原则、方法与实践模式，这是教育实践的高度化总结和凝聚，也是教育最本质的理论内容；教育的实践指的是教育推进的过程及其附带的一切实践活动体系。唯物辩证法认为，理论与实践是一对矛盾的统一体。理论来源于实践，同时又可以指导实践活动；实践活动的总结是精细化的理论，而实践活动也可以验证理论是否正确。将这一理论应用于现代教育学的研究中同样有效，同样可以证明教育必须将理论和实践统筹起来，才能彰显教育的核心价值。

归结来看，教育必须将理论符号与实践符号统一起来，这种统一体现了教育最基础性的诉求，也体现了教育发展的方向。例如，在面对初中生的思想道德教育教学活动中，教师除了要在平时的课堂授课中向学生讲述、传授基础性的理论知识，还必须引领学生们走入社会，走向更为广阔的生活中，在实践中验证理论知识，获得更大的成长。比如在"孝敬老人和长辈"的系列知识教育中，教师除了向学生们传授孝道、孝顺的相关理论内容外，还要引导学生们在实践活动中更多地关爱老年人和长辈，如到敬老院参与义工活动，在节假日给父母洗脚、捶背、做饭等……在这样的实践活动的细节中引导学生们体验真正的孝道和孝心，从而加深他们对于"孝"的理论认知和理解。也正是通过这样的实践活动，理论知识的教育教学才可以更具深度，对于学生的影响才能进一步加深，学生因此的受益也会更大。类似这样的教育教学方法就是统筹理论符号与实践符号的过程，对于学生自身的提高有着积极的正面意义和价值。

教育的推进要求"理论与实践的统一"，这是现代教育学的基本要求。同时，教育是一种符号化的过程，所以此处的理论与实践的统一，指的自然也就是理论符号与实践符号的统一。在教育范畴内，理论与实践是可以相互转化的，其内在关系极为复杂，但是有着相辅相成的密切联系。通常，教育中理论符号的传授、传递与传播都是在特定的场所空间内完成的，具备普适性、针对性和专业性。比如在学校中针对学生开展的基础性教育教学活动，就是传播和传递理论符号的过程。学生们学习的语文课主要是接收语言符号的过程，掌握最基础的语言文字符号以及听说读写的能力，形成较为完备的语文基础对于学生更好地掌握其他类型理论符号有着支撑作用。而学生们学习数学知识、物理知识和化学知识等理工科的内容，其本质就是掌握更为抽象的数学符号、物理符号以及化学符号的过程。

在此过程中，学生们需要借助更多的抽象思维能力和方法，对数字符号、物理现象、化学反应问题进行深入思考。只有借助抽象思维以及具体的实验验证，才能更好地理解这些理论符号的内容。同时，这些理论符号已然与实践符号发生了具体的联系，这充分说明了理论符号与实践符号的复杂辩证联系。如，教师为学生们演示"水的形态变化实验"时，会让学生们看到在适度的高温下水会由液态转变为气态，而在零度的状态下，水的状态又会转变为固态。当学生们懂得了这一物理变化的原理后，就会对于日常生活中的各类实践行为有更深刻的理解，而不是仅仅停留于"记忆和复制"的简易状态中。

也就是说，理论符号到实践符号的转变表现为教育活动对于学生认知体系的改造，这种改造通过具体的案例进行展现，通过案例与大量事实验证后的理论符号化进行总结。学生不但要掌握整个验证与实践操作中的原理、方法和来龙去脉，同时也可以真正地将其转变为理论符号，形成更为深刻的印象。由此，理论符号就会成为学生对于客观世界的感知与认知，这种感知与认知不是毫无用处的，而是饱含着丰富的内在意义和价值。对于学生来说，掌握深刻的理论符号与实践符号认知，能够更好地改造自己的主观世界，从而提升自己的理论水平和实践能力，这也就是教育最终要达成的目标。

从教育的本质来说，要实现对人的改造和提升，就必须依靠符号来推进。没有符号，教育是不可能存在的，人的改造和人类文化构建也不能完成。教育运用符号的更高级诉求在于，通过教育可以不断赋予世界以全新的意义，从而不断丰富符号理论，进而促进解释符号、改进符号、完善符号、创造新符号的实践活动，让符号实践不断推向前进。也就是说，符号理论与符号实践的完善、创新是教育最终的目标所在，也是教育活动的"元工具"，这是正向与反向彼此融汇的关系，其间存在密切的关联。首先，符号是一切教育实践活动的基础工具，也就是元工具。教育实践活动中用到的理念、工具、空间、环境、素材等，都要以符号的形式呈现，都要在符号化的框架内进行规范；教育实践的形式与内容，其实都是符号化的过程，都要在针对人的符号化改造的过程中发挥效力。同时，教育本身是教育者和受教育者参与的实践，而双方的共同点就在于要达成符号认知的一致，必须在相同的符号规范与模式下形成统一，这是符号化的表现。符号化其实也就是教育化，其实也可以成为教化，即运用符号来教导、教育和改造被教育者。认同正确的、科学的符号理论与教育理论，并以此来作为指导开展教育活动，完成教育实践，就是对于被教育者的改造，也是完成了教育的任务和目标。

在此过程中，理论与实践的紧密结合，二者是相互依存且共同发生作用的，不能单独存在。教育者从先人归纳总结的理论中寻找规律，依照特点的方法论开展教育活动，将理论和知识诉诸被教育者，这是一个完整的教育实践活动的链条，也是教育实践发生作用的过程。依照科学的方法论和理论开展实践，这是因为前面的理论经过了实践的验证，因此可以作为指导教育实践的依据。而在此期间，相关理论与实践都是以符号的形式表达出来，都是以符号的形态存在于教育者的脑海和心中，正是具备意义的感知指引了教育者开展教育实践，才使得教育活动有序地开展下去。所以，准确地认识教育中理论与实践的相互作用过程，就可以看到符号在其中发挥的功能，也可以帮助教育者更好地找寻到开展科学教育的方法与策略。

从符号与教育实践的关系来看，符号是理论与实践的结合体，而教育同样也是理论与实践的结合体。由理论到实践，这不仅仅是一个严肃的哲学问题，同样也是符号学和教育学所要面对的重要课题。诚如前文所述，教育必须借助符号才能完成，教育本质上就是人的符号化的过程。而回归到教育的起端、发展、成熟和演进，能够看到教育活动对于符号的依赖从来没有消退和减弱，反而有愈发明显与强烈的趋势。一言以蔽之：教育是符号理论与实践融合、统一的过程，教育的基础就是符号理论实践的统一。

所谓的符号理论，在教育实践中可以成为教育符号理论，特指与教育实践活动相关的符号理论，如语言符号理论、艺术符号理论、信息符号理论、伦理符号理论等。符号由理论到实践的过程是一个辩证的过程，自然也就是教育发生和发挥作用的过程。举例来说，小孩子进入幼儿园、小学开始初级的学习，许多新鲜的知识和常识开始成为孩子们的主观意识，而孩子们正是在对各类符号的接触、认知、理解和运用的过程中逐步成长起来的。在此过程中，孩子们的知识面逐渐拓宽、认知能力逐步提升、实践水平得以改善。比如许多小孩子刚刚开始接触国旗的时候并不理解国旗的象征意义和价值，而经过书本的宣扬、老师的讲解以及日常生活中各种媒体的信息普及，孩子们逐渐明白了鲜艳的五星红旗代表着中华人民共和国，明白了五个星星代表的特定含义。

同时，在家庭教育、学校教育与社会教育的共同作用下，原本对于五星红旗认知较为单一的孩子们会逐步丰富对其的感知和理解，在今后的学习和生活中，每当看到我们的五星红旗，每当举行升国旗仪式的时候，孩子们对于五星红旗的符号认知会变得丰富起来。如，在国歌响起，五星红旗冉冉升起的时候，有的孩子面对五星红旗会想到我们的国家繁荣富强，会有一种由衷的自豪感和骄傲感；有的孩子凝视着血红般的五星红旗会响起我们的革命先辈为了新中国建立而抛头颅洒热血的悲壮场景；还有的孩子，凝视着鲜艳的五星红旗，也许会想到自己的未来也会前途光明、红红火火……这其实就是教育发生并发挥作用的结果，也是符号理论到实践拓展的过程。在这个过程中，学生们、孩子们对于五星红旗的感知、理解和解释有了不同的结果，这是个人对于符号解释的结果，也是符号理论转变为实践成果的必然。

事实上，教育实践活动恰恰是如此，即运用符号理论，以特定的、约定俗成的符号来给被教育者打开一扇大门，然后授予其方法与理念，完成符号化的操作。这种操作是教育实践的机理表达，也正是符号理论扩展并指导实践活动的印证。从符号的理论约束到理论的扩展，再到符号解释的无限升级，这恰恰是教育意义升级改造、扩展蔓延的过程，也是对被教育者、学生开展的一次符号化改造。只有经过符号理论与实践洗礼和改造的人，才能真正成为教育化的"完人"，才能真正地立足于社会，展现其个人价值。

四、研学旅行：教育符号活动的意义追寻

从符号学视角而言，一切旅游景点都是符号，研学即符号化，所有研学旅行都是教育符号活动。麦康纳[①]、刘文荣[②]等基于索绪尔"能指—所指"、皮尔士"再现体—对象—解释项"符号学思想，阐释经典旅游景点的 3 个重要性质：符号性、确实性、可朝拜性。当然基于美国符号互动论者丹尼尔、吉莉安[③]观点，则研学旅行就是符号表演，米德、戈夫曼等人也有类似看法。

索绪尔二元符号论和皮尔士符号三元素（再现体、对象、解释项）都是阐释研学旅行的重要资源。从符号学视角而言，一切旅游景点都是符号，也是信息与意义双重载体。研学即符号化，所有研学旅行都是符号活动。研学旅行通过身体在场于能指端而灵魂向所指端的飞跃；研学旅行与一般旅游区别在于前者乃研究性学习，后者侧重于感官之乐。"学"与"行"对于意义的运作远超物质生产与消费；"研"与"旅"需要主体艰苦付出和深度参与，才能逼近真相、达成意义共识；意义是在旅游线路景点的符形、符域、符码、符用的系统整体中确定；"研学"之静态符号与"旅行"之动态符号互动，从而求证知识之确实性；研学旅行关涉文化选择，选择是由符号纵向组合轴与横向聚合轴双向一起完成的。研学旅行线路景点选择需参考符号学原则：旅行线路景点的文化独特性、空间开放性、互动参与性、叙事确实性。

---

① MacCannell D. The tourist：A new theory of the leisure class ［M］. Berkeley：University of California Press，1999：3.

② Lau，Raymond W K. Tourist sights as semiotic signs：A critical commentary ［J］. Annals of Tourism Research，2011，38（2）：711-714.

③ Daniel C，Jillian M. Tourism sites as semiotic signs：a critique ［J］. Annals of Tourism Research，2012（39）：1252-1254.

（一）研学旅行的符号学阐释

现代西方符号学鼻祖有二：一是提出 semiology 的欧洲索绪尔，二是提出 semiotics 的美国皮尔士。这两种符号学思想都可以阐释研学旅行。

1. 索绪尔符号学视域的研学旅行

若从索绪尔符号学而言，旅游景点是某种能指，而其所蕴含的、指示的、隐喻的对象则是所指。研学旅行（study tour）包含两个层次。

第一个层次是旅行（tour），即游览景点，这是身体的在场，主要牵涉能指，如游览刘伯温故居的屋舍亭台、村落山水，观看其字画、识别其文物、考察其遗迹等，这类能指端学习主要是浅层次的。汪国真在《山高路远》中所说的"没有比人更高的山，没有比脚更远的路"[4]，正是对能指的执着与自信。

第二个层次是研学（study），重在学，即理解文化、感悟意义，这是灵魂的在场，主要牵涉所指，如想象刘伯温宦海生涯、人生际遇，感悟其殚精竭虑、忠义两全，觉解中国皇权专制社会中知识分子耕读为本、勤学忠君，进可为帝王师，退可为乡农夫，正如北宋儒者张载"横渠四句"——为天地立心，为生民立命，为往圣继绝学，为万世开太平。这种所指端学习主要是深层次的。当代音乐人高晓松曾说："妈妈领着年幼的我和妹妹在颐和园长廊仰着头讲每幅画的意义，在每一座有对联的古老房子前面读那些抑扬顿挫的文字，在门厅回廊间让我们猜那些下马石和拴马桩的作用，从那些静止的物件开始讲述无比生动的历史。那些颓败但深蕴的历史讲述了世界之辽阔，人生之倏忽，以及美之永恒。其中最真切的一句就是：这世界不只眼前的苟且，还有诗与远方——其实诗就是你心灵的最远处。"① 这段文字引人入胜，展现了高晓松母子对所指的希望与憧憬，它既是对能指端的反转，也是从身体到灵魂的飞跃，更是从现实有限性向意义无限性的超越。

2. 皮尔士符号学视域的研学旅行

若从皮尔士符号学而言，也有两种阐释路径。皮尔士符号三元素（再现体、对象、解释项）中的解释项可以无穷衍义，暗含着某种程度的反本质主义，重点是前两元素。一是把旅游景点作为对象，二是把旅游景点作为再现体。

---

① 汪国真. 山高路远［J］. 语数外学习（初中版九年级），2008（Z1）：2.

若将旅游景点看作对象，则通过研学旅行的身临其境、感同身受，从而在内心产生"意象"，即再现体。此情此景中的再现体与研学旅行者经验中既有编码库里的"形象"之间，必然有着鸿沟，这种鸿沟就是认知差异，形成学习张力，进而刺激学习者发挥想象力，通过解释项的顺应或同化，欲图填平心像与形象之间的鸿沟。如全国十大名山之一的"寰中绝胜"温州雁荡山作为研学旅行符号之对象——北雁荡山 102 峰、64 岩、26 石、46 洞、14 嶂、18 瀑、28 潭、13 坑、13 岭、10 泉、2 水、8 门、4 阙、7 溪 1 涧、8 桥 2 湖、5 尖 2 峡等，由此分为灵峰、灵岩、大龙湫、显圣门、雁湖 5 大景区。这些作为对象的实在之物在研学旅行者内心产生再现体的意象——万山叠翠，古木参天，悬嶂蔽日，群峰争雄，花香鸟语，飞瀑凌空。但此意象与高中语文教材文本中的雁荡山形象之间必然大有不同，尽管文字符号、文学修辞可以相同，但其意象与形象之间绝不可能相同。其相异点便是学习的刺点，也是研学旅行进一步探究的起点。抹平这些认知差异既是动力也是消除内心不适感的目标，但世界之宏大广袤与幽微精细相伴而生，故鸿沟永存而抹平相对。皮尔士符号理论是动态符号观，一切知识皆如网络意象环环相扣、节节相依，无限衍义的解释项势必指向无穷。

若将旅游景点看作为再现体，那么再现什么呢？其实再现的内容便是皮尔士三元符号论中所谓的"对象"，这种对象可虚可实。对象为虚者如精神信仰、意识形态，如浙江"苏步青故居"等作为符号再现体，其对象指向：苏步青勤学上进、淡泊名利、孜孜育人、勇攀科学高峰的数学家精神品质。对象为实者如山川河流、飞禽走兽、物界人身，符号再现体如浙江"横店影视城"的对象是古代生活场景；广西"桂林象鼻山"的对象是象鼻；陕西"兵马俑"的对象是大秦帝国的强悍军队。

（二）研学旅行的符号学理论基础

朴素的符号学思想在中国古代源远流长，如河洛图、周易、八卦、虎符、名实之辨、指鹿为马、名正言顺、修辞立其诚等。近代以降，赵元任、李安宅、钱钟书、李幼蒸、赵毅衡、郭鸿、王铭玉、龚鹏程等将西方符号学思想发扬光大。研学旅行既是一种符号学想象，又是符号学行为。作为一种想象，可从三个维度表达符号学思想。首先是功能维——研学旅行同时承载着旅行信息和研学意义；其次是价值维——研学旅行指向诗和远方；最后是机制维——研学旅行总是在物性与符号性两个极端之间游走。

1. 符号：信息与意义的双重载体

当然，符号学就是意义学与信息学的融会，符号作为意义与信息的双重载体，便有着超出一般认识的特殊性。从信息域而言，物—信息两者之间具有数据的、实证的、直接的关联，无论是否被意识所知，它都是可重复的、可测量的、可预测的，就如量子纠缠一般。正如信息学家邬焜的界定"信息是客观而不实在的存在"。[①] 而从意义域而言，物—意义—精神三者之间具有不可重复、不可测量、间接的关联，只有当被主体意识到，它才存在，故而具有偶然性、非实证性。王阳明之"你未看此花时，此花与汝同归于寂；你来看此花时，此花颜色一时明白过来，便知此花不在心外"[②]。此心学之"心外无物"正是意义的本性——主观而实在。研学旅行让学生走出禁锢的教室，行千里路、读万卷书。身体与灵魂都应该在路上，身体证实着信息，灵魂激发着意义。只有两者兼而有之，方可孕育真人。心花怒放是否存在呢？我们可以通过 CT 扫描、心电图等科技手段测量其"心花"的可量化的数据信息，亦可尝试心灵感应、深度交流、感同身受等具身途径捕捉其"怒放"的不可量化之人文意义。

基于符号乃信息与意义双重载体，温州雁荡山作为研学旅行的符号佳处，必然蕴含着信息与意义的双重学习内容。从信息视角看，北雁荡山形成于一亿二千万年以前环太平洋大陆边缘火山带，地处东经 121°00′E～121°30′E，北纬28°35′N～28°55′N，总面积 450 平方公里。山脉海拔一般 500 到 600 米，最高峰百岗尖海拔 1 056.5 米[③]。从意义视角看，雁荡山以山水奇秀闻名，素有"海上名山、寰中绝胜"之誉，史称中国"东南第一山"。它是历代文人骚客精神世界的再现体，如谢灵运、沈括、徐霞客、张大千、郭沫若等都留下诗篇和墨迹，说明他们的身体与灵魂都曾在场。

2. 能指：研学旅行的意义表象

皮尔士三元符号论把符号分为三大类：像似符、指示符、规约符。研学旅行中符号无处不在，如浙江省温州刘伯温故居是后世模仿明朝刘翁房舍所建，

① 邬焜. 信息哲学 [M]. 北京：商务印书馆，2005：38-44.

② 王守仁. 王阳明全集（上）[M]. 上海：上海古籍出版社，2018：122.

③ 平阳县风景旅游管理局. 关于《雁荡山风景名胜区总体规划（2018—2035）》（草案）的批前公示 [EB/OL]. [2020-07-01]. http：//www.zjpy.gov.cn/art/2018/11/8/art_ 1256718_ 23678862. html.

属于像似符；旅行中的厕所方向、景点路线的箭头指示等属于指示符；景点等级划分如 1~5A 级、"青山绿水就是金山银山"以及各种风俗民约都属于规约符。研学旅行手册、导游指南中图文并茂、色彩绚烂则是各种符号的汇集，也可笼统地理解为索绪尔所言的"能指"。研学旅行从宏观而言可被看作为能指，但也应有所清醒，防止异化，如：很多旅游中介机构打着"研学旅行"的招牌只为忽悠师生圈钱，实则远离育人之所指，更有甚者，对于人身安全、思想健康方面漠不关心。大部分旅行社组团游览，出于经济成本而走马观花、蜻蜓点水，导游一路行色匆匆、快言快语，不给旅行者留下任何探究体验或考察符号意义的时间。研学旅行须谨防商业气息太浓，应该以"研学"为重，最好安排专业的导师一路跟进。合格的研学旅行者应该认真探究文化和行为的符号意义，而不是道听途说或仅仅浏览旅行指南。余秋雨《文化苦旅》曾经风靡大江南北，正是对一些著名景点符号超越能指表层而阐释其深层意义。

索绪尔提出"能指—所指""言语—语言"等二维符号学理论。"所指"是"能指"的对象、内容和意义，在初级层次上，二者具有映射关系。但在中高层次，则会相互掩映和衍射，如：温州苏步青故居，当其所映射的所指为苏步青家国情怀、学术人生时，它是能指；而当其作为研学旅行手册里文字符号的对象时，则它是所指。能指端虽然萌发于所指端的内容，但一旦生成则可以自我繁衍、进化，甚至远离所指之初心，成为异化的渊薮。如：学校往往借口没有时间或担心安全问题而不给学生提供所指端身临其境的在场感，而是照本宣科、停留于书本语言文字符号对于大好河山、文化古迹的间接介绍。马大康认为，人的世界是经由行为建模、语言建模及其他符号建模活动共同塑造的。[①]缺少多元符号建模活动的单纯语言讲授，这样的课堂是有缺憾的。

3. 光谱：纯物与纯符号间的滑动

在两个极端（纯粹自然之物；纯粹符号）之间，分布着光谱形态的连续体，只是比例多少不同而已，赵毅衡称之为"纯物与纯符号之间的滑动"。[②] 任何旅游景点都是纯物与纯符号的交互杂合，现实中没有极端个案。研学旅行作为一种符号活动，越是高端，则其符号性越强，当然，也没有脱离纯粹之物的

---

① 马大康. 符号建模与审美创造：兼对"总体符号学"的质疑 [J]. 浙江学刊, 2020 (1)：178-190.

② 赵毅衡. 符号学原理与推演 [M]. 南京：南京大学出版社, 2011：27.

研学旅行。雁荡山之俊秀、黄果树瀑布之雄奇，看似纯自然之物，但当进入人的视野，便开启符号化之旅，因为"俊秀""雄奇"是语言符号的标签，其意义也是符号运作的结果。中国地大物博，名山大川数不胜数，它们作为自然景观，物性比例高而符号性较低。

卡西尔认为人是符号性动物，同时也是通过符号性活动而使自己超越于动物。图腾、莫高窟、乐山大佛、泰山封禅等都是人向自然之物的符号宣示，而且这种符号活动没有止境。古有雕凿石像、泥塑金身、筑土为坛、陶俑陪葬等化物为符的符号活动，今有文物古迹的纸质介绍、网络宣传、三维动画、虚拟仿真等被多次符号化操作。研学旅行更是以景点实物和各种符号资源为基础的再度符号化行为。当然，从物到符号、从低阶符号到高阶符号，并不是单线模型，而是复合型多线模式，甚至有时会有逆符号化活动——符号降解、物性增强，如兵荒马乱时期文物古迹的遗弃。研学旅行应该在符号化和逆符号化之间纵横游历，既要仰望天空，追寻自由性更强的符号意义，又要回归自然，埋头格物致知于物性。

（三）研学旅行的特殊性

研学旅行与一般旅游区别何在？前者重点在于研究性学习——在旅行中主动进行符号衍义，钻研学问，感受人与自然和社会的关系。

1. 超越感官之乐：追寻精神境界的苦行僧

一般旅游也猎奇，但更加热衷于感官之乐、被动观察、放松消遣或商业扫货。留下好名声的是前者，因为轻物质而重精神。因研学而名垂青史者不乏其人，如：马可波罗、徐霞客、卡罗尔、梭罗、斯诺。高层次研学旅行需要付出艰苦卓绝的努力，既需要行前扎实备课、间接了解相关知识，又需要行中身心的深度参与，如：唐玄奘研学旅行西域200多个国家和城邦，考察各民族宗教信仰、生活方式、婚姻、丧葬、建筑、艺术等，历经"九九八十一难"而成《大唐西域记》。人类发展史，就是一部研学精神感召下的持续探险，如孔子、郑和、麦哲伦、哥伦布、阿姆斯特朗、杨利伟等，不断开拓人类时空和生存世界。

2. 基于符号教化：生产教育意义的追梦人

研学旅行不同于一般旅游的符号消费行为——既消费符号能指（各个旅游

景点物质表象），也消费符号所指（各个旅游景点文化内涵），其特殊性在于基于符号的教化，即一种教育生产行为——既生产符号能指（如拍照、晒朋友圈、赋诗作词），也生产符号所指（如对景点留念、想象扩展、情感激发、思维创新、文化挖掘）。研学旅行是驰骋在两个空间（景观意义空间、景观实物空间）的游荡，这也间接说明国家旅游局与文化部合并的理据性。符号学就是意义学，赵毅衡认为，所谓文化就是意义的集合。研学旅行在消费和生产符号过程中，也在纵横联结中统合意义。横向而言，通过游历北国长城与南洋天涯海角统合祖国"地大物博、幅员辽阔"之意义；纵向而言，通过考察周口店、三星堆、黄帝陵而统合祖国"历史悠久、文明灿烂"之意义。杭州八景、长安八景等都是以打包符号能指端，从而更便于游者在符号所指端的意义统合。研学旅行中的意义整合是学习的关键环节，学生先前通过教材、读物、影视等对旅行景点有了一定的间接经验，旅行指南和导游则提供了更进一步的能指意义，在到达前的途中则心有意象意义，到达后则有具身体验意义，最终的意义定点则是多种意义的统合。

研学旅行中的符号消费与生产古已有之，如才子游学和进京赶考中，总会在风景奇秀处题诗作画、摩崖石刻或涂鸦恶搞。那些文字符号和图像符号既是消费——宣泄情感或刷存在感"某人到此一游"，又是生产——自然风景中人文点睛之符，成为朋友圈或后世研究文化艺术、体味人生况味的重要符号资源。可惜，名山大川皆被历朝历代文人骚客过渡符号化。今人可以通过微信、脸书等社交媒体实时刷新研学旅行所见所闻，如晒朋友圈或抖音也成为一门符号技术活——选择符号能指（取景）、聚焦符号中心、编辑像似符（美颜或剪裁）、想象符号所指（图像、文字等排列组合）、设定符号化对象（谁可以看）、符号互动（点赞、评论、回复），从而体现出研学旅行者对于真善美的追求，以及其身份、地位、品味、偏好、归属感。法国社会学家莫斯曾叙述炫耀性符号消费如"夸富宴"的本质关涉礼仪、身份、权威等符号表演，[①] 类似于中国"不买对的只买贵的"。研学旅行的消费与生产主要集中在知识、文化、精神的教育符号领域。

3. 解锁平庸符码：变幻新奇莫测的魔术师

根据索绪尔结构主义语言符号学思想，语词的意义是由该词在整个语言系

---

① 莫斯. 论馈赠：传统社会的交换形式及其功能 [M]. 卢汇，译. 北京：中央民族大学出版社，2002：10.

统中的差异性标出，因此"标新立异"是词与词、言语与言语之间意义得以确认的根本方式。意义、文化、教育都需要通过多元化碰撞与融合，进而有所创新，在异质化符号互动中产生新思想。对于学生而言，研学旅行就是很好的异质化符号互动过程，从书斋走向社会，从四角天空走向青山绿水，从封闭的教材文字符号走向开放的景点文化符号，从惯习的约定俗成走向新奇的另辟蹊径。十里不同音，百里不同俗。研学旅行的深度运作，就是通过异质化符号互动，观赏不同景致、聆听不同故事、吸嗅不同花香、品尝不同饮食、触摸不同遗迹、体验不同活动、感悟不同文化。社会学家和人类学家热衷于考察原始族群，因为可以从他者视角研究纯粹的异质文化。罗兰巴特在《符号帝国》中叙述了他自己游历日本时受到的异质文化的震颤，他用"闪光"比喻令人眩晕的新奇符号，甚至某些司空见惯的符号却在异乡具有别样意义。所以研学旅行也尽可能选择不熟悉的旅行线路，至少在某些维度具有陌生化符号因子，例如费孝通以社会学符码研学熟悉的家乡而作《江村经济》。

钱钟书《围城》经典主题"住在城里的想出去，住在城外的想进去"，研学旅行也可借鉴于此：农村的到城市去，城市的到农村去！江南的去塞北，高原的去海滨。美国学生1年四个假期更便于学生在不同季节走进别样的自然，更有大部分学生周游世界，前往非洲最落后地区探险。异质性越强则越能满足好奇，好奇心乃人之天性，不仅是创造发明的内在动力，也是庸常生活的调味剂。好奇心的正当合理满足就是人类自由的实现。不自由的教育，也就意味着压制学生好奇心，使之天性难以释放。自然主义者卢梭在《爱弥儿》中所倡导的自由教育就是那种自然成长、唤醒天性、好奇驱动的教育。《中庸》"天命之谓性，率性之谓道，修道之谓教"，其"率性"与好奇心异曲同工，也启发当代教育哲学家于伟提出"率性教育"——保护天性、尊重个性、培养社会性。当然，也有另一种说法"好奇害死猫"，所以很多老师不敢组织学生春游，更别提研学旅行。可是，若无好奇，则会憋死猫！只要组织得当、买足保险、协议自愿、注意安全，便不会有大问题。

4. 修复符号碎片：系统意义的整合仪

基于索绪尔、弗斯、韩礼德等系统功能语言符号学思想，孤立的符号难以确定意义，符号意义通过其所处的符域和符号行为而确定。弗斯较早提出语言是由语音系统等许多子系统聚合而成的复杂符号系统；索绪尔进一步深化为

"语言符号系统"（能指符号系统、所指符号系统）；韩礼德等认为语言符号是"系统的系统"，是"语言符号单位按一定次序，并且在层次与层次之间有关联的组合排列"。语言符号系统是一种可进行符义选择的网络，当有关系统的每个步骤——实现后，便可产生意义结构。胡壮麟继承韩礼德思想，①把语言看作社会符号学——在社会文化语境内解释语言，而文化本身是以符号学词语来解释。语言既强调社会结构和系统，也使其符号化。

研学旅行作为社会符号活动，既是一个符号单元，又是大教育系统的一部分——消解家庭、学校和社会在人的符号化过程中的符号分节，融合现有学制中分层、分科教学的符码机制，联结历史文物符号、书本语言符号、旅行空间图像符号的多元交会，延展过去、现在、未来的符号时间序列。如此，符号系统观使研学旅行具有丰满的、整全的意义。研学旅行的符号互动过程也是抵制现代教育碎片化的有力方式。从小学到大学，教育教学活动和教材学材内容都以分门别类的分科进行，这样似乎条分缕析、清楚明了，极大提高了某个领域的知识传授。然而，社会领域复杂混沌，自然界浑然天成，从来没有这些切分，而是各个领域各科知识盘根错节互为一体。学校教育符号片面性与社会应用符号整全性的割裂导致诸多恶果，国内外不乏学者做过尖锐的批判。实践教学、探究性教学、问题导向教学、研学旅行教学等都是对其的回应。美国学者凯文在其著作《大学的终结》中分析大学功能和发展历程，认为在信息技术和泛在教育普及下，大学必会终结。实际上，大学文化资本从低阶到高阶依次可分为：证书形态、物产形态、具身形态，而与其相应的抽象化符号化水平却成反比，如证书形态文化资本的符号化水平最高，它已经远离了学习者本身的修养、品味，代之以文凭符号所标示阶层、等级、名利、光环。这对一般的学校教育都有启示：人类教育从语言符号为载体的传统教育、到科学符号为载体的现代教育，至虚拟符号为载体的符号教育，学校作为专门化的封闭式符号互动空间必将退出历史舞台，作为符形的知识本身重要性日益降低，而符义、符码的重要性日益增强，以人生幸福为目的的符号化将成为教育核心使命，这将超越教育史上的知识目的论、能力目的论，意义感将成为符号教育学时代的主要目的。

意义感需要全面的、系统的、开放的意义运作空间，人工智能和虚拟现实将会提供这种无限开放的空间。符号学鼻祖皮尔士说，在对象与再现体之间由于存

---

① 胡壮麟. 韩礼德学术思想的中国渊源和回归 [J]. 外语研究，2016（5）：9-13.

在解释项，故而符号无限衍义，赵毅衡认为符号学就是意义学，研学旅行作为符号意义运作过程，正是从符号学视角整合教育资源、融合分科知识、调和意识形态、媾和利益群体，把不同家庭和学校、不同阶层和职业、不同地方和领域的符号主体吸引到符号意义创制中。传统符域如家庭、社会、学校的条块分割必将被打破，通过5G、6G网络和虚拟世界生成全新的开放符域，从而衍生新的符义。

5. 跳出符号文本：教育真知的求证者

纸上得来终觉浅，绝知此事要躬行。基于虚拟符号的第三次教育浪潮正在来临①，关于普遍真理、宏大叙事、统一世界的哲学观日渐式微，符号多样性及其无限衍义性逐渐普及。在这个新的符号教育学时代，尽管学习目的、技术、情境与此前大相径庭，但是研学旅行对于确实性的追求依然如故。绝对真相、普遍真理跌下神坛，退而求其次，即"确实性"——对特定符域中社群意义的肯定。很多过渡符号化、符号异化的知识需要通过研学旅行得以证实或证伪。研学旅行穿梭于不同符域，遇见不同符形、比较不同社群意义，从而在多样化选择中更加"趋真"。一些人造景观、杜撰景观、仿真景观若没有基于确实性则应尽可能被排除在外，如：苏州定园才建15年却说是刘伯温私宅，2019年初被政府强制关闭，成为全国首例因虚假宣传而被吊销执照的景点。又如横店影视城，因为它只是真实景观的像似符，若有存在价值，也只是作为求证确实性的教具。当然，若元符号永远失去，则基于确实性的像似符便是不二选择，如阿富汗巴米扬大佛被战火摧毁后，现在人们只能欣赏张昕宇和梁红夫妇用光影还原的数字符号。

罗兰巴特的《符号帝国》、麦康纳的《旅游》、刘文荣的《作为符号的旅游景点》等作品都可启发我们认识研学旅行的符号特殊性：通过五官六感多模态"学"与"行"对于意义的运作远超物质生产与消费；"研"与"旅"需要主体艰苦付出和深度参与，才能逼近真相、达成意义共识；意义是在旅游线路景点的符形、符域、符码、符用的系统整体中确定；"研学"之静态符号与"旅行"之动态符号互动，从而求证知识之确实性；研学旅行关涉文化选择，选择是由符号纵向组合轴与横向聚合轴双向一起完成。基于以上符号学解读，我们认为研学旅行线路景点选择需参考符号学原则：旅行线路景点的文化独特性、空间开放性、互动参与性、叙事确实性。

---

① 崔岐恩，张晓霞. 符号教育：第三次教育浪潮 [J]. 山西大学学报（哲学社会科学版），2017（6）：79-85.

第五章　符号教育

一、雪泥鸿爪：基于符号演化史的教育印迹

师范院校教材《教育学》关于教育发展史的叙事方式一般沿用苏联凯洛夫的马克思主义社会阶段论：原始社会教育、奴隶社会教育、封建社会教育、资本主义社会教育、社会主义社会教育，也有如《新编教育学》（卢晓中主编）分为：原始教育、古代教育、现代教育。这些编排方式体现了历史与逻辑的统一，有其合理性。但历史的线索从来不是一条，若从符号演化史来检视教育发展史，可能别有洞天，也或许管中窥豹。人类进化史其实就是符号发展史，符号作为知识再现体与人的教育及教育学有着千丝万缕的关联。符号史、人类史、教育史具有逻辑与历史同构性，其历史演进具有趋势近似性并多有重合。

（一）符号化、物化及升华

符号是表征世界存在的哲学范畴，是物质世界间接存在和精神世界直接存在的显现方式。符号学鼻祖皮尔士认为整个人世间充满符号，卡西尔认为人是使用符号的动物，乌克斯库尔认为动物界也有符号，西比奥克认为整个宇宙里符号无处不在。基于最小限度的含义，则人化就是符号化，有人必有显性符号，无人则必有隐性符号，未知领域则有潜在符号，黑箱只不过是正待意义生成的符号。皮尔士三元符号论（再现体、对象、解释项）为意义生成打开闸门，也摆脱了语言符号学鼻祖索绪尔二元符号论（能指、所指）的结构主义窠臼。解释项是开放的、无穷衍义的，也是意义生成之命门所在。赵毅衡专著《哲学符号学：意义世界的形成》从现象学、形式论等哲学高度探讨意义的产生、意义的经验化、社会化，凸显意义与意识 2 个核心概念。他认为，现象学关注中心是意识，符号学关注焦点是意义，哲学符号学，或称符号现象学，关注意识与

意义的关系，或者说，意识中的意义，以及意义中的意识。该书论证意义终归是社群意义，细密精微地解析诸多颇有深度的论题，如：意义世界的复数性与复合性；物世界与实践意义世界之认知、理解、取效；范畴与筹划的思维世界。

符号化表示动态的意义生成过程，最早由皮尔士用来表示任何形式的活动、行为或过程，包括意义的产生。现在人文社科领域，"符号化"一词已被滥用成了"符号泛化"，甚至从中性词的意义逐渐变成贬义词。尤其在布迪厄、鲍德里亚等人普及下，其贬义性渐浓。把非符号符号化，是人类最重要的活动。非符号的符号化就是人文。赵毅衡认为，符号化即对感知进行意义解释，是人处理经验的基本方式。符号化也是意义生成和增加，去符号化则是让符号失去意义，降解为使用物。卡西尔所言"人是使用符号的动物"佐证了符号化水平反映人高明于动物之处，在于人不可能如同动物行为只出于条件反射或生物本能，他必须对碎片的、无序的、忐忑的、须臾的、孤立的事件和体验进行经验化、组织化、安然化、条理化、系统化加工，这个加工过程就是符号化过程。

若从显现学（皮尔士自创 paneroscopy，区别于欧陆哲学的现象学）而言，符号是物质世界和精神世界的显现。物质世界包含一般物质世界和纯粹物质世界，精神世界含有一般精神世界和纯粹精神世界，所谓"纯粹"是指超验的、难以被认知的领域，仅仅出于思想分析之需而使用此概念。"学高为师，身正为范"其高其正若所指为超验的、最完美的师道精神，则逼近纯粹精神世界。北师大校训将其降格为"学为人师，身为世范"，则更加人性化，是一般精神世界的意义追求。赵毅衡在《符号学原理与推演》中精彩论述了物化（符号的降解）、符号化（符号意义增值）、片面化（符号意义衰减）。巴特与德理达也曾讨论过符号文本结构的开放性与意义的多元性、滑动性或不确定性。在这些先贤们看来，研究符号世界意义生成与解释的学问便是符号学。

从纯粹精神和纯粹物质到符号的意义运动过程即符号化，而从符号到纯粹物质世界的意义滑动便是符号降解，从符号到纯粹精神世界的意义滑动过程则是符号升华（如图5-1所示）。比如：一根纯自然物的竹棍从竹林被带入讲坛，老师用作教鞭，被师生当作规训与教化的象征，这便是符号化过程（从物到符号的意义滑动）。若天雨地滑，该老师年高腿跛而拿这个教鞭做手杖使用，这便是物化（从符号向纯粹物质世界的意义滑动）。若这个教鞭被当作师道尊严和人类文化的精神象征，这便是升华（从符号到纯粹精神世界的意义滑动）。当然，这里仅仅是简而言之的解析，因为纯粹物质和纯粹精神是意义世界的两个极端，我们大部分处于两个极端之间，大多聚居于中点左右的符号世界。

在符号世界内部，也发生着符号演化、符号退化、符号异化的运动。其中，前符号、语言符号、科学符号、虚拟符号从低到高的发展路径便是符号演化。反之，从高到低的路径便是符号退化。图5-1中箭头所示表征符号与意义滑动的路径，若悖逆路径则歧义旁出，导致符号异化、符号崇拜等乱象。柏拉图《理想国》所举"洞穴隐喻"正是一个物质、精神、符号三重交会的世界：洞壁上的影子属于符号世界，被囚禁的身体和光属于物质世界，囚徒对于现实、经验、世界的认知和意义阐释属于精神世界。若有一个囚徒逃出洞外看见真实世界后，返回洞内给被囚禁者讲述外面的世界，可能无人相信，他们只相信洞壁上的影子——这便是符号崇拜。那个挣脱枷锁的囚徒逃出洞穴，外面的世界丰富多彩、但他眼花缭乱，手足无措；回到洞穴后，能见度反差太大而晕头转向，总之，无论是影子或外面世界，他都雾里看花，未得真相——这便是符号异化。

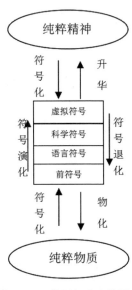

图示5-1 符号与意义的滑动

（二）符号演化史

当代符号学家赵毅衡总结传媒三段史：言语符号、文字符号系统、计算机网络。赫拉利《未来简史》对人类史划分4段，亦可按符号学解读：7万年前大脑认知革命（像似符号为代表）、1.2万年前农业革命（指示符号为代表）、500年前科学革命（科学符号为代表的规约符）、人类大融合的符号革命（人文符号崛起）。基于历史（人类文化史）和逻辑（文献归纳和符号演绎）的梳理，我们可将人类迄今为止的符号演化史从低到高分为4段：前符号（30万年前）、语言符号（前21世纪）、科学符号（1687年）、虚拟符号（2016年），每个阶段各有千秋，且只有主次之分而无排他性。低阶符号是高阶符号的基础，高阶符号含纳着低阶符号。当然，时间之流乃连续光谱，其切分有待商榷。若以艺术符号为表征，则前符号时期是原始雕刻和吼叫、语言符号时期是写实刻画和吟诵、科学符号时期是数理几何图案和音律、虚拟符号时期是3D虚拟空间和音效。若以货币符号为表征，则前符号时期是物物交换、语言符号时期是实物货币（贵金属、铸币）、科学符号时期是纸币（支票、债券、代金券等）、虚拟符号时期是虚拟货币（电子货币等）。从生命的诞生到多细胞生物出现，这个过程大约耗时30亿年。从古猿到人类的时间则有数百万年。而人类创造现代文明只用了数百年。人类发展历程显然非匀速，而是加速度，且越来越快，其因在于符号。

1. 天地混沌：前符号时期

人类在前符号阶段对应于类人猿、前原始人时期，没有语言而只能"近取其身"（具身传递信号，如蚂蚁、蜜蜂），"远取诸物"（树枝摆放、结绳记事、以物易物等），几乎处于蒙昧状态，符号化水平低，意义世界贫乏。结绳记事是言语的先声，是能够最低限度跨时空跨地域传播与表达的重复再现手段。人类在没有发明系统语言符号之前，结绳记事成了那个时代普遍使用的一种记载事务的前符号。

2. 妙笔生花：语言符号的辉煌

随着生物进化、智力提升，生产劳动水平日益提高，终于在30万年前出现语言符号，人猿揖别，意义世界开始丰富。语言是第一个系统的符号，符号是表达意义的，没有意义不借助符号来表达。符号学即意义学（福柯）。语言符号分为声音符号和图文符号。最初的声音语言符号可能源于哭、喊、吼、叫等，经过长期的精致化便形成口语的雏形。同时，猿人、原始人逐渐使用相应的图文符号对应于口语符号。从原始记事方式到出现图文符号经历曲折而漫长，历经实物记事、岩画壁画符号、石刻符号、陶刻符号、象形文字、表音文字等多种符号形式，且世界各地的原始部落发展并不同步，其中从原始图画符号发展到文字符号，又需要数百年到千年不等。如考古发现，中东两河流域苏美尔人在6000年前使用的楔形文字符号，黄河流域贾湖甲骨所刻符号距今8000年以上，宁夏中卫大麦地发现的岩壁符号距今1万年。

可谓天不生语言符号则万古如长夜！恩格斯认为："经过多少万年的努力，手脚的分化，直立行走，最后终于确定下来，于是人猿分殊，奠定分音节语言的发展和人脑巨大发展的基础，这种发展使人和猿之间的鸿沟从此不可逾越了。"[①] 恰如卡西尔所言"人是会使用符的动物。"语言符号遂成为数千年来文化之载体、意义之文本，也成为哲学中的重大课题。欧陆语言符号学家索绪

---

① 马克思恩格斯文集（第9卷）[M]. 北京：人民出版社，2009：421.

尔、卡西尔、胡塞尔与英美符号学家皮尔士、弗雷格、维特根斯坦等人都对语言符号问题格外关注，并在三大论题上展现出视野融合：语言的界限、语言的理解和解释、语言的意义和意向性。语言符号不仅是符号演化史的第二阶段，同时也是其后各个演化阶段的符号基础和意义背景。

在古希腊，哲人们都认识到语言符号的重要性，并在政治斗争和公民生活中有意识地培养语言符号运用之法。雅典民主生活实际上以公共空间的语言符号运作活动为基础，辩论是其集中表现，芝诺、普罗塔哥拉、柏拉图、苏格拉底等都是"论辩法"高手。官员的擢升或罢免都需以论辩为面子工程，如同当今西方的律师、陪审团、总统竞选，处处充满话语操纵和语言斗争。古希腊、罗马教育经验的集大成者昆体良的教育理论和实践都以培养语言运用高手为宗旨，《论演说家的教育》① 论证了雄辩家的教育须经家庭教育、初级学校：培养雄辩家要从咿呀学语开始，经过初露头角的雄辩家所必需的各个阶段的教育，一直到雄辩术的顶峰。昆体良认为，家庭教育中成人应该准确适用语言符号以做表率；初级学校应规范系统语言符号，儿童主要学习阅读和书写（符号摄入），并鼓励在公众面前发表演讲（符号输出）。中国古代蒙学、小学、日常生活方方面面，都非常重视语言符号学习，如通过临摹抄写、朗读背诵、字谜游戏、绕口令、曲艺评弹、诗词歌赋等。当代分析哲学家江怡认为中国文字诠释学以"字本位"为特征，其意义解释需借助解释主体介入原则和解释文本独立原则。根据伽达默尔的哲学诠释学，文字诠释应当以思想阐释为前提，而文学阐释则应以哲学阐释为根据。诠释与阐释都是通向真理的不同道路。

语言符号一旦跑偏，便通过人为操弄符号而远离"厚正当"（真理、伦理、法理），中外概莫能外。如公孙龙之"白马非马"、庄子之"子非鱼焉知鱼之乐"等机巧之辩，看似玩文字游戏，实则操弄语言符号。在话语符号实践上，操弄手法多多：含糊其词、偷换概念、虚假论据、循环论证、以人为据、污名诡辩、诉诸权威、机械类比、以偏概全等。黑格尔批判"诡辩"一般意味着以任意方式，凭借虚假根据，要么动摇真理，要么以假乱真。诡辩论有意颠倒是非、混淆黑白的特点。孔子《周易·文言传》主张"修辞立其诚"。词是一般语言符号，而辞则是特定符境中基于特定符码而编制之词，如巫史之卜辞、作

---

① 昆体良. 昆体良教育论著选 ［M］. 任钟印，译. 北京：人民教育出版社，2001：298.

辞、正辞、外交辞令等。孔子倡导修辞者慎言、谨言、敬言，对语言符号怀敬畏之情，中道而行，采用最恰当方式予以表达。相似论点在西方分析语言符号学家维特根斯坦亦有表述："凡可以说的，都应该说清楚；凡不能说的，则应保持沉默。"

波斯纳在《公共知识分子》中总结亚里士多德对修辞的定义："修辞是指针对难以用逻辑、数学、控制实验或其他精确推理方式予以解决的问题，使人们信服问题一方或另一方的一整套语言策略。"语言符号的隐喻修辞若过渡使用，则事情被云山雾罩，遮蔽真相本身，使我们的语言世界和现实世界彻底分离，社会处处弥漫着虚假的气息。钱锺书曾说，观文章固未能灼见作者平生为人行事之"真"，却颇足征其可为、愿为何如人，与夫其自负为及欲人视己为何如人。"文过饰非""修辞立其诚"乃是语言符号的文本常态，可谓"心画心声总失真，文章宁复见为人"（元好问）。文章不易"见为人"，太史公"史家之绝唱，无韵之离骚"弥足珍贵，毕竟耗费 16 年肉体与精神的巨大苦痛而熬成。史家、文学家都是语言符号的编排高手，但文过饰非、修辞立其伪者何止了了。假如整个社会都活在友谊、爱、同情、忠诚、信任这些语言符号构筑的隐喻系统中，而与此对应的真实事件阙如，则如何安放人的真实血肉之躯？

万物皆有法度，过犹不及，若符号偏离正道便是"符号的异化"，如诡辩、话语操纵等都是语言符号异化的表征。古希腊智者派代表普罗塔哥拉（前481—前411）深谙此理，他是文字战方面的能手，忽视词义而追求华丽辞藻；只求论辩胜利，而不管谁的观点更接近真相真知。这种单单钟情于符形、符用，而放逐符码、符境、符义实为符号异化埋下祸根。随着网络和移动终端普及，语言符号借助大众传媒越来越出离实情和真相，乃至于描述此种乱象的符号"后真相"（post truth）于 2016 年被《牛津词典》所收录。"后真相"（情感、信念比客观事实更能影响舆论）时代的话语日益扑朔迷离，事实往往被掩盖，真相被扭曲，语言符号既有的编码解码机制面临新的挑战。马克思在他对于生产的唯物主义分析中，几乎将生产力、剩余价值等描述为经济现象背后的密码或真相，在大众传媒时代的鲍德里亚却对其批判，认为"其中语言、符号和交流通常都被排除在外了"。[1]教育领域对语言符号的重视本没有错，但是社会发展到更高形态后，若再固守，则为阻滞。曾经在第一次教育浪潮后，中国以背

---

① 王荣. 鲍德里亚符号拜物教的存在论阐释 [J]. 天津社会科学, 2018 (3)：75-79.

诵、抄写四书五经为要，科举取士也主要以饱读经典、书法上乘、语言贴切为指标。

3. 语言转向：科学符号席卷全球

语言符号系统发展盛极而衰，转而寻求数理科学作为拯救表义系统的灵丹妙药。从发生学来看，人类为了觉解世界，为了对经验进行归纳整合，故而不得不从日常语言发展到科学语言——逻辑和数学的语言、自然科学的语言。但科学语言与日常语言截然不同。科学语言固然仍然运用符号，可其符号构成方式迥然。语言转向于科学符号直接源自强编码的数理逻辑日益昌明且"有用"——近代科技革命的基础，广泛应用于认识世界和改造世界的科学实践。科学符号尽管井喷于文艺复兴、启蒙运动之后，但其渊薮则肇始于古希腊时期甚至更早。远古时期人们对天文、算数、几何都有所涉猎，柏拉图、毕达哥拉斯、阿基米德、攸多克索、欧几里得等都在哲学高度钻研数理逻辑的科学符号。只不过那时仅仅当作业余爱好或奇技淫巧，且缺少科学论证或距离真知真相较远。亚里士多德认为"修辞是指针对不可能以逻辑、数学、控制实验或其他精确推理的方式予以解决的问题，说服人们认可问题一方或另一方的一整套策略"。换言之，若放弃语言符号的修辞手法，则需要采取"逻辑、数学、控制实验或其他精确推理的方式"[①]——而这正是科学符号之源。

人类对语言运用日益出神入化，但却一直难以消解语言符号能指与所指真知之间的矛盾，对形而上学更是力不从心。正如马克思说："物的名称对于物的本性来说完全是外在的。即使我知道一个人的名字叫雅各，我对他还是一点不了解。"[②] 指称是语言的特性之一，也是语言符号性的表现，名称跟被指称的物体之间没有天然的联系。语言作为符号都是具有指称性的，指称性决定了语词的区别。词与词之间之所以含义不同，因为它指向不同，没有这种指称性，就没有语言。诸多哲学家、符号学家认识到语言符号的局限性和种种符号异化、误识现象，于是转而另寻他路。分析哲学家成为急先锋，他们大多精通数理逻辑，尝试用科学主义规制表义系统，即力图在语言符号、意义和实在之间达到统一。

---

① 波斯纳. 公共知识分子——衰落之研究 [M]. 徐昕，译. 北京：中国政法大学出版社，2002：57.

② 马克思恩格斯文集（第5卷）[M]. 北京：人民出版社，2009：121-122.

早在 17 世纪，莱布尼茨等大家便对普通语言符号开始厌倦，对代数运算规则化、符号化情有独钟，思索数理逻辑可否引入既有符号系统，从而使思维和意义的获得变得明晰、便捷、严谨？"德不孤必有邻"，尝试从数理逻辑推进符号者众，如牛顿、罗素、弗雷格、维特根斯坦、布尔等，以微积分为代表的一系列符号如爆米花般涌现。牛顿是基于数理逻辑的科学符号的开拓者，1687 年出版的《自然哲学的数学原理》成为科学符号时代的标志，书中阐述了三大运动定律、万有引力定律、分析测定空气中音速的方法。弗雷格是科学符号时代的中流砥柱，大大推进了数理逻辑学，主要著作有《概念演算——一种按算术语言构成的思维符号语言》（1879）、《算术的基础——对数概念的逻辑数学研究》（1884）、《算术的基本规律》（1 卷 1893，2 卷 1903），论文有《函项和概念》（1891）、《论概念和对象》（1892）、《论意义和指称》（1892）。显然，这些成果在哲学、符号学、数学三个领域间勾连纵横、意旨深远，从而科学符号席卷全球。

科学符号成为表征意义世界的最得力工具，也是人类认识和解构物质世界的密钥。人类有了这把钥匙，可上九天揽月，可下五洋捉鳖。科学符号所到之处，玄学神学下架，形而上学靠边，"学好数理化，走遍天下都不怕"。但过渡张扬的科学符号也给教育带来隐忧，如：数字指标、应试教育、绩效考核、数据实证、忽视人文等，后文再做详述。

4. 万径人踪灭：虚拟符号的未来

随着科学符号向纵深演化，首先对人的身体、心理、灵魂进行解构和重塑。身体的细胞、分子、原子、质子、电子、DNA 等可以无限解码；心理的 IQ，EQ，AQ，MQ，以及知情意行诸方面可以有限度在眼动仪（追踪眼动轨迹、注意力、压力的评估）、生理仪（测量呼吸、呼吸率、皮温、皮电、脑电等）、闪光融合器、棒框调节器、复合器、深度知觉仪、测听器、触觉仪、核磁共振等实证仪器控制下以科学符号显现；最新的量子纠缠、心灵感应、脑机融合、生物芯片、异度空间、基因修复、脑神经元操控等已经向所谓的"造世""造人""灵魂"逼近。虚拟现实技术加之人工智能、大数据、区块链等科技突飞猛进，使人类跨过图像时代、信息时代，进入数字时代、智能时代，并最终迈入虚拟符号时代。由于相关科技瓶颈的突破和应用领域的全面开花，故 IT 界称 2016 年为虚拟现实元年。科学符号的极致造就这个虚拟时代最响亮的符号是 AI & VR（人工智能与虚拟现实），并形塑人类认知世界的方式。五官六感是人与世界碰触的基本方式，从而产生多模态的符号与意义。但在前符号、语言符号、科学符号三个时期，人类多模态潜能并未充分发掘，只有到了以人工智能与虚拟现实为表征的真正多媒体时代，人的多模态符号能力才得以完全释放。

这个以虚拟现实元年 2016 年为起点的阶段便是符号演化史的第四阶段，名曰虚拟符号。虚拟符号萌芽最早可追溯至人类初始意象，如对宗教图腾、神仙鬼怪等的虚构想象，在语言符号时期已经形成异想天开的神话故事如女娲造人、后羿射日、诺亚方舟等，每个民族都有其想象符号。这种虚构的心理共性或许源于康德所言人类感觉的先天形式——时间与空间。目前人类所感知并建构的虚拟符号表征方式直接源于 1679 年莱布尼兹创制的二进制，以其为符码的电脑为人脑插上飞翔的翅膀，可以遨游于虚拟世界。

虚拟符号虽然不排斥此前已经出现的图、表、画、像，但更主要是基于虚拟现实技术的拟真、仿真和超真符号。虚拟现实技术是符号学与计算机图形学、传感技术、人机接口技术、网络技术、多媒体技术等前沿交叉学科和研究领域，它主要包括感知（五官六感多模态符号）、模拟环境（计算机生成的实时动态三维立体逼真图像）、自然技能（人工智能对身体动作实时响应）和传感设备（三维交互设备）等。儿童通过虚拟符号认识世界具有超越语言和文字的多种可能性，作为"虚拟符号原住民"新生代，"读图"仿佛是其本能。虚拟符号较之物质的或语言符的审美化含义更加深刻，在符号化道路上跑得更远。或许未来它将对所谓"现实""真实""真相"形成反转与倒置，对于"虚拟符号原住民"而言，生于斯长于斯的虚拟世界难道不是真实的吗？而对化外之域的前符号世界、语言符号世界、科学符号世界所编织的真实世界，难道不会是幻象吗？物质世界实在性依赖于人的感知活动，感知框架的变换，就是整个对象世界的变换。翟振明通过思想实验总结的三条反射对等律验证了虚拟实在与自然实在的对等关系。

中国计算机学会及其虚拟现实与可视化技术专业委员会、中国图像图形学学会及其虚拟现实专业委员会、中国仿真学会及其虚拟现实技术应用专委会早在 2001 年联合创办中国虚拟现实大会（China VR），并于 2018 年 10 月 23 日在青岛召开第十八届中国虚拟现实大会暨第八届国际虚拟现实与可视化会议。自 2011 年开始，China VR 联合世界顶尖的国际电气和电子工程师协会（IEEE），创办了国际虚拟现实与可视化会议（ICVRV），迄今已举行了18届。中国政府高度重视人工智能与虚拟现实的发展，2015年设置了虚拟现实相关的国家级科技奖励（三维图形平台、光场成像等）、初步形成高端人才培养机制（VR学院、VR学堂等）。曾经在语言符号和科学符号阶段，中国落伍了，而这次虚拟符号阶段，战斗才刚刚开始。

（三）基于符号演化的教育历程

教育学与符号学的联姻注定会产生奇妙效果，至少多一种研究视角。符号化与教化本质上是一件事情，所以符号学者时时反思其符号研究工作如何更好促进人的意义生活和教化功能，而教育工作者则汲取符号学原理和应用技术，使教育内容得到更好传播，使教育过程更有意义。人之一生既是符号化之旅，也是终身不断重塑经验结构的反思过程。基于符号演化（前符号、语言符号、科学符号、虚拟符号）的历史进路，教育历程也可据此分为4个阶段。按照符号学鼻祖索绪尔符号二元化理论（能指—所指），各个阶段的教育能指与所指之间逻辑距离也同步演进。

1. 前符号时期：教育能指-所指逻辑距离为"0"

若从符号演化史（前符号—语言符号—科学符号—虚拟符号）而言，符号化发生在符号纵向演化中的每一个横切面。一般而言，符号的演化程度越高，则其符号化水平也越高。人的奥妙在于：作为整群的人类，已经历时性地从前符号阶段走到目前的虚拟符号阶段，反映出人类的高阶进化程度；作为个体的人，则必须重新来过，也即从婴儿到终老，也如人类进化一样，重新按照符号演化史度过人生。个别特例如跳跃式发展的神童，亦有返祖现象的语障等，退化到过去的符号水平。在前符号时期，教育世界的能指与所指之间逻辑距离为"0"，即能指（教育教学）与所指（生产生活）不分，也即小猿人在狩猎捕鱼的野蛮生存斗争中模仿学习。"庖丁解牛"在本阶段的教育意象：荒野里一群野蛮人狂呼着用石块将野牛砸倒在地，老少齐动手，试探如何快点破开牛皮扯出肉块以果腹。

2. 语言符号时期：教育能指—所指逻辑距离为"01"

30万年前语言符号系统的出现，预示第一次教育浪潮席卷人类社会，彼时以玄学和形而上学为符码主宰的知识成为教育的首要目标，大量运用语言符号进行规训，但是受到低级符形雕琢书写限制而未得普及，知识被酋长、巫师、长老、宫廷、教会所主宰，符号文本集中体现在图腾、祭祀、礼乐、官史、典籍之中。当低级符形从像似符（楔形文字、方块字等）进化到高级抽象符形（如规约符的字母文字），则越高级抽象的符号，其意义世界的开放性、创造性、包容性更强。在语言符号时期的教育世界，能指（教育教学）与所指（生产生活）开始分离，也即小孩子可以在牛棚羊圈猪笼里由专人教导，师生的教育实践开始脱离生产生活。《孟子·滕文公上》言："夏曰校，殷曰序，周曰庠。"立太学以教于国，设庠序以化于邑（董仲舒），"学子愤慨于庠序，商贾喧噪于廛市"（李大钊）。"庖丁解牛"在本阶段的教育意象是：牛棚里一位经验丰富的老人先敬天地拜鬼神，然后用金属刀刃程序完整地杀牛、剥皮、分解，旁边围着青壮汉子观摩学习。

学校是因语言符号而生，有了语言符号，师生才能传情达意，作为教与学的符号互动才得以可能。语言符号在微观的教育内容里表现为字、词、句、篇等；在中观的教育活动里表现为符号互动、角色扮演、话语表达、听说读写等；在宏观的教育思想里表现为显现、文本、意义、精神、文化、真善美等。在以语言符号为表征的人类教育阶段，识文断字是最重要的符号运作能力，学校是以文字为核心的符号习得场所，以"识字率"为教育普及情况的判定标准。在学习内容上，听说读写、遣词造句、誊抄经典皆以语言文字的掌握为本。语言符号主导的教材、教学大纲和班级授课制，都围绕语言符号而展开。讲授法、抄写笔记、死记硬背、填鸭式都是那个时代重要的教法和学法，目的是把人类的语言文字符号植入新生代认知经验。

人类教育因有语言符号而振翅高飞。在以语言符号为标志的教育阶段，夸美纽斯 1632 年在《大教学论》里总结了以教师话语为中心的班级授课制：异化的教师权威、异化的师生交往关系和知识本位的价值取向。而弱势话语蕴涵的真理（科学符号为表征）迟早会为世人认同，获得持久的生命力，因而更具强势。赫尔巴特 1806 年在《普通教育学》中提出了传统教育的三个中心（教师、教材、课堂），确立了教师和知识的强势地位，课堂是以师生授受话语为知识传递形式。那个时代由于传播途径有限，教师便是符号拥有者，更以静态符号（知识、教材）和动态符号（经验、话语）从事符号化实践。而知识、教材、经验、话语都是语言符号的不同表象。赫尔巴特及其《普通教育学》虽然是传统教育的代表，但却也为后来预示第二次教育浪潮的科学符号埋下伏笔，因为他主张在心理学基础上建立科学的教育方法论。

我们中小学有很多老师乐于严格检查学生课堂笔记——也即符号文本的复制是否记录得好，虽然很好地保证了符形的高保真，却形塑着思维固化的心灵，因为符义、符码、符用层面更为重要却难以考察。更有一些老师会以"别再问这样没价值的问题，这就是最佳答案，你记住就行"应对那些打破砂锅问到底的"牛角尖学生"。《大学》有言："所谓诚其意者，毋自欺也。如恶恶臭，如好好色，此之谓自谦。"孟子、王阳明均认为"恶臭、好色"乃本心先验的知识，而"恶恶臭，好好色"则属后天经验知识。在具体的知识与意义活动中，很难严格区分先验与经验，对于尚无经验累积的婴幼儿，先验统觉形成共现是其主要获义方式，而对于经验丰富的成人，先验统觉也是获义的基础。教—学内容作为符号文本，既有赖于外在客观物质经验世界的性状，又依赖于内在主观精神之先验心智结构，教育者、学习者、教—学内容三者间是一种符号的互动，期间既有主体间的角色扮演，也有主客间意义之涌动。

3. 科学符号时期：教育能指—所指逻辑距离为"02"

1687 年牛顿《自然哲学的数学原理》以降，科学符号大行其道，近 400 年来就是科学化的时代，带来第二次教育浪潮。这个时代以所谓科学、理性、精确、实证为圭臬，实用主义主宰的能力成为教育的首要目标。"庖丁解牛"在本阶段教育意象：生物实验室里生物老师戴着厚厚的眼镜，表情严肃地用教鞭指着牛标本，用科学术语对学生讲解牛的器官、组织、功能、细胞、大分子。因为能指与所指逻辑距离遥远，鲜活的"牛"已经从教育符域中逃逸，教育远离生活本身。

以数理化符形为代表的科学符号已被西方既立符码、厘定标准，并渗入全球各种语言符号体系中，尽管各个国家和民族语言符号各不相同，但却在数理化领域的研究、教育、科技方面都能运用相同的符号体系。一方面符用便捷、符义通约，另一方面则对现有多元的意义世界造成束缚，因为它的既有符码已经对全球各族的知识发展形成路径依赖。从 16 世纪的数学运算符形（+−×÷）到 19 世纪化学元素周期表的符号表征、从 1686 年莱布尼兹微积分符号 $\int$ 到 1734 年欧拉函数符号 F（x）、从 1687 年牛顿的力学符码体系到 1915 年爱因斯坦的量子时空符码体系，无不以西方字母符形为文本。1896 年诺贝尔去世开启诺贝尔奖作为人类科技创新的符号，而同年，代表中国科技教育水平的高等教育学府交通大学在上海方才成立。1905 年废科举而兴西学，是对中国传统教育符号的一次历史性转圜，虽然没有取得所期待的效果，但对中国教育意义重大，从符形、符码到符用都极大推进了中国的教与学，实质是发轫于第一次教育浪潮的语言符号体系在全球视野中向源于第二次教育浪潮（1687—）的科学符号的迈进。新文化运动向封闭式符形文言文、繁体字开战，呼唤德先生、赛先生其情可悯。然而积弊甚久，中国明清统治者牢牢把控政治符码，进而钳制思想，大兴文字狱，围堵创新和开放。

就符号演化史而言，西方新文化运动（文艺复兴、宗教改革、启蒙运动）和中国新文化运动（宪政改革、辛亥革命、五四运动、白话文运动）都是在语言符号相当成熟而精致化后，向科学符号范式的跃迁之变。从索绪尔结构主义符号观而言，在能指与所指之间，那些由专制、特权、教廷等所强制独裁垄断而形成的刚性关联需要被摧毁，那些刚性关联包括对宗教教义的强码解释，对世俗教育的干涉，对创新思想的钳制，对图书教材讲义的审定等。当然也有些柔性关联进一步松动，如：学校能指与社会所指、教学内容之能指与生活实践之所指、精神封闭固化之能指与思想开放多元之所指。从皮尔士解构主义符号观而言，在再现体与对象之间，有一个开放的可以无穷衍义的解释项。解释项的意义开放性正好契合于新兴市民阶层对自由、开放、民主、平等、博爱、多元的价值诉求，所以新的意义阐释方式甫一面世便如春风拂面，整个欧洲十里桃花，与工业革命协同共振，对旧的符号系统摧枯拉朽。与拼义象形字相比，拼音字母符形具有一定优越性，如传播符号学家麦克卢汉 1964 年著作《论人的延伸》说："唯有拼音文字，才具有分离和切割感官的力量，才具有蜕尽语意复杂性的力量。"凭借规约性更强、抽象性更高的字母符形之优势，欧美挟科学符号以令天下，高歌猛进 400 年，如今其科学创新仍领先世界。

科学符号解构了世界。由于多次工业革命和科技发明使得符用强势，民生便利无比，传统符形也在圆珠笔、造纸术、印刷术、照相机、摄影机等带动下如虎添翼，以符号文本承载的知识唾手可得。尽管科学符号有力推动了符形的平民化分布，但由于科学符码与传统符形和民生符用之间多有抵牾，社会震荡在所难免。新旧时代之争，看似宗教、文明、制度之更替，实为符号演化的不同阶段之嬗变。嬗变是一个新的意义世界日积月累、逐渐打开的过程，不仅仅有纯粹的文字符号斗争（焚书坑儒、文字狱、宗教裁判所），还伴随着政治和宗教的血雨腥风。如：黑暗时代（前 11 世纪—前 9 世纪）、中世纪（5 世纪—

15 世纪）都有一个强有力的政权来统治，封建割据带来频繁争战，天主教对人民思想禁锢，造成科技和生产力发展停滞，人民生活在毫无希望的痛苦中。后世的历史符号文本常常用"宗教话语置于个人经验和理性活动之上""无知和迷信的时代"描绘那个世道。当旧的符码在新的符境中不堪运作，或旧的符形不堪忍受宰制，或新的意义社群不满意于既有符义，又或新符用天下苍生望不休，则势必变革。文艺复兴、宗教改革、启蒙运动都是对第一次教育浪潮后符号形态的重新洗牌，也是第二次教育浪潮来临前渐变的预演，其核心思想是对理性和科学符号的崇拜。这些意义斗争通过艺术符号、文学符号、自然科学符号、经济学符号、教育符号等批判宗教愚昧、贵族特权和封建专制，宣传了自由、民主和平等的思想，也为平民教育、自由教育、科学教育、实验主义教育、实证主义教育、行为主义教育、认知心理学教育、实用主义教育做了思想准备和舆论宣传。

4. 虚拟符号时期：教育能指—所指逻辑距离回归为"00"

2016 年是虚拟现实元年，也是第三次教育浪潮的起点，虚拟符号在人工智能和虚拟现实裹挟下汹涌澎湃，教育目标在前两次浪潮中的"知识""能力"基础上更进一步，直接跃迁入"意义"。固然，知识、能力本也属意义世界，但意义世界也是非均质化的（借用赵毅衡的概念：背景区、衬托区、焦点区），若知识在意义世界的背景区、能力处意义世界的衬托区，则第三次教育浪潮的意义应居于意义世界焦点区。如此，语言符号—科学符号—虚拟符号不仅仅是人类进化史的指标，也是教育符号世界的意义演化史。虚拟符号世界，既往实在论坍塌，虚拟现实以假乱真，真实与幻境无缝对接，历史的钟摆回归到前符号时期，教育能指与所指逻辑距离回归为"00"。"庖丁解牛"在本阶段教育意象：学生们先对牛弹琴，接着演绎牛郎织女，突然牛气冲天，一头大牛从天而降，大家如同孙悟空在空中对决牛魔王，上下翻飞大战 300 回合终于降服蒙牛，点穴止痛开心解剖。牛则笑嘻嘻道：来！先从我头开始剥皮，刀尖稍斜向下用力，然后剖开肚子……大家在数码刀自动导引下挥洒自如、游刃有余。终将庄子的传说化为现实。

作为受教于语言符号和科学符号二维世界的父辈，自然对"虚拟符号原住民"的三维世界充满忧虑，但也应该庆幸可以目睹两个时代不同的符号世界。虚拟现实技术使得图像符号非常便捷地从二维升级到三维，也使艰涩抽象的知识可以便利转化为简易具体的符号表征。郑新蓉、张越、蓝川等通过田野研究发现，儿童最早接触、最熟悉的符号系统——图像符号强有力地建构了儿童的意义系统。在全球化时代，共享的图像符号也会造成意义的分化。相对于传统语言符号"字词句"，图像符号更具有开放性，可以开阔学生的表达和想象，在文字教育已经"应试化"以后。西部边远山村的孩子们面对西洋图像和绘本，可自信地将陌生的图像信息链接到自己的生活经验，改造和创造新图像符号表达。而他们面对语言符号为表征的课堂和文字教材，则备感沮丧，明显感受到第二次教育浪潮中语言符号和科学符号为表征的文字教育"确定性"和"标准化"的压力。

目前，国内外都有基于人工智能与虚拟现实的"全息学堂""全息学校"面世，它可将虚拟现实应用于教与学，充分展现不需要传统教师的学习情境。美国率先在佛罗里达大学教师教育领域使用混合现实教学实训系统（TeachlivE），此外还开发出虚拟学校（Sim-shool）、第二人生（Second Life）等。虚拟学习环境已经超越初期的虚拟现实桌面、混合现实、沉浸式3D、人机交互式虚拟现实，未来在人工智能和物联网、大数据、区块链等辅助下必将实现无人境况。这是对以往语言符号时期以教师为中心、科学符号时期以学生为中心的翻转。这种全息教室打破以往固定的学校和教室空间限制，代之以集多终端、云平台、人工智能于一体的虚拟学习情境，它将抽象的概念情境化、实操化、可视化，为学习者提供全程的高度浸入性、融合性学习方案。从课程知识内容细节到扩展阅读与演练的实用工具链，从个性学业状况诊断到同龄人学习进展大数据，从陈述性知识编码到程序性知识实践，都可以尽力做到对症下药、因材施教。基于虚拟符号的教育不仅体现三无（无时无界无人），而且高效、节能、安全——人类进化、胚胎演化、天体变化都可以逼真显示其像似符，对于高污染、高危险和成本高的教学实验将不再受限。

（四）基于符号学的符号教育学

从上文可以发现，符号教育化和教育符号化共同演进，并促成"符号+教育"和"符号学+教育学"的交叉融合。美国学者莱姆克（1984）坎宁汉（1987）是二者交叉研究的鼻祖，澳洲学者赛默斯基（2014）是开创"符号教育学"的奠基人；国内学者程然（2012）和崔岐恩（2009）分别尝试开拓"教育符号学"和"符号教育学"。董奇、马兰、周永迪、沈定刚、白学军、左西年、周加仙等从脑科学切入认知与学习的神经元符号模式；何克抗、桑新民、杨改学、祝智庭、李克东、黄荣怀、余胜泉、金义富、汪琼等从教育技术方面优化虚拟符号的教与学界面；赵沁平，汪成为、赵军平、王昌凌、潘志庚、克雷蒂安、王兆其、孙汉旭等从虚拟现实技术层面刻画虚拟符号；丘吉、浣军、张潼、熊辉、郭雷、黄琰、孙敬玺等从人工智能和大数据方面探索虚拟符号的运作机制；赵毅衡、翟振明、邬焜、陈晓平等从哲学高度论证虚拟符号的意义世界。目前，国内外诸多学者从不同学科背景出发不约而同地在向这片公共沃土掘进。

1. 符号学+教育学：符号教育学的萌芽

作为交叉学科的符号教育学，是运用符号学理论资源描述教育现象、解决教育问题的理论流派。印第安纳大学教育学教授坎宁汉 20 世纪 80 年代给博士生开设课程《符号学与教育学》，大声呼吁教育学与符号学应该携手共建，并雄心勃勃提出"符号学与教育学的联姻将成就一种新范式"。他邀请知名符号学者参与课程讲座，如普渡大学哲学教授豪瑟也曾受邀阐释皮尔士符号学思想在教育教学中应用的可能性，引起博士生们极大兴趣。坎宁汉还在麦坎奈尔鼓舞下组织一批教育学者和符号学者撰写数篇关于符号学应用于教学与课程领域的论文，并以特刊形式发表于《美国符号学刊》。

当时美国学界的确掀起了一股"符号学+教育学"的旋风，一时高论迭出、成果斐然，如：宾夕法尼亚州立大学教育学教授迪尔尼通过追踪一所文科学院历史而展示组织结构，而非管理学中所谓理性、客观等所构建的理论框架如何影响个体符号化；纽约城市大学教育学教授莱姆克 1984 年推出专著《符号学与教育学》，基于社会符号学视角探讨教室中的符号意义生成过程；高中教师托马斯一直尝试符号学在中学课程中的整合作用；圣梅英拉德学院心理学教授尚克解析了皮尔士三元推理模式（溯因、演绎、归纳）对教育探究的基础性作用；印第安纳大学博士生诺西基于乌克斯库尔和艾柯的符号学理论探讨认知概念将会改变学习者的观念，他认为从符号化视角来看，教育行为不只是改变行为或修正信息处理策略的过程，更多是培养符号化过程的可持续发展。

尽管有不少关于"教育学+符号学"的学术文章发表，但符号学与教育学联姻一直面临挑战，两个领域的从业者鲜有尝试。符号学者高高在上，以理论家自居，表现出另类的谦逊"我对教育学不懂啊，难以跨学科融合"；教育工作者则闷闷不乐，以实践者倨傲，常常反诘"符号学太高深了，您就直接告诉我怎么教学和管理学生吧"！事实上，教育理论已经汗牛充栋，内生理论固然寥寥无几，但是从来不乏借鉴、启示、迁移，但凡哲学、心理学、管理学、社会学领域出现新理论，立马在教育领域涌现大量跟风者，涌现无穷的组合式创新理论。这也是教育学的独立性难以彰显的痛点，如：知识教学上有认识论和教育心理学，班级管理上有管理学和组织行为学，学生发展上有发展心理学和社会学，而教育原理上则只需在教育学之前加个任意前缀便是"某某教育学"，此前缀可以从哲学中信手拈来，如现象学、存在主义、永恒主义、批判主义、结构主义、解构主义、实用主义、科学主义、人文主义等。

莱姆克、坎宁汉、迪尔尼、托马斯等20世纪80年代在美国所面临的教育问题，今日中国依然如故。那时美国学生若没有学好，教师的方案一般取自传统，如：教一遍不行则教三遍、或增加在校时间、或回顾基础知识、或布置更多家庭作业、或换个更好的老师，等。这些方法看似很有针对性，可以快速提高学生对知识的掌握。尤其随着埃森克、皮亚杰、布鲁姆、华生等认知心理学和行为主义心理学的研究成果在教育领域的普及，教学效果似乎立竿见影。然而，教育不应该被窄化为提高成绩，更不应该是教师传递知识给学生这么形而下的行为。若极目寰宇、纵览人生，则不得不省思韩愈所谓"师者传道授业解惑也"，这一切只是在传统社会和传统教育学范式下的精致化、高效化而已。"道""业""惑"以及知识的本性是否应该被反思？石中英《知识转型与教育改革》正是对此的深入探究，四种知识型在历史语境中不断演化，从来没有一成不变的所谓知识等着老师传递给学生。然而此前的传统教育主流一直基于这样的假设：固定的知识体系代表着真理，应该严谨地传递给学习者。课程也是由多个要素构成，如学习内容、知识筛选、知识体系等，内容包含知识与技能、过程与方法以及情感、态度、价值观。中国的四书五经、西方的七艺等都是教育体系中确凿的知识，包含着礼法、原则、概念、价值、态度等，实际上夹带着强势的意识形态，而真相却被云遮雾罩。这些基本假定其实把知识与人、教者与学者置于二元对立境地。

2. 追寻意义：符号教育学的内在基因

为了改变以上弊端，则作为"意义之学的符号学"（福柯）必当有所担当，符号学是沟通人与社会、人与知识的理论资源，"符号学是人文社会科学的公分母"（李幼蒸）。符号学大厦建基于"符号"，而符号就是"被认为携带着意义的感知"（赵毅衡）。当然，早期符号学家认为符号就是"一物代一物"，美国符号学家迪利等认为符号精髓乃"代表、象征"（stand for），如：教鞭代表教师权威和对学生的规训与教化，课前起立代表对老师的尊重和教学活动的启动，classroom 代表教室（传统教育观）或代表学室（现代教育观），学校围墙代表教学场域与社会情境的意义区隔。可事实上，符号并不是全然代替对象，而仅仅是部分品质的取代，也即运用某个部分品相代表所指的整体或意指的全部系统。若进一步解剖符号，则可细分为符形、符义、符码、符用、符境。所谓符号的替代，实质是基于特定符码，运用符形在特定符境生成特定符义，而符号运作的功能便是符用。故此，"意义生成"激动人心，学习、教学、教化、教育不正是生成意义吗？可不就是符号化吗？

　　整个教育世界实际就是符号的意义世界。教育符号弥漫于社会环境、家庭场域、学校情境，即便只是狭义的将教育理解为学校正规教育，则也通过符号勾连起学校物理世界（建筑、植物、设备、桌椅、教具、书本等）与意义世界（校风、学风、精神、价值、理性、追求等）。符号式思维模式有助于我们克服非此即彼的二元对立观，如物质世界与精神世界、此岸与彼岸、理性与感性、现实与理想、生命体与非生命体、话语与行动、自然与经验。教育内容是经过筛选和编码的符号文本，学习内容是被择取和解码的符号文本，二者虽然往往同时在场即符境相同，但其符形、符义、符码、符用未必重合，故此出现一些误识和怪相，如"没有学不会的学生，只有不会教的老师""对牛弹琴""得天下英才而教育之""要教给学生一杯水，则教师须有一桶水""误打误撞""第十名现象""皮格马利翁效应"。

　　事实上，教—学内容从符号制作、传播到接受，一方面有信息衰减，另一方面有参与者的增效和扭曲，所谓的好学生、听话的孩子往往遵从了符号发送者的意旨，其择取和解码与发送者的筛选和编码具有更大同质性。教—学内容作为符号系统，从教育部、教材编委会到书本、课堂话语再现，至师生解读、学生个体领悟，发生着一系列意义之流，那么到底以哪个节点的意义为标准呢？赵毅衡提出"社群意义"颇有启发性，但是若进一步分解到教—学的意义之流中，则有待细化。为了分析便利，可将国家政府的规定、意识形态的要求、教材编写者的期待合并为符号系统的原本意义（简称原义），将教材文本的意义称为本义，将师生阐释、解读的意义称为释义。也即教育教学的符号运动中发生的意义之流一分为三：原义—本义—释义。通俗意义上说的"意义生成"其实在三个阶段都有闪现，意义活动不是主体与世界之间可有可无的中间环节，而是主体与世界相爱相杀中的存在方式。既然意义之流涌起三朵浪花，哪朵才代表真值真知真相呢？阐释学、符号学对此众说纷纭，如：胡塞尔、赫什等现象学者以"原义"为准；索绪尔、皮亚杰等结构主义、文本中心论者以"本义"为准；皮尔士、海德格尔、伽达默尔等诠释学者则以"释义"为准。

当代教育面临着意义失落与重建。刘铁芳①认为教育学者应在深入反思教育存在之根本的基础上，构建整合人文性与功利性的回归生活的教育理论体系；教师应由教育重知传统转向生活教育，把开发智能转换为生发意义，要通过全社会的大教育观努力使人、世界、教育形成一个丰富多彩的意义世界。目前我国学校教育片面重视抽象而间接的符号化经验学习，却忽视具体而直接的具身化经验学习。陈佑清、陈实等②主张完善经验教育变革，在孕育社群意义基础上重视个体经验，注重给学生提供从社会生产生活实际中获取经验的机会和环境。

人类教育已经开启第三次浪潮，从曾经的以语言符号为媒介的知识教育、以科学符号为媒介的能力教育迈向以虚拟符号为媒介的意义教育。姚林群、向野等③认为，若要走出当前知识教学符号表层化的困境，教师应打破"镜式反映"的知识理解，从"教知识的符号"转向"教知识的意义"。学以成人，学生的成人问题就是学生向世界探寻意义的问题。刘向辉④认为，儿童意义世界的生成内在地将儿童发展的生物性和文化性统一于生命成长的秩序之中，探究儿童意义世界对于应对现代儿童教育的碎片化、肤浅化和知识化具有重要的价值。21世纪初"钟王之争"⑤ 本质上是欧陆赫尔巴特—凯洛夫"重知"教育传统与英美杜威—加德纳"重能"教育新趋向之间矛盾在国内的反映，也是以语

① 刘铁芳. 人、世界、教育：意义的失落与追寻 [J]. 教育研究, 1997 (8)：23-28.

② 陈实, 陈佑清. 完善经验及其教育意蕴 [J]. 华中师范大学学报（人文社会科学版）, 2014 (3)：160-165.

③ 姚林群, 向野. "教知识的符号"转向"教知识的意义"——兼论知识教学中情意目标的达成 [J]. 中国教育学刊, 2018 (7)：57-61.

④ 刘向辉. 儿童意义世界的生成及其对现代儿童教育的启示 [J]. 湖南师范大学教育科学学报, 2020 (4)：42-48.

⑤ 黄小莲, 刘力. 我们需要怎样的课程改革——兼评《"新课程理念""概念重建运动"与学习凯洛夫教育学》[J]. 课程·教材·教法, 2009 (7)：10-16.

言符号为媒介的第一次教育浪潮与以科学符号为媒介的第二次教育浪潮之间矛盾在国内的重演。未来已来，眼下以虚拟符号为媒介的第三次教育浪潮席卷全球，未来教育"重意义"是对此前"重知"和"重能"的超越。

3. 无限开放：符号教育学的未来

符号教育学的理论渊源是符号和符号学。若对符号系统进一步细分，除索绪尔（能指—所指）、皮尔士（像似符、指示符、规约符）的分类外，亦可根据符号运作要素分为：符形（符号的最表层显现）、符码（符形组织方式、符号系统运作规则、编码解码逻辑）、符义（符号的意义）、符用（符号的功用价值）、符境（符号运作空间）。人的感觉知觉器官通过觉解符号而与世界打交道，而器官有五官六感，符号有多类多要素，所以面对同一世界，而不同的人却获义迥然。教育情境和学习者都具有如此丰富多样性，但既有的教育系统对学习者的考核评价过于单一，往往基于特定的符号或要素，如对语言符号、数理符号的特别重视。这实际抹杀了每个人五官六感获取意义的多模态性，也抽干了符号系统的丰富性。幸好多元智能理论非常契合符号学多模态原理（韩礼德），对教育教学产生深远影响。加德纳1983年出版《智力的结构：多元智能理论》提出人类存在多种不同的智能，从符号学角度来看，即多模态符号的获义方式：（1）语言智能（对语言符号的运作能力）；（2）音乐智能（对美感和听觉符号的运作能力）；（3）逻辑—数理智能（对科学符号的运作能力）；（4）空间智能（对符境符形的感知能力）；（5）身体运动智能（对动觉符号的运作能力）；（6）自我认知智能（自返性符号运作能力）；（7）人际智能（通感性符号运作能力）；（8）博物学家智能（对符境的感知能力）。加德纳多元智能理论说明每个人都有8种获取符号意义的运作模式，但个体的处理方式在8个模式中并不均匀分布，所以因材施教、多维评鉴总是必要的。

往者不可追，2016年开始的第三次教育浪潮为中国带来生机。虚拟符号体系下，现实的沟壑可借由人工智能与虚拟现实符号得以消弭。首先，语音输入、拼音输入等新式输入法和日益友好的人机界面，使得方块汉字这种历史悠久而符号演化层次较低的符形可以如字母符形那样快捷输入输出。其次，移动网络、大数据、区块链、人工智能等虚拟平台方面，中国与世界几乎同步，因而在虚拟符号教育领域中国完全可领衔世界。再次，中国日益开放、民主、自由，以社会主义核心价值观为代表的政治符码可为符号解释项的无穷衍义保驾护航。

以人工智能和虚拟现实为物质基础的符号教育学，必将秉承符号的开放衍义性和教育的幸福伦理性而发扬光大，并伴随符号继续演化而使人类教育印迹踏向无限未来。

二、他山之石：国外符号与教育相关研究

符号与教育有何关联？符号学与教育学的逻辑结点何在？符号学能为教育学带来什么？自三大奠基人索绪尔、皮尔士、卡西尔开启现代符号学大门以来，国外诸多学者不约而同地将这个"最泛"的理论资源引入关于树人"最重要"的领域——教育，一时高论不断，特别自20世纪80年代以来精彩纷呈。符号+教育，无论在"哲学原理"的深层归纳或在"具体学科"层面的延展演绎上，都丰富了教育学的理解方式和话语形式。由于文献繁多，本书主要从"ProQuest教育与心理期刊数据库"和"教育科学全文数据库（Education Research Complete）"中择要简述。"择要"标准一是关键时间（最新、最早和最相关）；二是关键作者（根据知名度和成果量）；三是关键文献（根据引用率）。

符号教育学作为一种教育学思想流派，此前并未被严格定义或系统论述。但是，相关的教育实践和符号理论如滔滔江水、连绵不绝。本书采取"事后追溯"的手法，对西方20位具有代表性的符号学学者学术思想进行抽丝剥茧，提炼其符号教育学思想萌芽，以期浮光掠影地呈现该领域的知识图景。这20位学者是：迪尔凯姆（1858—1917年）、米德（1863—1931年）、乌克斯库尔（1864—1944年）、卡西尔（1874—1945年）、维果茨基（1896—1934年）、莫里斯（1901—1979年）、西比奥克（1920—2001年）、洛特曼（1922—1993年）、伯恩斯坦（1924—2000年）、哈贝马斯（1929—）、布迪厄（1930—2002年）、迪利（1932—2017年）、赛默斯基（1948—）、坎宁汉（1950—）、涂尚（1954—）、佩特丽莉（1954—）、史密斯·尚克（Smith-Shank）、皮卡阮能（Pikkaraine）、家莱·姆克（Jay Lemke）、马赛·达内西（Marcel Danesi）、加里·坎贝尔（Cary Campbell）。实际上，若要深度挖掘，这份名单还可以更长，可谓群星灿烂。尤其是符号学鼻祖索绪尔（1857—1913年）和皮尔士（1839—1914年）、后现代思想家福柯（1926—1984年），由于太过耀眼，翻开任何符号学等人文类书籍，都有这三位名人的思想痕迹。

现代符号学与教育学最为切近的源头有三：一是索绪尔的语言符号学，这

成为语言教育教学的符号学资源；二是以皮尔士为首的逻辑修辞符号学，把符号学拓展到语言学之外无限宽广的领域；三是以卡西尔等为首的文化符号学，成为教育哲学、教育文化学的符号学资源。从学科角度来看，"以何者为主"构成两个路向：一是偏向教育学的符号教育学即 semiotic pedagogy 或 semiotic education，主要以符号学的理论资源研究教育问题；二是偏向符号学的符号教育学，即 educational semiotics（edusemiotics）或 pedagogical semiotics，主要探究教育领域的符号现象和规律。国外符号教育学的兴起源于两个重要基石：第一，符号学的普适性与教育的弥散性不谋而合；第二，符号学对意义的追求与教育学文化品格志同道合。

（一）何为符号教育学

现代符号学奠基人皮尔士 1897 年曾如此叙述：符号学，关于符号的正式学说（semiotic as the formal doctrine of signs）。玛格丽特·米德于 1962 年把"符号学"英语单词变为复数形式 semiotics，意为既是关于各种符号系统的学说，也是一种包含所有符号的研究，或是符号科学，甚至研究符号如何被用于意义生成和信息运作。符号是携带意义的感知，意义必须用符号才能表达，符号的用途是表达意义。符号学就是意义学。它是理解意义、认知、文化、行为和生活本身的一种广泛的人文社科方法，更是人文社科领域的公分母。2010 年著名符号教育学家赛默斯基、马塞尔认为：符号学是研究符号行为、符号创制、符号功能以及符号如何被学习的学说。"符号如何被学习"势必将我们引入教育学。在过去的一个世纪，符号学方法已经在语言学、传播学、文学、文化学、美学、社会学、教育学等领域得到蓬勃发展。

现代符号学在国外理论派别林立，而与教育学最为切近的源头有三个：一是索绪尔的语言符号学，这成为语言教育教学的符号学资源。索绪尔认为，语言是人类最为体系化的超大符号系统，"任意性"是符号表意的根本原则。巴尔特、格雷马斯受其影响并做出突出贡献。而从教学论来看，语言习得本身就是教育学的重要论题，因此 20 世纪前期，符号学第一次拥抱了教育学，尤其对外语教学、语言学习至今仍然产生深远影响。二是以皮尔士为首的逻辑修辞符号学，提出符号表意的多理据性，进而把符号学拓展到语言学之外无限宽广的领域。在他的三分法（representamen, object, interpretant）中，"解释项"使无限衍义成为可能，丰富了教育原理中关于人生意义、教育本质的符号学资源。

皮尔士的拥护者如米德、西比奥克、艾科、莫里斯等受其启发而分别提出符号互动论、建模系统论、三元符号论、应用符号论，这些理论又分别成为师生交往、学习心理、教材分析、多模态教学的理论资源。三是以卡西尔、巴赫金、洛特曼等为首的文化符号学，这成为教育哲学、教育文化学的符号学资源。简而言之，符号教育学（semiotic pedagogy/education）即是一种以符号学的理论资源研究教育问题的教育学流派。本书仅仅讨论基于皮尔士逻辑修辞符号学的符号教育学。

实际上在 2005 年，赛默斯基曾编辑了一本主题为《皮尔士与教育》的专刊，遴选了当时已发表在各个刊物的最有影响力的符号教育学论文。一百多年前，皮尔士以泉涌般的思绪写下浩瀚的符号学理论，使符号学一直处于开放状态。根据皮尔士的说法，符号即"在某个方面或能力上代表别物的某个东西"。一个符号可以是口语、视觉、手势或音乐。符号代表着对象物，并通过创造一个解释项来代表对象的某个方面。解释项可能是代表对象的某个思想或某个标记，但不是对象本身。这意味着我们的经验世界总是通过符号而调解关联，我们永远无法直接、充分认识对象。我们只能通过解释项（对象标识）认识对象，解释项允许我们窥测对象的"某些特质或能力"。

史密斯认为,[1] 皮尔士符号学理论为符号教育学提供了 5 个基本假设：（1）我们利用三位一体（替代项、对象和解释项）的关系做推论；（2）推理总是以先前的推理为基础；（3）所有的推理都源于外部符号（这些外部符号可能会嵌入内部解释项，但解释项也是符号）；（4）没有符号则人们无从思索；（5）所有精神活动都是做推论。

皮尔士不仅推进了符号学理论，而且被认为是实用主义的奠基人。受其影响，他的学界朋友詹姆斯以及他的学生杜威发展了实用主义。实用主义与皮尔士符号学理论相结合形成了符号教育学的灵魂。皮尔士实用主义基本原则是：着眼于未来，着眼于实践结果，着眼于实验方法，着眼于探究的公共方式，也着眼于习惯和自我控制。实用主义是一种以理解某事物为目的的、从符号到符号的推理方式。正如符号学学者西比奥克的解释：解释项可被无穷衍义。任何一个概念、符号、对象均可被无休止地解释，每当被解释，就增加新知识，尽

---

① Shank S. Semiotic Pedagogy and Art Education ［J］. Studies in Art Education：A Journal of Issues and Research，1995，4（36）：233-241.

管不一定都是"真知",但自始至终都在扩展。从符号到符号的推理过程就是皮尔士所谓的"符号化"(semiosis)。符号化是符号学的主题。

符号教育学是有目的地培育符号化的过程,是无限衍义或学习的过程,即如西比奥克诗意的解释——"解释项如同纺纱梭不停旋转。"符号学与皮尔士实用主义在我们反思学与教的过程中扮演着重要角色。史密斯认为,[1] 构成符号教育学灵魂的三个思想来自符号学无限衍义的观念:一是附属经验使学习成为可能;二是学科范畴论束缚了学习;三是学与教的结果会因环境观而不同——环境被理解为进化与相互关联的生命群体所共享的空间即符号生态世界,抑或是人类所独有的静止环境,其产生的结果大相径庭。

(二) 符号教育学的内容与观点

1. 符号的普遍性:为学科融合提供公共理解方式

符号既是意义之载体,也是人的存在方式,甚至就是人本身,恰如卡西尔所说,人是符号动物。符号的普遍性不仅使符号学成为"文科的数学",[2] 还令历史形成的各个学科分支有了共同语言。在学术发展中,知识分化与知识综合化辩证统一,作为人文社会科学公共平台的符号学夯实了二者统一的基础。在学科发展的分分合合中,符号的普遍性超越了既有的学科范畴论,从而激发了学生激情、拓展了其学习视界。

所思与所学密切相关,当学习被理解为思考、探究,则学习就成为一个不受学科局限的持续质疑的过程而非产品。学生会把个人附属经验带入学习场域并对学习对象无限衍义。附属经验增进个人对自己生活世界的理解并扩展其范围。许多教育实践割裂了与学生个人附属经验的联结,因而并不能帮助学生学习。学习只有在与世界建立关联中才能有所收获,因为在这些关联中个人经验得以形成,个人经验有助于个体获得符号化知识。人为地对符号进行学科划分,一定导致弊端丛生。而基于符号学视界来提升教育教学,将使我们大有作为。因为自然、社会、人本来浑然天成、自为一体,而学科的划分是人为的结果,具有很强的历史偶然性。学科内的知识体系和主题都是外在剪裁、圈围的结果,这与符码的任意性、符形的开放性、符号学的无限衍义背道而驰。没有任何课

---

① 崔岐恩. 国外的符号教育学及其研究进展 [J]. 高等教育研究, 2016 (2): 47-54.
② 赵毅衡. 主持人语:为什么符号学是文科的数学 [J]. 中外文论, 2018 (1): 2.

程能教老师如何教艺术、文化等人文学科。教师教育与其说是一门教教师们如何教具体学科的方法课，不如说是发展教师们在生活世界的附属经验，这些经验对以后从教将大有裨益。故此，在人文社会科学领域，教育的核心使命即丰满其附属经验、打破其学科壁垒。例如：很多学生甚至老师，都倾向于以写作技能评估语文才能，而从符号教育学论之，则应跨越学科壁垒的思维定式，不应把语文才能仅仅看作赋诗作词等写作技能，而应把语文看作语言能力和文学、文化修养。

2. 符号化：重新解读教育核心概念的钥匙

一百多年前皮尔士曾被邀请为《世纪词典》词条"大学"（university）写定义。皮尔士基于实用主义和符号学思想以及当时的情况这样写道：大学是为了学习与研究而通过捐赠所组成的协会，它能颁发被整个基督教世界所认可的学位，并被国家赋予特权，从而使人们可以获得知识的引导，使文明发展中出现的理论问题被解决。《世纪词典》编辑很快将此定义返给皮尔士，请其修正，并坚持认为大学应包含"教授"（instruction）的概念，因为没有教导，学习就不会发生。皮尔士则坚持己见：大学没有、从来也未曾与"教授"（instruction）有关，否则真正的大学荡然无存。

随着符号学的普及，皮尔士的观点日益被人们所认可——大学是一个学习而非发布和接受指令的地方。显然，目前基于现代主义、行为主义和认知主义模式的教育教学方法并不完美，因为每个模式都执着于一个本质主义假设：有一套代表真理的"正确"知识体系供老师传达给学生。这些知识体系是由一些高级知识形式表现的观念与事实所建构的等级体系，而高级知识形式由一些简单知识形式通过某种关联而构筑。诚如石中英在《知识转型与教育改革》中所述的，古代知识型和现代知识型未来必将被解构而走向后现代知识型。为了摆脱这种占主导地位的层级模型，有必要开发一个完全不同的框架，如树根根须意象的环形散射分布。基于皮尔士符号学思想的教育学，比如皮尔士关于"大学"的定义，迫使人们重新思考教师、学生和课程的教育作用。这种反思其实属于"符号教育学"，虽然皮尔士只是探讨了大学水平的学习场所，但符号教育学适合所有教育情境，不仅仅是高等教育，也不仅仅是课堂学习。

符号学，以其对符码、符形和互动行为的重视，特别适合于人文社会学科的学与教，以及对传统教育领域制约因素的反思。而教育的核心议题即树人——从根本上说就是人的意义的获得，这正暗合了赵毅衡的定义"符号学是意义学"。皮尔士固守"教育机构是学习而非教授的场所"以及体系化的三分法符号学思想，对我们重新解读教育核心命题颇有启示。如：教室应该是学室；教案应该是学案；教材应该是学材；教师应该是学师，即学生符号化的引导者；教授应该是教化；学习即获得新意义的过程；育人即帮助学习者获得人生意义的过程；（狭义）教育即教育符号的创制、释义、应用；（广义）教育即以人生幸福为直接目的的符号化。符号教育学即以符号学为工具研究教育现象和问题的教育流派，通过在教育符号域（教育情境和教育活动）中观察和解释符号及其意义，探究教育符号行为的心理动机、意义及各种指号关系中的认知和释义过程，并通过对符号的研究来认知教育现象和思考教育问题，从符号学视角描述、解释、预测、改进教育。符号教育学的两大走向即符号教育化和教育符号化。

3. 符号解释项：使附属经验成为学习内涵的新尺度

有经验的医生能通过望闻问切找到病灶，因为人体器官的符号表征着机体的特定功能，但对病因病症的准确诊断，还与医生的临床经验密切相关，没有经验的医生尚未学到身体符号改变与患病的经验关联。同理，学生难以从一些未曾获得相关经验的符号中寻找到任何意义。符号学的解释项是获得意义的门径，然而任何意义都是在既有经验基础之上的开拓。经验含直接经验和附属经验，行万里路增附属经验，破万卷书长直接经验。所谓"直接"，乃指从知识到知识的直接关联，对于缺少附属经验的学习者，要达成这种直接关联极为困难。毕竟"朝霞飞出门，晚霞行千里"只是针对那些明白霞光符号有何含义者。符号学重视附属经验其实也与杜威所提"教育即生活""教育即经验的改造"相通。

在皮尔士的符号三分法理论中，解释项极为重要，是承接再现体与对象的中间项，更是吸附附属经验生成意义的载体。附属经验就是让我们更好地理解新奇情境的先前经验，正如皮尔士所说，任何一个学习对象，只有在已有附属经验的领域，才能学有所获。罗斯和霍夫曼为了强调附属经验的作用，直接在皮尔士符号三分法中加入第四个元素"附属知识"（collateral knowledge），这如同心理学中的"统觉"——以既有经验把新经验吸附、同化、改造，形成一个新的整体。因此，教师要善于利用能够引起学生共鸣的符号，这样学生便有可资依靠的经验基础。对于符号化具有极其重要意义的附属经验，也是理解符号教育学如何运作的一把钥匙。只有帮助学生把新经验与自己过往经验建立起广泛的网状联结，教师才能完成对学生符号化或学习的培养。

当附属经验被当作学习中的关键变量时，学生就会想起教育过程中经历过的一些被普遍认可的符号资源。这样，教师所授主题对于学生就不再是空白状态。附属经验还有助于营造一种易于建立合理化关联的情境，通常在无意识中帮助学习者把新奇的学习情境改造为貌似熟悉的情境。比如在学习函数时，当我们看到 X 右上角的 n，我们能很确信那就是 X 的 n 次方，因为我们对于一个数的平方运算有数理经验，也有使用类似函数的计算习惯。也许我们从一个生活中的附属经验如"我们家每个人吃 3 个苹果，则爸爸妈妈和我 3 个人共计吃 9 个苹果"，具备 $9=3×3=3^2$ 的经验符号，由此学习到幂函数或指数函数这些新情境的新知识。当然，一旦这些新函数与我们的附属经验关联不密切，我们的思绪就会被迫对新知识做新的评价，由此选择并统合已有经验，在此情况下，我们会重访先前感官素材所构成的附属经验库，从而把陌生的遭遇或插曲纳入可理解的经验整体之中。

当那些符号线索尚不足以解释新知时，我们必须假定有新的认知模式来处理这种情境。只有当我们的习惯被瓦解到与当前情境格格不入时，我们才会积极重估先前的信念和习惯。例如，那些对艺术深感焦虑的学生其实正是源于其附属经验中对艺术家过于狭隘的理解，以为艺术定然是"高大上"，使得他们把自己隔离于艺术大门之外。而当前城乡学生的不平等体现在附属经验的错位和漠视方面，无论是教材或高考试卷均显示出与城市生活经验匹配的现状，而农村孩子的乡土生活、本土知识日益被边缘化，这无疑在经济因素之外给农村孩子的符号化增添了符号障碍。

4. 符号生态观：丰富对生态环境和文化多样性的理解

传统观念认为，环境就是独立于任何特定生物的物理客观条件。而符号生态观认为，环境实际上是为所有生物而存在的符号生态世界，它存在于生物体的关系之中，所有生物体之间相互关联、空间共享。符号生态世界在更深层次上即自然生态环境和社会生态环境，它是在自然与社会、个体与群体两个层面持续的互动状态。迪利认为，环境（environment）基于需要和兴趣而构成了生态世界（Umwelt）。随着教育重点从外在于个体的环境观转向全体生物个体之一分子的环境观，教育实践也随之变革，从教师想让学生知道的内容过渡到想让其知道的方式。当这个转向发生后，教育学就变成培育和指引符号化的持续过程，教育从传输知识的活动变为积极帮助学生觉解文化编码知识的活动。而教师的主业则是帮助学生提升编码、解码和对符号无限衍义的能力。

我们所处的客观环境从物理性质上看有确定的特性，如温度、湿度、高度、宽度、色度等，对于不同的生物个体却各不相同，生于斯长于斯的每种生物各有其个性化的生活阅历，并由此而形成不同的附属经验，因而他们对于这个环境的理解千差万别，正如在狗的世界里只有黑、白、灰三种颜色。只有从生态世界的角度理解这个世界，我们才能对自己所处的环境有不同的想象，而想象的翅膀就是符号，人们创造符号，通过符号超越于眼前经验，并能思索不可能之事。图片、文字、肢体动作均可作为符号帮助相关主体解释对象甚至建构一个非真实的世界，因为符号可在感知者的直接经验之外以各种方式被操作和呈现。正如迪利所言，人们通过符号创制了艺术、宗教、政府、学校等文化及文化组织，而文化又反过来通过揭示价值与虚无改变人们的生活。当然人们在文化内部互动而对文化符号的本质视而不见，只有当人们置身于他者文化中，异质文化符号系统的特征才清晰可见。符号教育学的目的之一就是通过对话来探究文化符号并悟解其本质。

福柯曾说，我们都被裹挟在一个差异化的时代，结果，每个人都发现自己活在"他者"的阴影里。实际上，当人们把文化理解为任意性的符号系统时，则所有价值都可被质疑，所有习惯均可被突破。生态世界观与后现代知识型理念不谋而合，自然会把打破既有学科壁垒、善用附属经验当作教学的主要使命，并从附属经验角度反思教学，重新定义学习力，扩展学习范围。师生开始检视教学情境和生活世界，同时明白所有人类文化的内在同构性、人类文化与其他生命形式的内在相关性以及社会文化机制的任意性，进而把教学定位成携带附属经验对未知世界不断探索的开放过程。新的环境观和对附属经验的格外重视，使学生以更宽广的视域看待这个所有生命共享的生态环境，并对精神、艺术、法律等文化符号形式做别样解码和阐释。

（三）符号教育学的兴起与进展

符号教育学的兴起具有历史必然性，这源于两个重要基石：第一，符号学的普适性与教育的弥散性不谋而合。符号无处不在，甚至人本身也是符号。有人便有教育，而教育的内容、方法、媒介无不是符号。第二，符号学对意义的追求与教育学文化品格志同道合。教育学学科重心依次游弋于人文学科、社会学科、自然学科，而"教育学的文化性格"是贯穿始终的品格。文化性即意义的定格，而"无符号就无意义，意义学就是符号学"。

20 世纪 80 年代之前，国外有关符号与教学的研究主要基于索绪尔语言符号学，范围集中于语言教学。20 世纪八九十年代开始出现符号学与教育学交相叠合的研究，以及基于皮尔士逻辑修辞符号学的教育学研究。在 21 世纪初期显现高潮，各派符号学与教育学深度融合的论著繁多。从学科角度看"符号+教育"两大系统，"以何者为主"构成了两个路向：一是偏向教育学的符号教育学即 Semiotic Pedagogy 或 Semiotic Education，主要以符号学的理论资源研究教育问题；二是偏向符号学的符号教育学，即 Educational Semiotics（Edusemiotics）或 Pedagogical Semiotics，主要探究教育领域的符号现象和规律。虽然二者不同，但是研究议题和问题多有重合。

1. 符号教育学

1987 年坎宁汉在《符号教育学论纲》一文中首次提出"符号教育学"（Educational semiotic）这一专有名词。Semiotic 用了单数，而赛默斯基则用其复数形式 Semiotics，她利用教育的英语前缀 Edu 和符号学单词组合出一个新词 Edusemiotics（符号教育学），即一个综合性的教育分析框架，并将符号作为一种不可量化的分析单元，认为这是符号学与教育学相统一的一个新兴教育学范式。Edusemiotics 汲取杜威、皮尔士、德勒兹等人的思想遗产，探讨符号学的知识结构和过程，批判二元论的知识体系和教育碎片化现象，强调道德教育在知识与行动之间的符号统一性。符号教育学作为教育哲学的一个分支，可以为教育学提供别样的哲学基础，正如《符号教育学：作为教育基础的符号哲学》一书所示，皮尔士、巴特尔、格雷马斯等符号学大师的哲学思想在教育学领域大放异彩。赛默斯基 2013 年在其著作《符号教育学意象：论塔罗艺术科学》第二章中，[①] 采用皮尔士符号学作为其分析诱导实验中变量关系的基本框架，认为皮尔士的三元符号概念中的解释项，不仅决定了符号的无限衍义性，而且蕴含着作为再现体与对象的中间变量的属性。2014 年，赛默斯基与安德鲁合作在

---

① Bogue R. Review of Inna Semetsky, The Edusemiotics of images; Essays on the Art-Science of Tarot [J]. Studies in Philosophy and Education, 2014 (33): 563–569.

全球筛选出 14 篇有关符号与教育的论文，编辑成册并命名为《教育学与符号教育学》（*Pedagogy and Edusemiotics*）出版。

2015 年，女性主义符号学家克里斯蒂娃在批判笛卡尔实体二元论对教育消极影响的基础上，从符号学视角提出过程存在论的教育思想，论证了符号在自我形塑过程中的积极作用，以及符号对于终身教育、教师培训的重构意义。威斯康星大学涂尚和塔尔图大学卡莱维·库尔认为，学习就是意义创制，符号教育学就是研究人类学习和教授过程中的符号学机制。涂尚于 2013 年在其专著《符号教育学：教育中的符号与象征》（*Educational Semiotics：Signs and Symbols in Education*）中回应了"为何学习"——从根本上来说是一个符号主导的过程。他不仅用符号学重新命名传统心理学与教育理论术语，而且把符号学触角深入人类思维本质。该书回答了符号学如何被用于分析师范生的专业学习经验，并以设计巧妙的符号学方法探究教师教育中的常见问题，如教师如何通过实践来学习，在这一点上，他与陈向明"教师实践性知识"的观念相通。芬兰学者皮卡阮能对于符号学理论应用于教育学十分乐观，他把格雷马斯叙述学理论中的"行动元模式"与"符号方阵"引入教育学，繁荣了教育学诸命题的理解方式。他认为，若从符号学视角解读教育学中的基本概念如"意义""行动""胜任力""因果性"，则有新的觉解。比如，学习可被定义为"胜任力的改善"，教化可被定义为"有价值的人类学习"，而教育的核心问题是"教育学定向和沟通交流"。

2. 符号教育学

史密斯·尚克与坎宁汉最早于 1992 年共同提出了 Semiotic pedagogy（符号教育学）；1995 年史密斯·尚克在 *Studies in Art Education* 上发表了 *Semiotic Pedagogy and Art Education* 一文，介绍了符号学的若干规则和基于符号学原理的教育观念，并根据符号无限衍义性提出真正的课堂教学如何鼓励学生质疑既有假设。

史密斯·霍华德认为，从符号学来看，维果茨基所说的人类心理机能和文化中介也是符号，它们处于永不停息的历史进化之中，这与符号化思想一脉相承。如果把符号学与文化心理学相结合就可以很好地指引教育实践。2005 年，他再次描述了皮尔士符号理论对于教育学的意义，断言"所有教育形式都是基于符号和意义生成的符号化过程"，而且正式教育必含学习文化价值性的符号

（culturally-valued signs），这种学习绝非技术层面、标准驱动和问责导向的。2006 年西格蒙德把皮尔斯理论引入数学教育领域，在质疑符号如何与文本关联的同时提出了两项原则：一是无论何时表达，总是存在于某一符号系统之中；二是在表达与文本之间，会有新的意义动态生成。[①]

诺斯认为，符号学夯实了教育学的哲学基础，可为学校教学行为提供分析工具，尤其是语言教育和第二语言的学与教。桑梓·路德楼基于符号学思想论述数学教育问题，仿拟皮尔士的符号三元法阐释数学教育中的三个主题：教师、学生、数学的本质，认为符号的存在意义是使认知和交流变得容易。之后，雷德福、舒不灵也以相似主题于 2008 年合作编辑出版《符号学在数学中的应用》（*Semiotics in mathematics education*）。他们都试图表明数学本质上是体系化的符号系统，数学教育其实是符号实践。2010 年赛默斯基从国际学术圈中筛选出符号教育学领域的 15 篇论文，并编辑成册出版，名为《符号教育学经验》（*Semiotics Education Experience*），探索符号学方法在教育领域的应用，如教、学、课程论的符号学；杜威、皮尔士、德勒兹的符号教育学思想；数学视觉符号学；复杂性符号学；伦理符号学。该书主旨正如其前言所引用的维果茨基的思想——"学习理论也是符号科学"。[②]

其实无论标题是"符号教育学"还是"教育符号学"，实质内容并无太大区别，无不以符号学理论与方法来探究教育问题。就连该领域的奠基者坎宁汉本人也在不同时段分别使用过两个名称（符号教育学、教育符号学）发表文章，但文章内容却都是从符号学视角来论述教育。从已有的文献来看，"符号+教育"的论题主要集中在：（1）教育本质、目的、过程；（2）教与学的本质、方法、过程；（3）教师、学生的角色、功能；（4）符号对认知心理的作用；（5）符号域、情境与人的发展；（6）符号对道德教育的影响；（7）符号学研究方法对教育学研究的启示。符号学理论犹如一个百宝箱，取其任意一个理论流派研究教育，都会令人目不暇接。如皮尔士的学生杜威受到符号学启发，推出实用主义教育学，主张"教育即生活"，特别重视经验和生活对学习、人生的作用。

---

① Sigmund O. Mathematics and Mathematics Education as Triadic Communication a Semiotic Framework Exemplified [J]. Educational Studies in Mathematics, 2006, 61 (1/2): 247-277.

② 崔岐恩. 国外的符号教育学及其研究进展 [J]. 高等教育研究, 2016 (2): 47-54.

　　当然，尽管有许多"媒婆"不遗余力地促使符号学与教育学的联姻，但也不时有批评之声。如：艾科于 1976 年在承认"符号包围着所有文化现象"的同时却告诫"符号学是研究所有可以用来撒谎的东西的学科"。1992 年，詹姆斯抨击道，符号学仅仅看起来很美，颇能勾起人们的兴趣，但不能给教育学带来任何实用的东西，更不能以实证来验证其可用性；他还批评符号学理论过于强势，在再现体（representamen）与对象（object）之间的"联结"太过任意，不如认知心理学中对象物的"联结"那样有经验基础；另外，他不同意符号"任意性"及由此决定的知识结构多样性。随着教育学与符号学近 30 年来"事实婚姻"的发展，此类指责始终相伴。

第六章　符号教育学

一、教育符号学论纲

今天我们处在一个符号世界，教育主阵地学校纵有高墙大院，也难挡符号侵入。其实人化的世界皆由符号组成，至少我们能够认识的世界只是符号，意识也必由符号来认识这个世界。若无文字符号，教育内容无法保存；若无语言符号，教学过程难以进行；若无信息符号，则网络课程、Mooc 都是无源之水。人因符号而立，符在人在，人亡符灭。教育亦然。

国外在 20 世纪晚期出现大量关涉"符号+教育"的研究，其中"教育符号学"（educational semiotic）作为一个专有名词最早于 1987 年由坎宁汉提出，"符号教育学"（Semiotic pedagogy）最早于 1992 年由尚克、坎宁汉共同提出。遗憾的是，这两个组合词汇仅仅在论文中被提及，而其内涵和外延的清晰界定至今尚未发现。

国内从符号学角度研究教育者甚众，但总体而言还处于无系统、零碎式状态。国内理论符号学界开山之作为李幼蒸于 1993 年出版的《理论符号学导论》，该书展现"符号学既是人文科学的数学，更是整个人文学科的公分母"，并对意义与文化的符号学本质、符号学科学的架构等主题有过深入独到的见解，可惜语句烦冗、理解晦涩。由于语言是最系统的符号，且我国对于语言学习的特殊重视，故而队伍最为庞大，如汉字符号学领域，赵元任、钱钟书、吕叔湘、王力、周有光等曾经做出开拓性贡献；外语符号学领域，如胡壮麟《社会符号学研究中的多模态化》一文被引高达 871 次；王铭玉《语言符号学》提出建立中国式语言符号学的体系化思想；顾曰国、朱永生、张德禄、马博森、杨信彰、李战子、赵秀凤、康志峰、冯德正等提出"多模态符号学"，推动多模态符号研究跨越人文社会自然科学、工程技术等多个领域，这已成为国际前沿课题。

在文化符号学领域，赵毅衡极富个性化语言风格的《符号学原理与推演》、《广义叙述学》、《趣味符号学》、《哲学符号学：意义世界的形成》，都通俗易懂，且在本土化中将符号学带进广阔天地。自从 2008 年以来，赵毅衡领衔的西部符号学派出版专著、译作等 70 多部，已然成为当下国内符号学研究的风向标，其团队成员唐小林、饶广祥等开辟马克思主义符号学颇有影响力。目前社会符号学、应用符号学正展现出旭日东升之势。

我国最早探讨教育中符号问题的学者有三位：金振坤（1990）主要总结了非言语符号与教育传播效果的问题；许雄和徐红（1991）探讨了传播符号与电化教育的关系；许卓娅（1992）从符用学角度研究了幼儿音乐教育中的早期符号化训练。郭思乐（2003）提出符号研究本体与符号实践本体，实质在于倡导以赫尔巴特为代表的传统教育学向以杜威为代表的现代教育转型。袁春红（2004）、胡春光和杨宁芳（2005）从布迪厄教育社会学思想出发，阐释了场域、惯习、文化、符号暴力诸概念，警示我们应有新教育观。姜得胜（2005）研究符号与教育场域之关系，从符号与教育内在关联、校园符号内涵、教育符号学建构等方面做了目前该领域最为深刻而系统的研究。孙杰远（2006）以卡西尔《人论》为蓝本揭示符号哲学对现代教育本质观、目标观、课程观、教学观和教育技术观的启示。王杰（2008）、徐晓菁（2009）探讨思想政治教育中"庸俗符号化"倾向，主张回归生活化思政教育。笔者 2009 年提出构建中国符号教育学的设想。①　程然（2013）系统论述教育中的符号现象以及建构教育符号学的理论探索，不仅成果丰富且开创性提出《教育符号学论纲》。

苏晓军教授（2016）曾经撰文强调符号学在教育，尤其是外语教育领域的应用研究，认为"对教师来说，教育符号学提供了一种对认知、情感、教学策略的整合方法，有助于审视教育问题和指导学生的知识习得"。受苏晓军教授的启发，青年学者余红兵博士在第十二届全国语言与符号学研讨会（2016）作了题为"符号模型和教育"的报告：基于 Thomas Sebeok 建模系统理论，他首

---

①　笔者自 2009 年读博方始涉猎符号与教育的文献研究，多次提出构建基于中华文化的"符号教育学"梦想，但功力尚浅，难以驾驭。参见：崔岐恩. 符号教育学论纲 [C]. 教育基本理论学术委员会第十五届学术年会论文集. 山西大学，2015（9）：39-40；崔岐恩. 符号教育学论纲 [C]. 第五届海峡两岸教师教育高端论坛论文集. 岭南师范学院，2015（11）：182-192；崔岐恩. 国外符号教育学及其研究进展 [J]. 高等教育研究，2016（2）：47-54.

先对符号学和教育符号学进行了界定，阐释了它们之间的关系以及教育符号学研究的重要意义。他认为，符号本身就是认知和启发学习的工具，而教育符号学是介于符号学和教育哲学之间的关于人类认知的科学。符号学方法论上的优势可以弥补西方教育研究自心理学转向以来在哲学思考、本体论等方面的不足。

以上是通过中国知网检索教育领域的符号学研究成果，显示引用率居前列的文献，其中最高41次。检索篇名"符号学"则有3782篇，其中引用率前两位分别是：语言符号学家胡壮麟（2007）《社会符号学研究中的多模态化》，被引高达871次；其次为李战子（2003）《多模式话语的社会符号学分析》，被引803次。两位作者均是我国语言符号学大家，他们是我国语言符号学本土化的奠基人，且将索绪尔的普通符号学推进到社会符号学，创造性提出"多模态符号学"。目前符号学文献中还是以语言符号学为主，这与世界符号学的发展史有同步性路径。

在著作方面，国内有理论符号学界开山之作《理论符号学导论》（李幼蒸，1999）。该书艰深恢宏，充分昭示"符号学既是人文科学的数学，更是整个社会—人文学科的公分母"；胡壮麟在语言符号学方面著作等身，专著如《当代语言理论与应用》《功能主义纵横谈》《理论文体学》都体现了中国语言符号学的最高水准。王铭玉（2004）《语言符号学》提出建立语言符号学的思想以及"语言符号关系说""语言符号的层级构建""语言符号的意义""语言符号的可逆性"等颇有新意的观点。赵毅衡极富个性化语言风格的《符号学原理与推演》（2011）、《广义叙述学》（2013）、《趣味符号学》（2015）、《哲学符号学：意义世界的形成》（2017）通俗易懂，且在本土化中将符号学带进广阔天地。自2008年以来赵毅衡领衔的西部符号学派高歌猛进，出版专著、译作等30多部，已然成为当下国内符号学研究风向标。

目前从知网硕博论文库所查，题目含"符号"并"教育"仅一篇博士论文。权迎博士于2013年以云南壮族"坡芽歌书"为案例，从教育符号创生、传承和化育过程做了教育人类学阐释。而最早学位论文是桂香（2004）硕士论文《教育符号化的困顿及其超越》。南京师范大学余红兵（2014）博士论文《西比奥克建模系统理论研究》。

本书基于符号与教育的深度关联，引进符号学理论资源对教育理论做符号化阐释、对教育现象做符号式剖析，并力图以符号学为工具解决教育问题。这一套运作过程及其知识体系可名之曰"符号教育学"，作为一种教育学流派，必将大放异彩，但笔者只是抛砖引玉。

（一）概念

符号：意义与信息的双重载体。意义和信息都必须用符号才能表达，符号的用途是表达意义、传输信息。反过来说没有意义和信息可以不用符号。意义表达（呈现或发送）、意义解释（感知或接受），以及信息编码和解码等过程都是以符号为工具而运作。

教育：（广义）以人生幸福为直接目的符号化。（狭义）教育符号的创制、释义、应用。

符号教育：作为普通名词，泛指一切以符号为尺度的教育；作为专有名词，特指以人工智能和虚拟符号（如虚拟现实、仿真、超真、幻象、灵境）为基质的高级教育形态，始于虚拟现实元年（2016），也是元宇宙的基本教育形态。符号教育中能指与所指借由虚拟现实而拉近逻辑距离，实现充分浸入感、交互性和多通道融合，教与学在逼真甚至超真幻象中尽性。教育符号不再拘泥于像似符、指示符或规约符的类别化，也不再纠结于生活符号、科学符号、人文符号之分野，而是随心所欲不逾矩。游戏与诗意成为本阶段的教育共象。

（广义）符号教育学（Semiotic Pedagogy/Education）：以符号学为工具研究教育现象和问题的教育学流派。符号教育学者在教育符号域（教育情境和教育活动）中观察和解释符号及其意义、探究教育符号行为的心理动机、意义及各种指称关系中的认知和释义过程，并通过对符号的研究来认知教育现象和思考教育问题，从符号学视角描述、解释、预测、改进教育。符号教育学的研究重点有三：符号中的教育；教育中的符号；符号与教育的关系。

（狭义）符号教育学：特指人工智能与虚拟现实普及后的未来教育理论形态，它相对于传统教育学和现代教育学，融汇后现代与多模态、区块链与元宇宙等理念，期待对未来各种新人（原生人、基因人、机器人、复合人）都有解释力的一种教育学。

狄尔泰认为教育就是文化，石中英曾论述了教育学的文化性格。而文化即符号化，文者，纹路也。纹路的本质就是符号。文化的表征（representation）就是符号本身。艾柯认为符号化有三步：一是思维主体确定某物"有某功能"，二是归类为"用于什么目的"，三是由此命名为"叫作什么"。例如人的符号化三步曲：首先发现某师范生具备从事教育教学工作的潜能，然后归类为"教书育人"之目的，最后命名为"教师"。第一步已经是符号化的门槛：在人意识到教师可以从事教育教学工作时，教师成为服务于人的目的之物，他就对此种工作者赋予特定意义。远在语言命名之前，就出现了符号化。符号化与客体本身的品质或类别关系不大，客体必须在人的观照中获得意义，一旦这种观照出现，符号化就开始，客体就不再留于"前符号状态"中。因此，一根竹棍只要落入教师之手就不再是自在之物，它已成为人化世界中的符号——教鞭，更可二度符号化为教育权威的象征。

符号教育学作为一个开放的研究领域或学术流派，将有无限潜力，该领域学者们将在教育活动和环境中观察和解释符号及其意义，并通过符号研究来认知教育及其实践。他们将教育符号行为的心理动机、意义、价值、现实各种指称关系中的认知和解释过程作为研究方向，并且关注教育符号在意义和交流中的过程和机理。现代符号教育学研究重点在（但不限于）教育符号和符号教育两种现象及其过程中的精神和创造力。

（二）渊源

1. 教育起源中的符号线索

自从一种生物体进化到人的那一刻起，便开始了符号的运作。在原始社会，神话艺术、宗教图腾都有符号留存至今，成为当代人们了解古代的线索。今天我们可以当作艺术欣赏，但在当时也许就是生产、生活和教育的元素。起初也许是用身体的动作和表情达意，后来开始结绳记事，然后用大量的标记符号，进而迈入体系化的符号：甲骨文、金文、篆书、隶书、楷书、草书、行书。我们今天在信息化时代的 0101 这样的数据信息，仍然是高度精致化的符号。语言是整个符号世界里最为系统最为典型的符号。无论是符号的形式或内容，无异都是教育最原初的要素。

中国古人已经看到符号学"统会天下之理"。《周易·系辞》言"圣人立象以尽意，设卦以尽情伪"。伏羲太极八卦图是一个博大精深的符号，亦可看作中国文化本源的符形。该图像经过数千年的符号演化，传达了多种奥秘，如阴阳之道、方生方死、对立统一、一多转化、时空运行、二进制数等。教育的"教"字从甲骨文、金文的字形来看，既是象形符号，又是会意符号。可做这种解读：一只手呈爪状，拿着一根针在缝纫，缝合处呈爻状针线。旁边是一个很小的孩子在学习。当然还有另外一种解读：左下角一个小孩在学习左上角的文化经典等教育内容，右下角的成人之手拿着右上角的教鞭在督促、教学。

古代名实之争、欧阳建、陆机、陆贽等关于言、物、理的论述，都反映了符号与文字、文化乃至世界观的内嵌性。魏晋时期欧阳建《言尽意论》言：

夫天不言，而四时行焉；圣人不言，而鉴识存焉。形不待名，而方圆已著；色不俟称，而黑白以彰。然则名之于物无施者也，言之于理无为者也。而古今务于正名，圣贤不能去言，其故何也？诚以理得于心，非言不畅。（石峻编《汉英对照中国哲学名著选读》第一卷第 317 页，人民大学出版社 1996 年版）。

欧阳建认为符号（言、称、名）为表，在符号背后隐藏着客观事物（物、形、色）及其规律（鉴识、理），客观存在为第一性，名称第二性。欧阳建称客观规律为"理"，表达理的命题为"言"。"理"先于"言"，具有先在规定性；即使没有表达事理之语言符号，世界仍然依理而存在（按照客观规律运行）。这与辩证唯物主义不谋而合。许慎《说文解字》将汉字分成六种（象形、指事、会意、形声、转注、假借），现在简约为三类：形象字、形声字、会意字。王夫之说"乃盈天下而皆象矣。诗之比兴，书之政事，春秋之名分，礼之仪，乐之律，莫非象也，而《易》统会其理。"

给任何人或物一个称呼，就是一个符号行为。战国时期公孙龙《名实论》言："夫名，实谓也。知此之非此也，知此之不在此也，则不谓也；知彼之非彼也，知彼之不在彼也，则不谓也。"汉代刘熙《释名》说："名，明也，名实是分明也。"名令实变"明"。命名即符号化。当一个人名之为"张三"，命名使张三变成符号。学校正式对学生符号化时，一般要为学生取个学名，学名意味着学校教育正式开始，学名神圣，被称为大名、官名。小名或乳名可叫阿猫阿狗（或曰一般编码的符号化），但学名必要翻字典、请先生甚至算八字，颇费周章。

在西方，Semeion（符号）最早见于希腊语，Seimiotike（符号学）首个使用者是洛克，他把人类知识一分为三：物理学（Physics）、技能学（Practica）、符号学（Seimiotike）。符号学涵盖今天人文与社会科学全域。卡西尔认为人是符号的动物，会生产和使用符号才是人胜于动物的高明之处。人类实践本质上是一种符号活动，通过符号活动而建构了一个文化世界。教育是这个世界的重要组成部分，即培养符号人。

2. 教育家都是符号应用大家

善喻者堪为人师，比喻是教育中尤其启发式教学里最为常用的手段，中外教育家离开比喻似乎就难以开口。同时，比喻是符号学里重要的修辞法。"符号体系正是靠比喻而延伸，由此扩大我们认识的世界"。

《论语》言："夫人君而无谏臣则失正，士而无教友则失听。御狂马者不释策，操弓不反檠，木受绳则正，人受谏则圣，受学重问，孰不顺成？"子路曰："南山有竹，不揉自直，斩而用之，达于犀革。何学之有？"子曰："括而羽之，镞而砺之，其入之不亦深乎"。

孟子的学生乐正克在《学记》中言："和、易、以思，可谓善喻。""君子知至学之难易，而知其美恶，然后能博喻；能博喻，然后能为师"。荀子《劝学》篇为了说明学不可以已，使用大量比喻，如"青，取之于蓝而青于蓝；冰，水为之而寒于水。木直中绳，輮以为轮，其曲中规。虽有槁暴，不复挺者，輮使之然也。故木受绳则直，金就砺则利，君子博学而日参省乎己，则知明而行无过矣"。

《增广贤文》言："学如逆水行舟，不进则退。"这种符号的意向用得恰到好处。

国外教育家使用比喻这种符号学形式更是不胜枚举。如古希腊柏拉图使用了洞穴隐喻，他的师傅苏格拉底自喻其启发式教学方式为"助产术"，甚至受审时自比"牛虻"。当然更有意思的是师徒二人关于爱情与婚姻的隐喻①。柏拉图还从哲学角度提出理念界与现象界，而现象界包含符形、概念和事物三要素。

---

① 柏拉图请教老师苏格拉底："什么是爱情？"苏格拉底："去麦田里去，摘一颗全麦田里最大最金黄的麦穗来，记住只能摘一次，而且只能望前走，不能够走回头路。"柏拉图于是按照老师说的去做了。结果他两手空空地走出了麦田地。苏格拉底问："为何摘不到？"柏拉图回答："因为只能摘一次，又不能走回头路，即使见到最大最金黄的，因为不知道前面是否还有更好的，所以没有摘。走到前面时，又发现总不及之前见到的好，原来最大最金黄的麦穗早就错过了，于是我们什么也没有摘。"老师说："这，就是爱情。"之后，又有一天，柏拉图问老师："什么是婚姻？"苏格拉底让他去树林里，砍下一棵全树林最大最茂盛最适合放在家中作装饰的树，并且同样只能砍一次，同样只能往前走，不能回头。柏拉图于是按照老师说的话去做，这次，他带回了一棵普普通通不是很茂盛但也不算太差的树回来。老师问他，怎么会带一棵普通的树回来？柏拉图回答说，有了上一次的经验，这次当我走到大半路程还两手空空时，便砍了这棵也不太差的树，免得错过了，最后什么也带不回来了。苏格拉底："这，就是婚姻。"

这种三维分类法成为后世常用的范式。应用符号学之父皮尔士提出著名的符号学三分法，即再现体（representatum）、对象（object）、解释项（interpretant）；当然中国古代墨子独立提出名实举三分法。钱钟书比照皮尔士、瑞恰慈三分法，梳理总结出我国古代符号学三分法，如墨子（名—实—举）、刘勰（辞—事—情）、陆机（文—物—意）、陆贽（言—事—心）等总结出符号的共性三元素：符号或符形、事物、思想或提示。

夸美纽斯在《大教学论》里说，"教学中有一条金科玉律：在可能范围内，一切事物都应该放在感官面前。"这显然无意识中应用了符号学中符形、符用的相关思想。杜威以儿童为中心，实质从符号学角度看，就是扭转传统教育学过分专注于符号的发送者，而忽视了作为教育对象的符号接受者。他说"教育即生活、学校即社会"，目的是让教育对象能体验到生动、丰富的教育符号，从而为自我建构、无限衍义提供可能。

3. 符号教育学的理论资源

第一代经典符号学：索绪尔、皮尔士、莫里斯。这三位符号学大师成为今天符号学不同学派的奠基人，对教育教学也有诸多启示。如：瑞士语言符号学家索绪尔提出能指—所指的符号二元理论，为今天修辞学、语言学以及语言的教与学提供了哲学基础（如图6-1所示）。

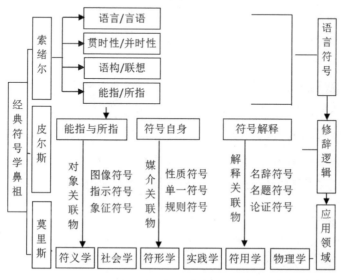

图6-1 第一代经典符号学理论体系图

（引自赵毅衡《符号学原理与推演》）

皮尔士作为逻辑—修辞学派的符号学大家提出的符号三元理论则使符号成为一个开放的体系，推动符号学从语言学领域奔向广阔的人文社科天地。符形（represesentamen）、符号对象（object）和解释项（interpretant）三者间有开放性的辩证关系，尤其解释项的引入，使得无限衍义成为可能。符号根据不同标准可做不同分类，如按对象关联性可分为图像符号、指示符号、象征符号；按媒介关联性可分为性质符号、单个符号和规则符号三种；按解释关联性可分为名辞符号、名题符号、论证符号。他认为，人有感觉—经验—抽象的三级存在。皮尔士的理论对于符号教育学领域如教育本质、教育内涵与外延、教育意义等具有重要启示。

莫里斯认为，符号是人理解人的条件，根据"符号—使用者—世界"的金三角结构，开出了六大学科（符形学、符义学、符用学、社会学、物理学、实践学），终于使符号学嵌入其他学科成为可能，这也使应用符号学走向高潮。从莫里斯符号学理论中，可以发现教育符号学、教育传播学、教育解释学的天地；从这些理论中也可引申出诸多教育新域，如：教育学科群的符号关系；教育要素间符号关系等。

第二代符号学：把经典符号学放到了知识背景下：如列维-施特劳斯、格雷马斯、巴赫金（马克思主义符号学）等。

第三代符号学（后现代性结构主义）：艾柯、德里达、福柯、塔拉斯蒂等。

第四代符号学：现当代，多元开放、全面应用符号学，出现众多分支，如：教育符号学。

符号学就是意义学，但离开人之在场，一切都无从谈起。即便"万径人踪灭""空山不见人"，也有作为他者的人的在场。自然之物若无人的意义阐释，那充其量只是潜在符号。因此，符号学者无论属于哪一代，也无关乎源流门派如何，其思想必会论及"符号""人"两个核心概念。符号学乃一种开放性理论资源，无论在原典论域或者引申论域，都为教育学指明无穷应用前景。

（三）流变

1. 符号学的横向联结

根据赵毅衡先生在《符号学原理与推演》中把符号学全域分成四对八个领域，教育符号学也可参考，做如此切分（如表6-1所示）。

表6-1　符号学领域与符号教育学的子集映射

	符号学领域		符号教育学诸领域
1	人文领域	→	文化、价值、人性、情意、精神、自我等
	科学领域	→	教育统计、测量、考试、传播、神经认知 等
2	语言领域	→	教育知识、教学、语言、文字、训诂、教育史 等
	非语言领域	→	教育技能、过程、缄默知识、身教重于言教、空间等
3	叙述领域	→	教育叙事、文本、课程、语境、教育情境等
	非叙述领域	→	教育规划、制度、框架、伴随文本、算法 等
4	理论领域	→	教育原理、教育观、知识观、人性观 等
	应用领域	→	教育方法、写作、看图识字、校园文化、多模态教学 等

按照我国官方学科体系，教育学下属3个一级学科，17个二级学科。其更下位教育研究领域则无可胜数，然而从符号教育学视角做一切割，无不各归其位，有所依属。这不是简单的领地划分，而是跨学科理论探险，都将从符号学汲取理论资源。表格所列只是基于现有学科范式和既有概念铺陈，实际上，符号学作为人文社会科学公分母，将对教育和教育学研究提供无穷理论资源。

2. 教育学的纵向演化

孔德将人类认知历程划分为神学、形而上学、科学三阶段。同理，教育学纵向演化亦可大致分为传统教育学、现代教育学、符号教育学三阶段，当然，这并非截然一一对应的同步关系，而是遵循历史与逻辑的大致路径。我们知道，教育作为一种社会现象和人类实践，早已有之，有人便有了教育。而教育学作为一门科学或学科，则出现于孔德所言的第三阶段。这种划分的依据源于马克思主义思想，主要是生产力决定生产关系、社会存在决定社会意识。因此，对于教育学三个阶段划分的前提是对人类社会生产文化的三段切分：传统农耕生产文化（重复与记忆）、现代工商业生产文化（科学与标准）、正在来临的智能信息符号生产文化（创新与多元）。

（1）传统教育学阶段

在传统教育学阶段，认识论及其教育哲学思想的主旋律是形而上学（孔德意义的而非黑格尔和马克思意义的），其代表人物是赫尔巴特。赫尔巴特基于伦理学和心理学撰写了作为科学教育学诞生标志的《普通教育学》（1806），他批判式吸收霍布斯、洛克、莱布尼茨、康德等人思想，折中理性主义和经验论之极端，赞同"统觉团""先天综合判断"，但在认识论上仍属形而上学范畴，甚至发表专著《一般形而上学》（1829）。他把经验、数学和形而上学作为三大理论支柱，认为所有的精神生活属不可想象的经验形式，皆起因于普通形而上学。他还认为伦理道德是教育学的首要目的，但对心智尚未成熟者可采取恐吓、命令、禁止、监督、惩罚甚至体罚等手段。

传统教育学阶段的教育实践以旧"三个中心"（教师、教材、课堂）为圭臬，教育权威主要来源于符形（如对语言文字本身的创制和传递；对真理的记忆）。符形即能指（若按照莫里斯的符号观，则指符号与符号之间的分布形态）。语言符号学中一般有拼音式（如西方字母符形）与拼义式（如汉字）符形之分。周有光以书写笔画为标准将符形分为原始符形与成熟符形。从符号学角度来看，哪些符形被哪些人所掌握，事关权威的分布。学习者意象是存储器，基于布劳迪思想，知识与学习功效主要在于重复性，哪怕头悬梁锥刺股只要倒背四书五经，笔下颜筋柳骨，必得万人敬仰。故而死记硬背、临摹抄写成为学习的主要方式。力求博闻强记、学富五车正是对符形的获得，也是权威身份的象征，胸中有符形，便能仗剑走天涯。东方有孔子、朱熹，西方有亚里士多德、阿基米德莫不因携符形而受人瞩目。当然符形的分布无不受制于政治等因素，如秦始皇、李斯之书同文车同轨，隋唐之八股取士，西方古代之"七艺教育"，现代之"Liberal Arts Education"都是对符形分布的宰制，进而决定了符形持有者身份地位。根据石中英《知识转型与教育改革》思想，此阶段属于原始和古代知识型。

（2）现代教育学阶段

在现代教育学阶段，认识论及其教育哲学思想的主旋律是建构主义、实用主义，其代表人物是杜威。杜威基于实用主义撰写了作为现代教育学诞生标志的《教育与生活》《民主主义与教育》等，他批判式吸收詹姆士、布鲁姆、卢梭等人观点，融会自然主义和建构主义思想，力推"教育即生活""学校即社会""做中学"，重视亲身体验和解决实践问题。这种哲学观强调符号是控制现实的工具，现实是可以改变的；符号是思想的有成就的活动、理论只是对行为结果的假定总结，是一种工具，是否有价值取决于是否能使行动成功；人对现实的解释，完全取决于现实对他的利益有什么影响。信仰和观念是否真实在于它们是否能产生实际效果。

现代教育学阶段的教育实践以新"三个中心"（儿童、经验、活动）为圭臬，教育权威主要来源于符用（符号之于主体的功用，如出于实用而对教育经典的阐释；对真理的构建）。学习者的意象是工具箱，人在现代机器大工业生产中沦为小小的工具。学习要求学以致用，解决生产生活实际问题，故实验法、合作法、问题法是常法。基于布劳迪思想，学习功用旨在应用性，这个论断不仅源于实用主义哲学思想，更是基于布劳迪对知识学习作用的四类划分：重复性、应用性、联想性、解释性。根据石中英《知识转型与教育改革》思想，此阶段属于现代知识型或科学知识型。

（3）符号教育学阶段

在符号教育学阶段，认识论及其教育哲学思想的主旋律是多模态，包含文化浸入、衍义开放、创新虚拟。其理论源于皮尔士、狄尔泰、莫里斯、赵毅衡等。教育核心是超"三个中心"，即超越前两个阶段的新、旧之三个中心，转而关注自我的个性化成就、意义的无限演绎、符码的编码解码机制。所谓超越前2个阶段，重点不在于知识点本身，而聚焦于方式、方法，未来还以虚拟仿真为学生提供深度浸入式学习模式。教育权威主要来源于符义（多维多元无限衍义能力）和符码（如对教育符号的编码和解码；对真理的运作机制的回应；算法）。学习者的意象是万花筒，在个体想象力与虚拟仿真学习情境里，学习者创造思维得到空前发展，不再局限于固有模式，只要想，便能成其所是，可谓一沙一世界，一花一菩提。

学习以多元释义、开放创新、个性审美为特征，故虚拟仿真、审美体验、个性定制是常法。最好的个性化教育就是帮助个体成就最好的自己。从学习的核心要素来分析，在传统教育阶段，个体的先天自然条件举足轻重，《论语》有言：生而知之者上也；学而知之者次也；困而学之又其次也；困而不学，民斯为下矣。太平洋的某一荒岛以及古斯巴达教育皆把儿童逐于荒野，若先天禀赋愚弱则自然暴毙，不必浪费教育资源。即便在今天有些落后农村依然有这种传统思想作祟："这孩子没有吃轻省饭的命""不是读书的料""回来养家糊口吧"。

在现代教育阶段，随着生产力极大提升，"人定胜天"摄人魂魄，后天社会建构成为学习核心要素。美国行为主义心理学家华生不无傲娇：给我一打健康婴儿，我能训练成任何一种人物——医生、律师、艺术家、大商人甚至乞丐或强盗。而在符号教育学阶段，人们基本形成共识：人的发展多因多果，没有统一的成功标准，学习也不存在统一的核心要素，而是注重个性化定制服务。随着神经科学和基因修复技术的发展，人脑的记忆将由生物芯片存储，喜怒哀乐廉耻美善也用脑科学技术操控。人工智能爆炸式发展必将印证"不怕做不到就怕想不到"。

或许 30 年后，现有学校形态和班级授课将会消亡。基于布劳迪对知识学习作用的四种划分（重复性、应用性、联想性、解释性），在符号教育学阶段学习功用主要在于其联想性和解释性，所以教学主旨在于扩充"意象库"（据以思维、想象、感觉的素材，使学习者在未来的临场反应变得丰富多彩）和"概念库"（使学习者的经验优化、清晰）。根据石中英《知识转型与教育改革》思想，此阶段可名之曰"中庸知识型"——跨越现代与后现代知识型或文化知识型。

（四）体系

1. 纵向结构

（1）原理层：符号教育学的一般哲理（教育符号的符号、元符号 meta-edu-sign）

（2）规范层：（教育符码学 edu-sign code；教育符形学 edu-syntactics；教育符义学 edu-semantics）

（3）实践层：教育符用学 edu-pragmatics。

根据哲学基本范畴的三论（本体论、认识论、实践论），亦可如此架构符号教育学的纵向结构：原理层、规范层、实践层。其中，最上位的是作为本体论的原理层——关于符号教育学的一般哲理，如关于教育的符号、教育符号的符号、元符号的探讨，是关涉符号教育学的体系框架、立论本源、是之为是的理论基础。若将以上纵向三层归位于学科范畴，则：原理层属于教育符号学或符号教育学原理；规范层属于教育符码学、教育符形学、教育符义学；实践层属于教育符用学。语言是最大的体系化符号，故语言教育（如语文、外语、文学、书法等）为符号教育学提供了最为成熟的实践基础，但符号作为人文社科的公分母，符号教育是人类教育实践的高级阶段，符号教育学则可涵盖未来一切教育之学。

中间是作为认识论的规范层——关于教育符码、教育符形、教育符义的中层认知理论。其中，教育符码是指教育领域或用于教育的符号编码、算法、符号传达、符号解码的方式方法、特色表征、运行机制、范式规则等。教育符形则关涉教育符号表征、教育符号分节、教育符号间关系。教育符义则关涉教育符号的意义，包含本义与引申义、教育者之意与受教者之意、实然之义与应然之义、现实之义与象征之义等。根据索绪尔二维（能指—所指）符号学理论，教育符形是教育之能指，教育符义是教育之所指；根据皮尔士三维（再现体—解释项—对象）符号学理论，教育符形是教育再现体，教育符义取决于解释项。

最基础的是作为实践论的实践层——关涉教育符号对于教育主体的功用和价值，即教育符用学。按照莫里斯列出的 6 大学科（符形学、符义学、符用学、社会学、物理学、实践学），教育符用学主要研究教育符号与教育接受者之间的关系，研究接受者在何种教育情境和条件下得到什么教育意义，以及教育意义如何被发送者与接受者所使用。

2. 横向结构

（1）教育系统内诸要素结构

普通教育学中，广义的教育泛指一切有目的地影响人的身心发展的社会实践活动；狭义的教育是指根据一定社会的现实和未来的需要，遵循年轻一代身心发展的规律，有目的、有计划、有组织、有系统地引导受教育者获得知识技能，陶冶思想品德、发展智力和体力的一种活动，以便把受教育者培养成为适应一定社会（或一定阶级）的需要和促进社会发展的人。一般认为，教育系统内的要素有教育者、受教者、教育内容、教育方式、手段、计划、工具、场域等。这些要素之间何种关系呢？符号学中不同流派有不同阐释，其中雅各布森的符号思想对于分析教育系统内部诸要素结构颇有启示，他提出三段（发送者、运作过程、接收者）六要素（发送者、语境、文本、媒介、符码、接收者）。

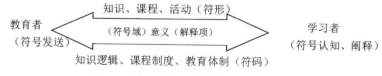

图6-2　基于雅各布森符号论的教育模式

若从雅各布森的符号三段论思想出发，则可如此阐释：教育就是符号发送者通过内容、文本、媒介和符码对符号接受者施加影响，使其身心得到符号意义的过程。或者说，教育是以善为灵魂、以人的生成为目的的符号创制与使用活动，包含符号的创制、解读、保存、交流、使用。该理论对课程与教学的阐释也很有启发：教育实践本质是教育者与受教者之间的意义互动，在显性层面，通过知识、课程、活动来实现主体间性的本体功能，即教与学；在隐性层面，通过知识逻辑（符形）、课程体系（符义）、教育体制（符码）的运作，来达成符用（符号之于人的功用）：教育者借助符号的操弄而安身立命，成其为师者的身份地位；受教者借由符号的扬弃而经世致用，成其为习者的人生品性。符号学就是意义之学，没有无意义的符号，也无非符号的意义表达。从这个角度看，米德的符号互动论与教育领域的意义互动具有家族相似性。

（2）**教育系统内外关系结构**

基于莫里斯的符号、使用者、世界三要素论，符号教育学对教育系统内外关系结构可做如此改造：微观层次上应用于教学系统内：教材符号—教学主体—课程大纲；中观层次上应用于教育系统内：课程符号—课程主体—知识世界；宏观层次上应用于教育系统外：教育符号—社会主体—人的世界。姜得胜在其著作《符号与教育场域关系之研究》一书中系统论述教育与符号之内在关联，既有宏观人类社会与符号的哲理逻辑，又含学校教育与校园符号的微观质性探究。

（五）前景

符号教育学在某种程度上扩展了教育视界，它通过对教育符号的无限质疑和无穷衍义使教育成为积极合作的、增长经验的、结果不可限量的实践活动。符号教育学的实践方法不一而足，会根据学习者个人境况或教师实践的情境条件而相应改变，这些方法可以运用于讨论课或讲座等形式。符号教育学实践的秘诀是"倾其所能"——学生一旦受到引导而打开附属经验的闸门，这些附属经验就会成为学生理解新知的引擎，学生在对经验符号的无穷衍义中不断获得新的知识。那些不明确的、未曾预知的、未曾彰显的缄默知识会在附属经验的涌动中掀起思想的涟漪，甚至碰撞出创新的火花。

具有符号学智慧的教师总是乐于给学生讲故事和对教学重点内容无限衍义，他们通过激发兴趣和引入附属经验来满足学生的求知欲。这有赖于教师增强符号意识、搜集日常生活中的文化符形和教育符码，并鼓励学生一起交流分享其附属经验。例如，笔者常常发现同事中那些很出色的教师往往不是诲人不倦地从头讲到尾，而是适当地保持沉默，激励学生深度交流、切磋讨论、自掘潜力。在课程主题的恰当节点，学生踊跃讲述其或沮丧或激动或有趣的心路历程，而教师只是组织、倾听、顾问、引导。螺旋式的理解—思考—符号与对象间建立联结，习得这样一个终生的学习方式正是符号教育学的目标。符号教育学并非一个既定的教学方法，而是在主观情境视域中的行动路径，它认可学习过程的符号学本真，把理解看作反专制、反规训的方式而非具体的行为准则。符号教育学实践自然天成、水到渠成，因为它在教育符码、符形、符义、对象之间搭起桥梁，使知识与生活、新知与旧知、科学与自然、文化与附属经验之间的天堑变通途。

符号教育学承认人类所制定的各种规则、秩序，但同时强调这些规则和秩序绝非先天形成，而是人类惯习和人为建构的结果。这种教育观瓦解了师生间的等级关系，代之以编码—解码过程中的符号关系，正如皮尔士所说，好教师只是扮演着知识向导的角色。教师应该把功夫用在提升学生基于符号的推理能力、帮助学生筹划能开阔附属经验的教育关键事件上。符号教育学促发附属经验在学习中的纵横联结，倡导学习者人格符号社会化以及社会符号个性化。显然这些思想受到米德"符号互动论"和乔治"符号游戏"的启示。教师可以成为牧师或者渡者，更是意义制造者，为学生介绍各种新情境以资探求各种可能性，并化腐朽为神奇，开启不可能的可能性。对于所有教师、学校和教育来说，教育符号化或符号教育化都不是一次教改运动或突击式任务，而是学习与理解中一个首要的、终生的过程。符号化本身对于重构教师、学生和课程的作用与功能具有无穷潜力。按照怀特海的符号观来看，学生感知世界主要有三种方式（因果效应、直接表象、符号指称），其中符号指称（symbolic reference）总是基于过去经验。没有任何直觉和认知不是由先前的认知所决定，毫无例外，只要思想者不亡，则思想的符号总会被其后的思想符号所解码、转译。

尽管目前教育理论层出不穷，但在国内"符号+教育"这个开放的"无限衍义"领域的课题尚待开发，未来必将大放异彩！重温皮尔士符号学思想成型之初心，重启符号教育学思想，必对当下举步维艰的新课改或有所助益。下面我们将透过 20 位国外学者个性化思想中一窥符号教育学之端倪。

符号学理论哲思深厚、流派众多，作为横跨人文社会自然三领域的公分母，宛如太平洋深处尚无人踩踏的一片沙滩，多彩绚烂。教育学者闲庭信步，随手便可拾起一颗珍珠抑或一枚彩贝。李幼蒸（2003）对符号学研究领域边界提出一个看法："符号学主要研究那些意指关系欠明确的现象，一旦某种意指关系问题充分明确之后，该研究即进入了科学学科阶段。"有学者认为科学学科阶段的核心概念是信息，而信息不是符号。但是在量子纠缠、全息影像、多维时空等最新科技领域，信息就是符号之一种——科学符号。世界上所有的意义行为都依靠符号，因此符号学基本规律，符号学基本理论，应当适合所有这些活动，这是符号学理论的普泛特征所决定的。

基于教育学主要是一种人文社会科学，但亦包含自然科学成分，而能在不同学科之间架起桥梁的则非符号学莫属。传统符号学主要针对人文社会科学，而随着应用符号学的全面开花，未来一定可以在教育学中偏自然科学领域大放异彩。据四川大学符号学—传媒学研究中心统计，2011 年全国已开设符号学相关课程95 门（含不同高校开设同一名称课程）。从已有数据来看，符号教育学其实已经在路上。教育学流派尽管缤彩纷呈，然终极主旨乃促进适当的人适当地学习适当的知识。而学习，"从本质上说，所涉及的正是符号……学习的所有东西都来自符号，所有的学习行为都是对符号或符码的阐释。"只有对疾病的符号有着敏锐感知的人才能成为医生，同理，只有对人的符号或符号的符号有深刻把握者才能成为优秀教育者。

未来在两个方向大有可为：教育符号化、符号教育化。

三大领域：教育符号、符号教育、符号与教育之关系。

（六）互竞与弥合：符号教育学的论辩

扑面而来的时代，以何冠之？这个时代的教育，以何符号为表征？名不正则言不顺，言不顺则事不成，名实之辩本就是符号学问题。未来已来，学界名之曰：后现代、信息时代、网络时代、智能时代、图像时代、多媒体时代、虚拟时代、大数据时代、区块链时代、脑机融合时代、基因修复时代、命运共同体时代等，相应的教育则冠之为：未来教育、后现代教育、信息化教育、网络化教育、人工智能教育、图像式教育、多媒体教育、虚拟教育，以及繁复的"基于……的教育""在……背景下的教育"等。① 这些命名显然都抓住了这个时代的某一特征，但是并不全面。以此作为某种教育形态或教育学流派固然有其合理性，但是因其过于具体而难以含纳这个时代的教育共性，这种教育构想或教育学流派势必通约性和普遍性不足。

---

① 李政涛，文娟．"五育融合"与新时代"教育新体系"的构建［J］．中国电化教育，2020（03）：7–16.

相比以上命名，符号教育学具备很大优越性，它以符号学理论资源描述教育现象、阐释教育意义、解决教育问题。符号是信息与意义的双重载体——把握了这个时代的物质基础"信息"，同时兼顾到精神层面"意义"。如果说1687年之前传统教育时代的物质基础是文字、1687—2016年现代教育时代的物质基础是石油，则2016年之后符号教育学时代的物质基础便是信息。信息（含数据）是人工智能+未来教育的血液，但是血肉之躯须有灵魂相伴才能鲜活，灵魂就是意义和意义感。人的尊严、自由、幸福都在意义感之内，而教育就是以人生幸福为目的的符号化。① 故而符号教育、符号教育学都超越了上述各名称形而下的局限性。符号教育阶段，虚拟现实化与现实虚拟化并存，学校形式消亡、师生关系解构，以学习为核心的教育可以脱离真实空间而存在；基因工程和人工智能使人类从繁重生产性劳动中解放，全面发展和自由创新成为可能，高级趣味和诗意人生成为课程学习的目的，审美和艺术成为核心学习内容，因其有助于获得意义感和幸福。

基于符号演化史的三次教育浪潮，催生三种教育形态——传统教育、现代教育、符号教育，三者各有千秋。虽然前后相继但并非决然迭代、非此即彼，而是自然演化，优势互补，继往开来。三种教育形态的互竞与弥合如表6-2所示。

表6-2　符号演化中的教育形态

	前浪潮	第一次 教育浪潮	第二次 教育浪潮	第三次 教育浪潮
教育学	原始教育	传统教育学	现代教育学	符号教育学
时间史	500万年前	BC21	AD1687	AD2016
符号史	原始符号	语言符号	科学符号	虚拟符号
符号观	混沌世界	符形	符用	符码、符义
哲学观	神学	形而上学	科学	和
意义源	劳动	生产	行动	漫游
能指与所指 逻辑距离	0	01	02	00
教育符号	像似符	指示符	规约符	多元符号

---

① 李润洲. 转识成智：何以及如何可能——基于冯契智慧说的回答 [J]. 山西大学学报（哲学社会科学版），2019，42（06）：89-95.

续表

	前浪潮	第一次 教育浪潮	第二次 教育浪潮	第三次 教育浪潮
教师符号	渔猎高手	灯塔、蜡烛	灵魂工程师、园丁	服务员、心灵伴侣
学生符号	丑小鸭	存储器	工具箱	万花筒
工具符号	动作	教鞭、经书	黑板、指字棍	人工智能、虚拟现实
教育目的	活命	知识	能力	意义
教育中心	劳动	教师	学生	学习
教学内容	示范	传授封闭性经典	传授标准化教材	自选学材、师生共创
师生互动	行为像似符：模仿	单向强符号化	单向弱符号化：学以致用、问题导学	双向弱符号化：开放、弹性、泛在
学习形态	移动、模仿	记忆、重复	互动、应用	移动、浸入、游戏
学校形态	无	固定封闭单一（讲坛、教室）	固定半封闭多功能（阶梯教室、实验室等）	泛在、无形、虚拟

从表6-2可见，学校形态的变迁紧紧跟随教育—符号的演化脚步，因为符号演化的内在机制成为所有教育、教学、学校发展的符码。以符号为内容是所有教育的共性，但作为所指为教育高级形态的专有名词——符号教育，则始于虚拟现实元年2016年。此阶段教育中能指与所指借由虚拟现实而拉近逻辑距离，实现充分浸入感、交互性和多通道融合，教与学在逼真甚至超真幻象中尽性。教育符号不再拘泥于像似符、指示符或规约符的类别化，也不再纠结于生活符号、科学符号、人文符号之分野，而是随心所欲不逾矩，也即展现各种的"和"展面。在符号教育学阶段，教育目的为意义，教育中心是学习，师生互动为双向弱符号化，即开放、弹性、泛在。学校超越传统形态的"固定""封闭""有形"，代之以泛在、虚拟、无形。尽管学校的所指近似，但这种能指还称为"学校"吗？

基于"学校"在历史长河中逐步再度符号化，一再被附加别样意义，今日之学校非昨日之学校，昨日之学校非本初学校。学校变迁的不仅仅是能指（如：场所、硬件、制度、主体、内容、评估等），还有巨变的所指（如：生产生活、政治体制、权威分布、关系样态、生存状态、世界形态等）。学校彻底退出历史舞台，尚需逐层剥去附着在"学校"上的符号外衣，如何剥去呢？马克思主义认为，社会存在决定社会意识，只有当社会存在形态发生全面的、充分的巨变，符号意识才会有相应的跃迁。在符号教育时代，至关重要的四化（生产智能化、生活虚拟化、文化多样化、政治民主化）既是地球村的发展趋势，也是教育方向的参照系，其中，政治民主化是学校终结的最后一根稻草。

符号学即意义学。意义之源在符号史不同阶段，有不同的经验源泉。借用阿伦特 1958 年《人之境况》思想：人之意义源泉可依次划分为：劳动（肉体生存）、生产（社会关系）、行动（公共事务）、漫游（身心解放）。只有在符号教育阶段，才真正将意义作为教育的最重要目的，意味着每个个体尤其个性化存在意义，不再为肉体活命或通过对符形的记忆而葆有身份地位，也无须为就业而提升职业能力，个体只需要成就最好的自己便可。[①] 因为符号教育学中的意义意味着开放、个性化和无限衍义，在不可能世界中探究其可能性。在那个时代，人作为一颗螺丝钉的机器大工业生产将被人工智能所替代，人类史上，首次出现 90% 的人可以不劳而获、不教而学、不眠而梦。

符号学是人文、社科和自然的公分母——以符号学作为解析教育的理论资源，必将海纳百川，使符号教育学获得极大包容性。符号本是世界存在的表征，认识符号就是认识世界，符号学也是意义学，以此介入教育学，更好助力第三次教育浪潮时期教育目的的达成——获得意义感。符号学还是现象学（胡塞尔）、语言学（索绪尔）、逻辑学（皮尔士）不约而同的共同题材，它与教育相结合，将站得更高、看得更远，使符号教育学具有形而上的理论自信。符号学更是传播学、社会学、文化学的元语言，借此而生教育传播、网络教育、师生符号互动、戏剧表演、意义表达与传输、意义解读、意义社群与合作学习、无穷衍义与深度学习等。可以说，不论名称，或实指，绝无符号其右者；无论形上或形下，难有符号学匹敌者。

当然，有一利必有一害。鲍德里亚已经告诫现代社会的符号消费过渡和意义内爆问题。未来社会或许继续恶化为符号超载、符号异化。而人工智能、基因工程等解放了人的身体，却也放逐了人的思想和灵魂，导致精神空虚、意义感缺失，如越来越多的师生自杀、抑郁、衰竭、狂躁、离家出走。这些问题与

---

① 王佑镁，赵文竹，宛平，朴善晦，柳晨晨. 数字智商及其能力图谱：国际进展与未来教育框架 [J]. 中国电化教育，2020（01）：46-55.

教育符号自身演化"祛实向虚"密不可分,虚拟符号主宰的教育形态日益远离实体、实物、实相,教育的功效从规训四肢、到潜移心理,最终或许深入灵魂。新生代学习者似乎更乐于人工智能与虚拟现实情境的教育,尽管在"虚端"表现的思维缜密、谈吐风雅、逻辑清晰、见识不凡,但在"实端"却足不出户、视力模糊、四体不勤、五谷不分。未来不知将有多少宅男宅女不婚不育方生方死。

解铃还须系铃人,符号异化相伴的教育问题需要符号教育学去解决。虚拟符号演化到这个历史阶段,正是需要普及符号意识去消解,可谓魔道相生相克。波普尔认为,可被证伪才能算是科学。符号教育学毕竟也只是概念丛林的一枝而已,虽然面向未来,它因应人工智能与虚拟现实教育新趋势,是虚拟符号主宰时代的教育构想。但没有放之四海而皆准的所谓真理。即便康德三大批判,也需要三个悬设作为补丁。符号教育学作为一种尚未定型的理论构想,绝不会打倒一片而独树一帜,这既没有现实必要性,也无逻辑可能性。符号的精髓在于"开放性""无穷衍义性""世界存在的表征",唯我独尊的独霸话语是任何学术探究的天敌。

符号教育学必然汲取既有理论形态的合理因子,弥合漏洞与不足。人类教育是自然演化之结果,教育演化史从来不会切割、分段、归类、流派,这些只是学术研究的遗迹,充满人为主观性、客观编排性,无论"我注六经"或"六经注我"都充满荒诞。前文所述基于符号演化史的三次教育浪潮,看似理据充分,然而只是笔者后知后觉也或许"事后诸葛亮"的误识。因为,偶然性、不确定性、昙花一现总是涌现于任何历史阶段,每次教育浪潮即便被人为切分,也难免散落几颗珍珠。第一次教育浪潮的传统教育,看似处于教育符号演化史的前期,但却闪耀着第三次教育浪潮的光芒,如孔子"有教无类""因材施教"、苏格拉底"产婆术"等。第二次教育浪潮的现代教育时期出现的现象学、解构主义、后现代、意识流,似乎成为反噬现代教育符号的魔兽,可是,却成为第三次教育浪潮的符号教育的精灵。

太阳底下没有新鲜事,符号教育学思想来源于人类既有的思想火花,如传统教育时期就已大力弘扬的自由、德性、情感等主张,现代教育时期高歌猛进的科学教育、民主教育、平等教育、人本教育、理性教育、生命教育、神经教育学等思想,都将成为符号教育学的思想灵魂。只不过符号演化到曾经的那个历史阶段,尚没有物质基础使之付诸实施。而未来生产力发展到90%的工作将由人工智能替代，那么曾经的思想主张必将化为现实。因此，教育在不同时空的符号表现形态，过去、现在、未来浑然一体，基于不同时空的教育学构想或流派为了与时代合拍，必然选择某些符号表征而放弃另一些。研究者们若在自由条件下百家争鸣、百花齐放，那么所有形态和表征的合集便形成时代的全貌。符号教育学期盼成为那样的合集，但是"名可名非常名"。

二、和而不同：教育符号学与符号教育学辨析

20世纪80年代之前，国外有关符号与教育的研究主要基于索绪尔语言符号学，范围集中于语言教学。20世纪末，开始出现皮尔士符号学与教育学交相叠合的研究。21世纪初，美国有诸多教育学者从广义符号学视角研究教育教学问题。目前，符号学与教育学携手共进，一起促进人文社科繁荣，但并肩前行有不同方式，如教育符号学与符号教育学两个术语能指的分野，以及所指概念之迥异。一方面百花齐放春满园，另一方面则乱花渐欲迷人眼。

罗什、邱碧华认为，"知识本体"与"术语总体"之间是所指与能指的关系，"术语总体"有语言学和概念化两个维度，术语的存在有赖于概念符号系统和语言学符号系统两者的张力，这两个系统间有进一步的所指与能指关系。[①] 教育符号学与符号教育学，从概念能指表面看，这两个术语形式仅仅顺序颠倒而已，但从概念所指或知识本体而言，两者迥然。尽管其他著述对比已有零星阐释，鉴于概念丛林令人眼花缭乱，笔者特此进行集中厘清。

（一）求同：符号学+教育学 的跨学科交叉领域

其实能指无论是"教育符号学"或"符号教育学"，其所指皆是聚焦于符号+教育——这是一个跨学科交叉领域，在符号学和教育学两个领域充满张力。该领域奠基者坎宁汉（Cunningham）1987年发表 *Outline of an Educational Semiotic*（《教育符号学论纲》），但1992年又发表 *Semiotic education*（符号教育学），虽两者名称有异，但内容并无本质不同，均从符号学视角来论述教育，这也许与研究者学术旨趣有关，坎宁汉是著名的教育学家而非符号学家。基于赵毅衡把符号学全域划分为四对八个领域，则符号学与教育学之交叉领域亦可

---

① 邱碧华. 本体术语学：把术语和知识本体统一起来的范式 [J]. 中国科技术语，2016（3）：20-25.

如此切分。很多领域都是教育符号学与符号教育学共同面对的课题。

符号学理论博大精深，从最初的语言符号学到逻辑修辞符号学、文化符号学，再到人类符号学、生态符号学，总之无所不包。任意一个分支都可以与教育学建立深度关联。教育的主体和对象是人，皮尔士三维符号论的解释项聚焦于人，符号与教育的交集之焦点也是人。表6-3所列正是其思想源流简明汇总及其相应教育生长点，当然，符号学乃一种无限衍义的理论资源，无论在原典论域或者引申论域，都为教育学指明无穷应用前景。教育符号学与符号教育学如同两台盾构机都围绕人的问题这个大山，分别从山的两边一起向中心掘进（如表6-3所示）。

表6-3　符号教育学的理论资源

概念 学者及代表作	符号	人	教育生长点 （应用前景）
索绪尔 （1857—1913） 《普通语言学教程》1916	符号二元论：能指（signifer）、所指（signified）。能指与所指（或意符与意旨）之间的关系是主观定义的。	人主观定义了能指与所指（或意符与意旨）之间的关系。	（原域） 语言学、 修辞学的教学
皮尔士 （1839—1914）	符号三元论：符形（representamen）、符号对象（object）和解释项（interpretant）的关系。符号可分为性质符号、单个符号和规则符号三种。	人的三级存在（感觉—经验—抽象）	（引申域） 教育本质、 教育内涵、外延
莫里斯（1901—1979） 《符号理论的基础》、 《符号、语言和行为》	三要素论，6个学科领域划分： 符形学、符义学、符用学、社会学、实践学、物理学	人需借助符号理解人	（原域）教育符号学、教育传播学、教育解释学； （引申域）教育学科群的关系；教育要素间关系
卡西尔（1874—1945） 《人论》（1944）	"符号系统"是由语言、神话、宗教、艺术、科学、历史等文化形式构成。	人是使用符号的动物	（原域） 人的本质；文化 （引申域） 教育本质
胡塞尔（1859—1938） 怀特海（1861—1947）	表现就是符号	人类为了表现自己而寻找符号	（引申域） 教育现象学、教育过程

概念 学者及代表作	符号	人	教育生长点 （应用前景）
海德格尔（1889—1976）《亚里士多德的现象学解释》1922	解释学、阐释学、释义学	人类通过世界的存在而存在，世界是由于人类的存在而存在。	（引申域）教育解释学
雅各布森（1896—1982）《结论发言：语言学与诗学》1958	隐喻与转喻二元对立；传播六要素	人具复杂性、多维性，因而编码与解码都有很大的不确定性。	（引申域）教育传播学、教育信息学
福柯（1926—1984）《词与物》1966《知识考古学》1969	鉴别符号，了解连接规律的全部知识，称为符号学	人是社会规训的结果	（原域）知识型
布迪厄（1930—2002）《语言与符号权力》《教育、文化和社会再生产》	符号暴力是指由语言、文化、思想和观念所构成的为人们自觉或不自觉地接受"看不见的、沉默的暴力"。	人在符号资本的占有、使用中化为不同阶层。	（原域）教育是一种"符号暴力"，看似旨在传递知识、培育人才的教育活动，实为一种保存和再生产社会阶级关系结构的工具。
米德（1863—1931）符号互动论	符号是指所有能代表人的某种意义的事物	自我是人们在与他人互动中逐渐获得，其中并无先天成分。思维是主我（I）与客我（Me）之间的互动过程。	（原域）教育社会学、教育行为；（引申域）融合教育
威利 living《符号自我》1994	符号是文化元素标记	将皮尔士 I—You 对话和米德 I—me 结合，形成三边对话关系：主我—你—客我。自我是充满社会性、对话性、自反性的符号。	（原域）内心对话、自反性、未来自我（引申域）教育测评、考试考察

续表

概念 学者及代表作	符号	人	教育生长点 （应用前景）
巴赫金（1895—1975）《马克思主义和语言哲学》1929	文化符码结构分析；文化符码背后社会学含义；走出纯粹文本能指分析	人类基本生存方式是对话	（原域）文化符号与意识形态相结合；社会情境；交流；对话。 （引申域）教育交流、对话教学
罗兰·巴特（1915—1980）《符号帝国》1970	文学如同所有交流形式一样本质上是一个符号系统	人总是处于一种等待移情状态之中。	（原域）叙述学、语言符号、文本分析 （引申域）教育叙事、教育文本、教材文本、语文教学
伯恩斯坦（1924—2000）《教育话语之结构化：阶级，符码和控制》（1990）《教育、符号控制与认同：理论研究和批判》（2000）	精致符码、受限符码、语码理论	不同阶级关系造成不同交际形式——支配语码或从属语码，不同语码赋予个体不同身份地位。	教育公平、人的社会发展
克利斯蒂娃（1941—）《符号学：符义分析研究》（1969）	符号对应着含义精确的词语	自我是非理性的"零逻辑自我"	（引申域）教育哲学、人的意义生成、人性的谱系分布
塔拉斯蒂（1948—）《存在符号学》（2000）、《价值与符号》（2004）	强符号、弱符号、符号流	自我—自身的建构	（原域）教育原理、人的可教性、曲折性
赵毅衡（1943—）《文学符号学》（1990）、《意不尽言》（2009）、《符号学原理与推演》（2011）、《趣味符号学》（2015）《哲学符号学》（2017）	符号被认为携带着意义的感知。	人是意义世界的栖居者	符号、文化、意义等核心概念的界定。教育哲学、教育叙事、教材分析等。

注：表中（原域）指文献中原有论点范畴；（引申域）指基于原著思想而引申出的论点范畴。限于篇幅，参考文献恕不尽列。

（二）存异：四维分殊

从跨学科角度看"符号+教育"两大系统，"以何者为主"构成了两个术语路径：一是偏向符号学的"教育符号学"，主要探究教育领域的符号现象和规律；二是偏向教育学的"符号教育学"，主要以符号学理论资源研究教育问题。两个术语所指虽研究议题和面对问题多有重合，但其区别也是明显的，主要体现在4个维度——逻辑论、本体论、方法论、实践论（如表6-4所示）。

表6-4 教育符号学与符号教育学在4个维度的区别

	教育符号学 Pedagogical/Educational Semiotics	符号教育学 Semiotic education/Education
逻辑论	符号学分支，偏正结构：教育是修饰语	教育学分支，偏正结构：符号是修饰语
本体论	符号是人类生存家园，符号为自然界立法	教育是社会人生成的条件，教育是人类持续存在的家园，教育为人心立法
方法论	育人伦理性是符号学方法论取向	符号是教育学的一种视角和研究方法
实践论	从教育视角推进符号理论与实践； 教育中的符号意义	从符号视角推进教育理论与实践； 符号中的教育意义

1. 逻辑论维度之异

教育符号学这个能指本身乃偏正结构，教育是修饰语，故属符号学范畴；如同教育语言学是语言学分支、教育社会学是社会学分支、教育心理学是心理学分支。符号教育学这个能指本身仍偏正结构，符号是修饰语，故属教育学范畴。如同家庭教育学、审美教育学、现象学教育学等皆属教育学分支。

教育符号学与符号教育学两者逻辑结构如图6-3、图6-4所示，教育符号学所意指的符号学乃是整个人文社科或人类文化之全域；而符号教育学所意指的符号学乃是与教育学并行的另外一套系统，两者重叠领域即符号教育学。

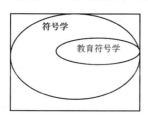

图6-3 教育符号学与作为
本体论的符号学

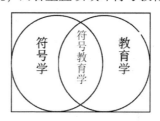

图6-4 符号教育学与作为
方法论的符号学

(1) 教育符号学

教育符号学：属符号学，偏正结构，教育是修饰语。教育符号学可定义为：研究人类学习和教授过程中符号学机制的符号学分支。教育符号学的最大走向即教育符号化。中国大陆最早教育符号学提出者程然教授 2013 年认为，教育符号学是基于人的符号性，符号元工具性及社会性与个性的统一特质而形成的理论建构。世界需要符号化把握，自我需要符号化建构。中国台湾地区最早的教育符号学提出者姜得胜教授认为，如同教育哲学是哲学理论与实务在教育上的应用一样，教育符号学即是符号学理论与实务在教育上之应用。

在国外，1987 年坎宁汉在 *Outline of an Educational Semiotic* 一文中首次使用了教育符号学（educational semiotic）概念。2013 年涂尚出版了《教育符号学：教育中的符号与象征》（*Educational Semiotics：Signs and signs in Education*），书中 4 个构思巧妙的研究展示如何将符号分析用于解构实习教师的专业学习经验，教育符号学被认为是带有特定目的的应用符号学。2014 年，赛默斯基与斯特布尔斯主编《教育学与教育符号学》（*Education and Edusemiotics*），自创新词 Edusemiotics（教育符号学）。

语言是最强大最系统的符号，教育符号学的像似符是教育语言学，博纳德·斯波斯基（Bernard Spolsky）1978 年认为"教育语言学是应用语言学的一个分支，是语言这个学科与教育实践行业之间的交集"。约翰逊（Johnson）1998 年将教育语言学定义为"关于语言与教育关系所有问题的语言学分支，强调语言是学校和整个社会教育过程中必不可少的部分"。《简明教育语言学百科全书》1999 年版言及"教育语言学"近似于教育心理学和教育社会学，该专有名词的核心词是"语言学"。宾夕法尼亚大学《教育语言学手册》（*Educational Linguistics Handbook*）2001 年明确教育语言学旨在探究"语言学研究、教育理论和实践、政策关系，关注重点是语言与文化多样性以及地方、国家乃至国际意义上的语言学习与教学方法"。霍恩伯格（Hornberger）2001 年认为，教育语言学聚焦于 3 个维度：教育学与语言学的交融整合；深度分析语言及其学习的相关主题；以问题为导向探究理论、研究、政策、实践及其相互关系。这些观点同样适用于教育符号学。

(2) 符号教育学

符号教育学（Semiotic education/Education）：属于教育学，偏正结构，符号是修饰语。可定义为（广义）以符号学为工具研究教育现象和问题的教育学流派或学问；（狭义）特指人类教育学发展（传统教育学、现代教育学、符号教育学）的第三个阶段。笔者于 2009 年提出构建中国符号教育学的设想：符号教育研究者与实践者在教育符号域中观察和解释符号及其意义、探究教育符号行为的心理动机、意义及各种指称关系中的认知和释义过程，并通过符号研究来认知教育现象和思考教育问题，从符号学视角描述、解释、预测和改进教育。在国外，最早于 1992 年，史密斯·尚克和坎宁汉共同提出 Semiotic education（符号教育学）这一名词，可惜没有做出任何界定。赛默斯基 2010 年主编《符号学教育经验》（*Semiotics Education Experience*），书中 15 篇论文涵盖 2007 年至 2010 全世界符号教育学领域最新成果。

2. 本体论维度之异

（1）教育符号学

从本体论维度而言，教育符号学之中的符号具有本体论意味，符号是人类生存家园，不仅为自然界立法，同时还为社会立法。老子《道德经》：道可道，非常道。名可名，非常名。无名天地之始，有名万物之母。其符号学意蕴：我们用任何符号所表达的现象界的"道"，都不足以表示本体的形而上学之"道"。我们用任何符号所表达的现象界的"名"，均非运行不息的物自体之"名"。当符号所指为现象界之天地初始的静虚状态时，那便指向宇宙本源——理念界本身；当符号所指为理念界之外化具象的实存状态时，那便指向现象界的本源。因有符号，才让我们认识万物，万物归位，自然有序。海德格尔说："本质上，意义是主客体之契合、相交共生的结果，世界万物只有为我所用才有意义，因此我们将其当作什么，它才可能是什么。"人类能够从符号中获得有关客体世界的信息和意义。使"客体变成对象"过程即赵毅衡教授所谓"形式直观"——意识把"获义意向活动"投向事物，把事物转化成"获义意向对象"，在这个过程中获得意义。意向性是意识寻求并获取意义的倾向，获义意向即意识追求意义的意向性。事物在面对意识的意向性压力下，呈现为对象回应意向。教育符号学正是立足于人类生存家园的符号，才使教育实践成为有深度的意向性活动。教育世界在被意识的意向性活动"激活"之前，乃化外之域，在受到意识的教育意向性活动压力之后，教育世界才豁然开朗，成为有教化秩序的意义世界。

（2）符号教育学

符号教育学之教育具有本体论意味，教育是社会人生成的条件，教育是人

类持续存在的家园，教育为人心立法。教育与符号何者为先？如同先有鸡呢还
是先有蛋？离开人这一主体，则一切烟消云散。从符号教育学视域来看，当然
是教育为体，符号为用。相对于符号，教育本体论地位体现在：符号只是教育
的内容、过程和形式，但无法确保教育的目的、方向和价值，教育为纲、符号
为目，纲举目张。教育符号学范畴中，符号具有本体论意味，符号为自然立法，
甚至动物符号学、生命符号学、符号伦理学（全球生态之总体的符号正当性）
都已将符号的触角伸展到人之外的世界，人站在生态之巅，天然具有生态伦理
之责，因而通过符号为整个世界建立秩序。但在符号教育学范畴中，教育具有
本体论意味，教育为人心立法。人类进化进步主要通过两种符号传递方式：一
是遗传符号（信息），主要是生物性传递；二是文化符号（意义），主要是社会
性特别是教育传递。教育的符号化功能使人人看起来有人样。康德《纯粹理性
批判》将人之认识能力分为感性、知性和理性，从符号学而言，感性的处理对
象是一级符号——杂多表象，由杂多表象而形成二级符号——分析判断和综合
判断所构成的知识，这是知性的符号运作对象和结果。而理性是由先天综合判
断对三级符号的运作。符号仅仅是运作对象，而认识能力与教育有更强切近性。

3. 方法论维度之异

（1）教育符号学

从方法论维度看，教育符号学之中教育的育人本质是符号学伦理性保证。
单就符号本身而言，无论索绪尔能指—所指，或皮尔士再现体—对象—解释
项，都未正面应对实践理性和伦理正当性，而是囿于纯粹理性和真理正当性。
即便符号与对象间的关联具有任意性如规约符，那也是基于意志自由的理性范
畴，而并未涉及信仰等终极问题。可是，教育的魅力在于不局限于理性和科学，
而是对于信仰等终极使命的偏好。《庄子·齐物论》"夫大道不称，大辩不言，
大仁不仁，大廉不谦，大勇不忮"。即人生最根本大道难有恰当的语言符号来
表征；最强有力辩论之才是不用借助额外符号去张扬；最大仁义无须特别符号
来显示慈爱；真正的清廉并不用借助符号来彰显；最勇敢的人并不纠结于何种
符号来逞强。这既是肯定伦理正当性优先的教化，又是告诫符号之正当性难以
定位。符号学的开放性和无限衍义成为人文社科探求意义的最佳话语方式，但
是没有方向性的意义犹如天边云卷云舒，不知飘向何处。雅思贝尔斯说，教育
就是一片云彩带动另一片云彩，一棵树推动另一棵树。教育的伦理正当性恰好

为符号之意义规制方向，犹如彩虹当空，引浮云成神马。反之，缺失伦理正当性的反教育犹如滚滚乌云，一片汪洋都不见，知向谁边？那会将意义推向何处？

（2）符号教育学

从方法论维度看，符号教育学之中的符号是教育学的一种视角和研究方法。严志军、张杰认为，"在中国符号学者看来，符号学首先是一个方法论问题，符号学之所以是一门独立的学科，就是因为它具有独特的研究符号的方法……符号学研究符号是尽可能多地发掘符号意义的多元……正是基于这样的认识，中国学者更多地关注西方符号学理论的方法论影响"。符号源于人类更加便捷的认识世界，起初便作为工具而存在，所以符号学这门学科天然具有方法论性质，正如李幼蒸和赵毅衡所说"人文社科的总方法论"或文科中的数学。现代西方符号学鼻祖索绪尔、皮尔士的符号学皆有强烈的方法论色彩，如能指—所指的指称方式和赋义过程，聚合—组合的文本分析模式，三分法的跨文化解读等。至于符号学作为本体论意义的理解，那是第二代符号学家如洛特曼、巴赫金、西奥比克等在基础功能之上的深度阐释。教育实践主要通过主体间性的符号运作，无论是意义传递或知识再现，无不以符号为中介或载体。

可惜国内外诸多学者没有厘清符号教育学和教育符号学这对概念。如涂尚2013年出版大作，书中4个构思巧妙的研究展示了如何将符号学分析用于解构实习教师专业学习经验。这些研究为我们创造性地应用符号学方法，理解教师教育中长期存在的问题及探究特定情境中学习的本质提供了深邃的启示。因此，该书对于教师教育者和所有对专业人士如何通过经验学习感兴趣的人都大有裨益。可惜书名《教育符号学：教育中的符号与象征》略显混沌，因为该书使用符号学方法搭建框架并深度探究教师教育中的问题，故笔者斗胆认为若更名为《符号教育学：教育中的符号与象征》也许更贴切。实际上，涂尚作为美国威斯康星大学教育学院课程与教学论教授，他不是从教育学视角发展符号学，恰恰相反，他是在方法论意义上以符号学为工具探究教育。

4. 实践论维度之异

（1）教育符号学

从实践论维度看，教育符号学主要功效在于：一是探索教育中的符号意义；二是从教育视角推进符号理论与实践。符号是意义生成的条件，符号学就是意义学。海德格尔认为，"意义乃某物可领悟性的栖身之所。在领会着的展开活动中可加以勾连之物被称为意义。"同时，符号不仅可以表达和解释意义，还是意义产生的必要条件。意义的生成问题是20世纪西方人文社会科学关注的重点。教育意义并不存在于对象之中，意义来源于教育主体的意向性活动。也就是说，教育符号发出者的意向性活动投射到对象之上，进而揭示出对象的意义。教育符号和教育意义乃一枚硬币之两面，符号必有意义，意义必然是符号的意义，用"意义化"的方式看待教育也就是用"符号化"的方式看待教育世界。教育符号学也是意义学中关涉教育的一个领域。学习就是意义创制。教育理论虽然一直在革故鼎新，但许多新理论最后听起来与先前理论大同小异。从符号学视角切入将打开一个令人激动的全新视域，表明就本质而言，学习是一个符号（符号主宰的）过程。它不是简单用符号学术语重新命名传统心理学和教育学概念，而是以符号学理论为模板进入人类大脑本真，以此揭示符号化过程与学习方式息息相关，意义深远。教育工作者和研究人员亟须学习这些知识。

(2) 符号教育学

从实践论维度看，符号教育学主要功效在于：一是探索符号中的教育意义；二是从符号视角推进教育理论与实践。套用徐复观之言，教育学人的头脑好比一把刀，西方符号学著作好比一块砥石。教育学者要拿起在西方符号学砥石上磨利的刀来分解中国教育理论与实践的质料，顺着质料中的条理来构成系统，但并不需要搭上西方符号学的架子来安排教育学材料。我们知道，中国教育源远流长，但缺少西方所谓科学范式的"教育学"——源自赫尔巴特1806年基于心理学和伦理学的《普通教育学》。但教育学自始至终都面临身份合法化的拷问。无论在实践中或理论中，教育学如同邻家婢女，西家一块布东家一双鞋，打扮得花里胡哨：科学教育学、实验教育学、认知教育学、人本主义教育学、存在主义教育学、永恒主义教育学、现象学教育学、实用主义教育学、建构主义教育学、制度主义教育学、后现代教育学、批判教育学、神经教育学乃至今天的符号教育学。

符号教育学立足于教育学，探究生命各个层次学习中的意义生成和深层符号化机制。符号教育学为我们提供基于符号学原理的教学实践和研究方法的样本，符号在自我形塑过程中有积极作用，以及符号对于终身教育、教师培训具有重构意义。这有助于教育远离固有僵化的方法、实践和内容标准，而把学习理解为意义生成，并且根据个人目的，随时随地创造性地重新定义、想象和开展学习。《中庸》言"天命之谓性，率性之谓道，修道之谓教"，体现教育之重。《论语》言："名不正则言不顺，言不顺则事不成，事不成则礼乐不兴，礼乐不兴则刑罚不中，刑罚不中，则民无所措手足"。此句所说名、言、礼乐、刑罚皆为符号，若无这些恰当的符号之功则教育的实践效果虚无缥缈。

（三）断言：难以断言

符号教育学与教育符号学交集明显，但和而不同，最为根本的问题关涉如何对待符号学——符号学到底是作为研究对象呢，或是研究方法？在符号教育学的框架里，符号学是作为方法论资源，而在教育符号学体系，则是作为对象，正如涂尚、赛默斯基所表达的"教育符号学：教育中的符号与象征"。另外，在国内关乎教育学科名称的概念丛林中，已有这样的惯习：表征某种思想、理论的概念一般放在"教育"之前，如：现象学教育学、新制度主义教育学、批判教育学、解放教育学等。而表征某种领域、主题的概念一般放在"教育"之后，如：教育社会学、教育心理学、教育技术学、教育哲学、教育法学、教育管理学、教育经济学、教育语言学等。

综上所述，可以从目的—工具、主—次、创新—迁移等方面确定交叉学科名称中孰先孰后问题。如：叶舒宪通过文化大传统、小传统的再发现和新认识，兼顾文化文本的历时性和共时性特征，将文化理解为一种生成性的符号叠加过程，进而提出符号学多层编码理论。因为对符号学有所推进，故而《文化符号学》名副其实。若《符号文化学》则仅仅拿符号学理论为工具来探究文化，而对符号学并无甚创新。又如龚鹏程《文化符号学》从中国文字—文学—文化诸多术语出发，抽丝剥茧，概化出中国本土性符号学基本框架，这对西方符号学有所超越，因而称为文化符号学是贴切的。而何新《艺术现象的符号文化学阐释》引用西方符号学思想阐释和分析艺术语言深层结构——文化社会含义，固然对文化的解读和实践有所推进，而这里的符号只是工具而无大的创新，故而称符号文化学很贴切。

全国自然科学名词审定委员会曾建议，术语、概念的命名需准确反映所指事物的确切特征，尽量做到名符其义，术语一般而言应符合科学性、学科性、单义性、系统性、汉字表意性等5个标准。由上4个维度（逻辑、本体、方法、实践）观之，国外关于教育符号学与符号教育学的使用值得商榷，恰如张骋所言，符号传播学与传播符号学是一对不能相互替代的术语。国际符号学会会刊《符号学》（Semiotica）2007年专辑《符号学与教育》主编坎宁汉解释说，专辑之所以被命名"符号学与教育"而非"教育符号学",是因教育符号学作为学科限制了教育学发展,且所收论文都是用符号学理论分析教育教学问题。实际上,教育符号学的确难以容纳宽广的教育学研究,在另外一个意义上它亦是教育哲学下属一个分支,正如斯特布尔斯和赛默斯基 2014 年所编著的书名《教育符号学:作为教育基础的符号哲学》(*Edusemiotics:Semiotic Philosophy as Educational Foundation*)。当然学术江湖中这种跨专业的交叉学科命名颇有难度,其中既有学科本位归属争夺,又有学者自身身份定位困境。寰球同此凉热,国外亦然。韦伯在 20 世纪初就以毒辣眼光看穿那种学术江湖的把戏,交"叉"学科说到底就是谁"叉"谁的问题。

第七章　符号意识

一、什么是符号意识?

分析哲学首要任务在于厘清概念，从而使可言说的都能说清楚。广义符号学鼻祖皮尔士曾说，哲学的普遍目标应该是澄清符号意义，使观念清晰，以便于交流。符号意识作为符号学一个极其重要概念，应当有一个清晰界定，从而成为学术讨论的话语基础。

(一) 符号意识已有概念

国内对符号意识的研究大多聚焦于数学符号意识，如：刘云章（1993）、李桂强（2006）、宋乃庆、汤强（2008）等较早探讨数学符号意识的内涵与外延；陈佑清（2011）、申国昌（2012）等分析符号学习、经验学习及知识意义的内在关联。马云鹏、朱立明（2015）、宋乃庆、李艳琴（2016）等通过量化研究解析数学符号意识的内在结构和维度；傅海伦、翟雪平（2019）、狄爱英、李传实（2005）从哲学视角探讨一般性符号意识。史宁中（2011）认为，抽象、推理、模型是数学思想中重要的符号意识。朱立明、马云鹏（2018）认为，数学符号意识包含四个层次：对符号的感知与识别、理解与运算、联想与推理、抽象与表达。宋乃庆等通过实证研究验证数学符号意识的 3 个维度（即数学符号的抽象、识记、应用）。

符号意识研究大量集中于数学领域，一方面缘于形式主义所言"数学完全是纸上的符号游戏"，如莱布尼兹《万能算法》、布尔《逻辑数学分析》最早实现数学符号化。另一方面在于《全日制义务教育数学课程标准（2011 年版）》指出："符号意识主要是指能够理解并且运用符号表示数、数量关系和变化规律；知道使用符号可以进行运算和推理，得到的结论具有一般性。建立符号意识有助于学生理解符号的使用是数学表达和进行数学思考的重要形式。"其实，最开始 2001 年版本里使用"符号感"，也许学者们主要参考了国际学界所用的英语词汇 semiotic sense。郑毓信（2002）认为，"符号感"一词令人感到"不可明确言状"。"符号意识"不仅仅关涉对"数"的表征、理解，同时蕴含着运用符号进行数、数量关系和变化规律的掌握、运算、推理。

跳出数学的狭窄论域，人们对符号最朴素的理解就是对世界的表征、表象，所以现象学最为关切。胡塞尔虽然未被尊为符号学鼻祖，但却十分巧合与广义符号学鼻祖皮尔士、语言符号学鼻祖索绪尔几乎同时开创符号学研究，共同点都是探讨意义问题。胡塞尔研究的核心命题是"现象学""本质直观""意向性"，皮尔士研究的核心命题是"显现学""形式直观""解释性"；前者偏人文科学，重体验，后者偏自然科学，重经验。可惜尚未发现后者使用"符号意识"。迪利（2012）认为，符号学研究的实质在于推动意义社群的符号意识的发展。但人的所有经验都是由符号构成的，因此符号学的历史首先是对符号路径的追踪。符号意识的历时性及其历史维度，是未来思想的形成，也是对过去思想的传承与比较。符号意识中的历时性和同步双性轴标志着通过人的主体性来实现客观性批判的不稳定交集。思想的未来以及它的过去将因为实现了符号学意识而变得不同，由于符号学中的偶然性因素，不同之处在不可预知的方面，这与古典机械科学的决定论及其直接因果关系的概念形成了鲜明的对比。

国外文献中最多的是 semiotic sense，但主要谈论数学符号的符号感、符号意识。另一个相近的词汇 semiotic thought（符号思想），要么指代关于符号学的思想，要么指从符号学视角思考问题的方式。而与"符号意识"最为相关的 semiotic consciousness/awareness，却并未给出明确的概念界定。该词组在英语文本中一般指涉与符号学有关的意识或心理，也有学者表达对符号的理解、表达、释义，还有文献显示以符号学思想认识对象。迄今从国外研究文献中只发现 2 条明确的符号意识定义：一是胡塞尔 1914 年《逻辑研究》中，对符号意识做了现象学阐释，"符号意识是两种同时被给予而独立的意识行为通过某种隐秘心理学协调统一的复合意识"①。二是来自迪利（2012）《学术文化与符号科

---

① 胡塞尔. 胡塞尔全集 [M]. 倪梁康，译. 上海：上海译文出版社，2006：19.

学》："符号意识是对符号作用的明确认识。"① Kanai Ryota, Chang Acer, Yu Yen (2019)② 等根据经验文献而提出，意识的一个核心功能是在内部生成事件的符号，这种符号可能与当前的感官输入相分离。符号意义/信息的生成能力是各种认知功能的基础，如意图、想象力、计划、短期记忆、注意力、好奇心和创造力。

符号意识的上位概念是意识。心理学界对意识特别是自我意识、元意识做了最多的探究。洛克《人类理解论》(1687) 认为意识是各种心灵状态的内部操作，如感知、思考、怀疑、推理、意愿。20 世纪初，美国教育学家杜威、心理学家桑代克等人研究了思维形式、自我意识等，特别是自我监控的意识。苏联心理学家维果茨基《思维与言语》(1930)：意识的意识，即意识对大脑自身活动的意识属于元认知，它可细化为：自我意识、自我观察、自我评价、自我调节。意识不同于认知，但是元认知与元意识的内涵多有重合。中国心理学家朱智贤 (1962)《儿童心理学》一书对自我意识的要素、功能做了深入分析。女性主义符号学家克里斯蒂娃 (1969) 对符号意识做了精神分析，揭示了非理性意识、潜意识的重要作用。美国心理学家斯腾伯格 (1985) 不断深化认知结构模型，他认为人类意识有 3 类智能 (成分智能、经验智能、情境智能)，其中成分智能含有 3 种有机成分 (元成分、执行成分、习得成分)。董奇 (1989) 认为，元认知含有元认知知识、元认知体验、元认知监控。汪玲、郭德俊 (2000) 认为元认知是个体对当前认知活动的认知调节，包含元认知技能、元认知知识、元认知体验。

(二) 新设符号意识概念

基于以上简单的历史梳理，结合意识的心理学定义 (人所特有的一种对客观现实的高级心理反映形式)、哲学定义 (意识是与存在相对立的哲学范畴；意识是人脑对客观现实的反映)、现象学定义以及日常用法 (与精神、思想、认知等近义)，本书极难用单一概念统而述之，因此冒昧地提出符号意识结构

---

① Deely. Academic culture and the science of signs [C]. Edusemiotics - A Handbook. Springer Science+Business Media Singapore Pte Ltd, 2017: 18.

② Kanai Ryota, Chang Acer, Yu Yen, Magrans de Abril Ildefons, Biehl Martin, Guttenberg Nicholas. Information generation as a functional basis of consciousness [J]. Neuroscience of consciousness, 2019 (1): 1-16.

图（如图7-1所示），含1个总概念和3个分阶定义：

总概念：符号意识，是人脑对符号信息与意义的反映。就主体角度而言，符号是被认为携带者信息与意义的感知；客体视角而言，符号是信息与意义的双重载体。符号意识，实质就是对信息与意义的意识。反映是指人与符号世界打交道时，人脑以自身的特定变化而再现对象的某些特点。符号作用于人的五官六感，从而使人脑以观念形式对客体的信息与意义进行再现、复制。人脑对符号信息与意义的反映，是一般反映特性的最高级、最复杂的表现形式。为了能够清晰明了，本研究将这个总概念细化为3个子概念，花开三朵，各表一枝。

元符号意识——先天或先验的元意识假设。《春秋繁露》中说："元者为万物之本"。人类普遍的元意识，或曰对符号意识的意识，皆元符号意识，二者同出而异名。这是一个玄而又玄的最为形而上的定义，涉及先天、先验、超验的内容，也即距离经验世界最为遥远。因为超越经验，无法证实也难以证伪，故仅仅是一种假设。

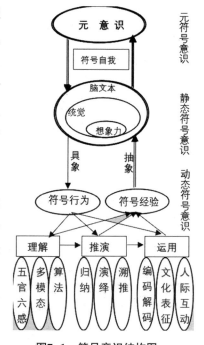

图7-1　符号意识结构图

静态符号意识——符号式心理状态，即人脑以想象力为核心、以统觉为机制、以脑文本为表现形式的符号式心理状态。这种符号意识处于元符号意识与二阶符号意识之间，属于先天先验成分与后天经验成分的中介和过渡。

动态符号意识——符号运作的心理过程，即人脑从符号学视角出发，对大脑内外符号表象的理解、推演、运用。这个层次的符号意识最具体，本身处于经验世界之中，是直接运作经验符号的意义实践，属于动态的符号意识。

上述4个定义构成有机联系的概念体系，依次从形而上到形而下分层次刻画符号意识这一复杂对象。总概念"符号意识是人脑对符号信息与意义的反映"或许挂一漏万，但是毕竟回归了本原。符号的本原乃信息与意义的双重载体，而意识的本原即人脑的精神和思想。所谓"反映"主要含感知性、理解性、心理操作性。感知性关涉到主体人的五官六感通过多模态对象摄入，是对现象界经验杂多的感觉和知觉，这反映符号意识的敏感性。人人皆洗澡，但只阿基米德敏感地发现浮力信息。所谓佛渡有缘人，或许只是有缘人符号意识敏感性高而参透了某个机缘。感知性不仅关涉对象性质、五官体质，还与先天认知能力有关，如在康德纯粹理性或王阳明心学范畴，那是有决定性的。这一点，将在下文"元符号意识"中详述。

理解性关涉到符号意识对意义的生成，正如当代符号学家赵毅衡所言，符号学核心问题即意义的传达与解释，解释是个无穷的过程，如感知、注意、识别、解读等。符号本身具有无限衍义性，故而个体符号意识不仅难以穷尽，且无法验证真假。这便需要开放的意义分享，通过社群意义而趋真。理解性将在下文"静态符号意识"中详述。符号意识的操作性涉及具体的心理运作，将在下文"动态符号意识"中展开。后三个定义的符号意识浑然一体、相融相通、和谐共存，只是为了便于表达和理解，故而条分缕析、分门别类。其中符号的精髓一以贯之，三个定义都是基于符号、包含符号、运作符号，从而构成为多层次、多面向、多功能的复杂性符号意识。

意识总是被意识到的存在（马克思），存在既有纯粹物质世界、纯粹精神世界之存在，又有符号世界之存在。符号世界乃物质世界与精神世界的居间性存在。符号意识不仅能意识到客体符号与符号客体，还能意识到自我符号与符号自我。心理学公理"自我意识是人们意识的最高形式"，同理，符号自我意识是人们符号意识的高级形式。由于心理学主要基于经验世界，而符号学基于意义之学的开放性和无穷衍义性，在拥抱经验世界的同时，人们还试图仰望星空、九天揽月，绝不放弃超验世界。所以元符号意识才是符号意识的最高形式——包含但不仅限于符号自我意识，还有自我符号意识，以及玄之又玄的先验/先天符号元意识。

自我符号意识乃人的符号意识的本质特征。它以主体符号及其符号活动为意识的对象，所以对人的符号认识活动起着监控功能。人脑对符号信息与意义的输入、加工、编码、贮存、输出、解码等自动控制系统受到自我符号意识系统的管控，人脑最终便以这种方式通过控制自己的符号意识而相应地调节自己的符号思维、符号行为，进而在闭合回路中，通过这种方式，大脑对符号行为（理解、推演、运用）遗留的符号经验进行输入、加工、编码，构筑为脑文本。生命之树常青，则自我符号意识流不会干涸，那么符号行为、符号经验、脑文本之间的循环不断，最后必将以信息和意义为电流点亮整个符号意识体系。

二、元符号意识：先天或先验的元意识

"元"一般指最根本的、最终极的、超越某某之上的，既不可测，则只能假设。人毕竟只是有限性存在，世界却是无限的，所知为知，而不可知只是暂时的，因而假设只是留有余地，为人的无限性欲望留下可能性。元符号意识就是这种悬设的可能性，人类意识到此为止的谦逊的边界，不可言说、难以用符号表达的意识。福柯所言"符号学就是意义学"，而意义无不起于外在经验、成于内在意识。纯粹现象学把符号意识的触角深入心灵内部，探索其先天性，即先验主体性领域——生命共同体不变的本质特征结构。实际上，经验—符号—意义—意识，4 个概念之间形成闭合循环，生生不息。但若拾级而上，追寻形而上境界——意识之意识、意义之意义、经验之经验、符号之符号，则无穷匮也。如此，便悬设一个大道无形的元符号意识，也假设它是一切意识最终的渊源，包括二阶符号意识（静态）、三阶符号意识（动态）。康德所谓"意识"本质上实为一种高阶符号意识，是高阶思想与高阶知觉的统合体。那个意识最终的领域，可以理解为彼岸世界，是一个超越符号、突破时空、消弭个性的永恒王国。

符号最原始的含义是"一物代一物"。索绪尔用能指、所指来表达符号二元性，皮尔士用再现体、对象、解释项来表达符号三元性。赵毅衡先生认为符号是携带意义的感知，笔者深受启发并提出：符号是信息与意义的双重载体，是处于物质间接存在与精神直接存在的居间性存在之表征。总而言之，符号就是现象、显现、表征、表象。问题在于：世界之可显的、可知的部分可以被可显的、可知的符号来表达意义，那么未显的、未知的部分如何表达？甚或那个部分是否存在？柏拉图为此划分了现象界、理念界，即便只是虚幻的符号，有总比没有更令人神往。即便康德，也小心翼翼地为人类纯粹理性划出符号边界，美其名曰"信仰的领地"，从而弥合经验论与理性论、怀疑论与独断论，使得可知论与不可知论之间有了缓冲地带。人之为人，总有一些不可尽言、不可尽知的普遍元意识，也即符号意识最终"第一不动的动者"元符号意识与元意识同出而异名，均源自先天或先验。海德格尔《形而上学是什么》也表达了与精神分析心理学家弗洛伊德类似的主题：很多意识如焦虑意识是先验的。故而假定：在符号世界的背后，假定还有着另外一个世界。

三、静态符号意识：符号式心理状态

符号意识（静态）：是静态的符号式心理状态。它指人脑以想象力为核心、以统觉为机制、以脑文本为表现形式的符号式心理状态。这种符号意识处于元符号意识与二阶符号意识之间，属于先天先验成分与后天经验成分的中介和过渡。所谓符号式，即采取符号学视角的思维模式，这种视角主要有：表征的、开放的、多元的、多模态的、关系型的、无限衍义的。

（一）想象力是符号意识的核心

文不尽言，言不尽意，圣人立象以尽意。象者，符号也。想象力，简而言之就是大脑中对符号的运作能力。世界是无限的，而个体的五官六感总是难以丈量世界，有限的符码难以编辑天下，有限的符号不可表征世界，所以只能反求诸己，世界再大也不如心大，"吾心即宇宙"。只要内心想象力强大，便可天马行空，运筹帷幄。符号意识若可以量化，则其核心指标便是想象力。

杜威认为，诸如目的、经验、思考等若无想象力则皆无法界定。体验、思考等符号经验是在想象中以"放电影、彩排、戏剧预演、移情投射"实现情境再现。教师在教学中，需要想象力用浅显易懂的符号来指代深奥的知识，实现意义的深入浅出，可谓善喻者方为名师。苏格拉底的"产婆术"、柏拉图的洞穴隐喻、佛教一花一菩提、圣经神话故事无不展现强大的想象力。喻，正是我们认识世界、形成概念的基本方式之一，我们总是将抽象的、看不见的现象转换为看得见的、身体性的现象来加以理解。学习者若要深度学习，必须利用想象力触类旁通、举一反三。休谟情感主义伦理学的移情、同情、换位思考，以及米德等符号互动论，都是通过想象力生成新的符号意义。海因兹偷药、电车难题、缸中之脑也是伦理学家运用想象力编故事，达到符号教化或符号认知的目的。

康德《判断力批判》指出：想象力（作为生产性的认识能力）在从现实自然提供给它的材料中仿佛创造出另一个自然这方面是极为强大的，我们摆脱联想律的自由（这联想律是与那种能力的经验性的运用相联系的），我们可以把想象力的这样一类表象称之为理念：这部分是由于它们至少在努力追求某种超出经验界限之外而存在的东西，因而试图接近于对理性概念（智性的理念）的某种展现。康德把想象力与知性之间协调一致的内心状态作为解决鉴赏美普遍有效性的关键。其中所涉联想、表象、理念、展现、概念、图形都是符号的不同表达，换言之，康德哲学之想象力实际就是符号想象力。

（二）经验统觉是符号意识的动力机制

经验统觉最早提出者莱布尼兹认为，经验统觉是一种基于脑海中已有经验内容的自发性活动，人们通过经验统觉而识别、理解、记忆、思维多个彼此关联的观念。此后，康德、赫尔巴特继承发扬了这一概念。康德在《实用人类学》中分析了先验统觉和经验统觉。他认为，经验统觉是一种理智活动，统觉能力是由一切后天外在符号经验所赋予的，而非基于先天或先验。德国教育学家赫尔巴特提倡经验统觉式教学方法，基于学习者一般选取意象符号库中既有符号经验作为学习的出发点，即运用脑文本中旧有符号模式去同化或顺应新符号，从而生成新意义。他认为，当五官六感受到外界符号新刺激时，符号表象就通过感官大门进入到意识阈上，从而触发符号意识，使新刺激与既有符号意识在协同融合运作下，将分散杂多的新刺激被纳入脑文本，吸收、融合、同化新观念，进而建构为符号意义，表现为意象。经验统觉作为符号意识的动力机制在理解旧意义或生成新意义中都起着重要作用。

符号是携带意义和信息的感知，经验统觉作为符号意识的动力机制，当然要同时处理意义和信息两个模块。不同模块，或许动力机制略有不同。在人文领域意义为主，因其混沌、正熵、不确定性；在自然科学领域则信息为主，因其精确、负熵、确定性。符号意识对未知世界的统觉若一时难以理解其符码，则往往令人迷惑不解——难以掌握精确信息，此时就会在想象力作用下涌现无限可能的意义。一旦从众多意义中明确最接近"真相"的那一种意义，则这种意义便是信息，因其具有精确性和确定性。文学、艺术领域的经验统觉需要开放性符号意识，才能突破意义世界无限可能性中的不可能性；理工、自然领域的经验统觉需要闭合性符号意识，方可认识信息世界有限不可能性中的可能性。当然，完美的符号意识需要完整的经验统觉，正如自然科学奇才爱因斯坦、杨振宁特重视艺术，笛卡尔、罗素文理皆通。牛顿 1687 年在《论自然哲学的数学原理》中改变了人类的三大信息符码，体现了强大符号意识对信息世界的经验统觉，但在过程之中，无不饱含对意义世界的经验统觉，如苹果掉在头上、人类物理知识考古。

（三）脑文本为表现形式

符号意识以想象力为引擎，运用经验统觉，将符号意义和信息保存在大脑中，形成脑文本，犹如歌曲被保存在 CD 中。音乐信息属于精确性符号，光盘、磁盘、优盘、硬盘的精确性信息存储都是分磁道、分区、分目录、分代码，这样一方面使信息容量更大，另外便于录入、检索、筛选、输出。人大脑中的脑文本存储信息和意义，容量越大，输入、检索、输出的速度越高，则表示这个层次的符号意识越强大。未来脑机融合、生物芯片或许可扩展脑文本容量、优化算法，也即可增强人类符号意识。麦克尤恩在《像我这样的机器》中提出以人工智能的电子性脑文本替代人的生物性脑文本的可能性。人类对脑神经元、神经突触的认识非常有限，据说人类有 800 亿个微小神经单元，每个单元到底有何作用，目前只能管窥一二。已有研究对攻击性强的老鼠进行脑神经操作实验，发现某些神经元的微手术可以降低老鼠攻击性行为。

文学符号学家聂珍钊、尚必武认为人的脑文本远胜于人工智能，基于生物性脑文本的符号意识是人之为人的生物学基础。脑文本实质是按特定符码编制的符号文本，是符号意识的静态存贮，其外显主要有 3 类方法：一是脑电扫描等科学手段（强编码科学符号），二是动态的身体表达（动态语言符号），三是静态的文图书写（泛符号）。动态的身体表达是信息传达、意义分享、人际交往的主要途径，包括口语、眼神、手势、姿态等具身语言。脑文本不仅是意义交流和信息传送的资源库，而且是符号（信息与意义的双重载体）加工厂（抽象符号经验录入、编码存储、解码输出、具象提取为符号行为）。无论语言、书写文本或者电子文本，都需经过脑文本转换才能进入认知过程。若无脑文本，则五官六感不能生成口头语言和体态语言。没有语言，感官无法认识脑文本。即使书写文本或电子文本，也需要经过脑文本的转换才能被理解。

四、动态符号意识：符号运作的心理过程

动态符号意识关涉符号运作的心理过程，即人脑从符号学视角出发，对大脑内外符号表象的理解、推演、运用。相较于元符号意识、静态符号意识，动态符号意识最具体，本身处于经验世界之中，是直接运作经验符号的意义实践，故而属于动态的符号意识。脑文本与符号行为和符号经验形成闭合回路。脑文

本通过具象而转化为符号行为，主要涉及意义的输出和外显，直接源于脑文本而面向实践；符号经验通过抽象而转换为脑文本，主要涉及意义的输入和内敛，直接基于实践而面向脑文本。符号行为与符号经验作为意义流动互逆的两个过程，在主观与客观、主体与对象、得意与失意之间的意义势能差之中，保持动态平衡。问渠哪得清如许，为有源头活水来。整个符号意识体系的意识流，加之微循环的意义流，汇集源头而双流合一。源头有二：一是经验论所言的实践经验；二是先验论所言的先验或先天元意识。关于这一点，康德等先验哲学早有论述。

（一）理解、推演、运用

实践宽无边，本研究择其要旨，仅探讨符号意识运作的三个领域：理解、推演、运用——既是符号行为的展开和外化，也是符号经验的来源基础。洛克《人类理解论》（1687）：理解即认识，"知其然而知其所以然"，理解乃是人类大脑对客观事物的分析、综合与判断，进而觉解事物本质。1938年莫里斯在《符号理论基础》中提出符形学、符义学、符用学，2017年，赵毅衡在《哲学符号学》中论述了理解、推演、运用符号在意义世界形成中的作用和机制。我们传承这些理论资源，将理解、推演、运用分别设置为符义学范畴、符码学范畴、符用学范畴。符义学之理解，指符号意识通过五官六感、多模态、算法而感觉、知觉、表达、阐释对象的意义。随着多媒体、信息传导技术发展，意义的表达和获得日益多样化、简洁化。算法涉及数学和程序中各类符号运算。符码学之推演，指对符号运行机制、规律、原则的逻辑推理和演变密码的符号意识，包含但不仅限于归纳法、演绎法、溯推法。符用学之运用，指符号使用中的符号意识，涉及编码解码、文化表征、人机互动等。在现实实践中，理解、推演、运用三者浑然一体，符义、符码、符用三者一体相连，所谓"一体"，即符号意识，但为了尽可能清晰明确其复杂性，这里初做分类。

（二）符号行为与符号经验

理解、推演、运用三类符号实践，既是符号行为的具象化，又是符号经验的抽象化。本研究中具象与抽象，所指为符号意识运作中两种互逆的意义/信息流动。两者回环而互逆的流动形成张力场，可称之为"象"。"象"之具象化（形上本体的显现、符号意识的显象）与抽象化（形下实体的本质的显现、符号意识的隐象），互换互动互生互释，可谓立象尽意、得意忘象。脑文本的具象化，就是符号意识通过符号行为实施理解、推演和运用的过程，也是意义/信息的对象化；而意义/信息的非对象化，反其道而行之，符号意识通过理解、推演和运用所积累的符号经验而形成脑文本的过程，就是抽象化。

拉考夫（Lakoff）和约翰逊（Johnson）1999 年在《身体哲学：具身心智及对西方思想的挑战》中说"心智本质上是具身的，思想大部分是无意识的，抽象概念大多是隐喻的"。心智和符号行为本质上都是具身性的，人之肉身既是心智先天承载者，又是后天符号行为操演者；既是先验纯粹精神的意义涵泳者，又是经验符码表达者。符号行为的具身性，源于两种符号行为的协同作用使得人的心灵与肉体一脉相承、意识与无意识彼此贯通。语言概念则象征着人的无意识经验，象征着行为符号记忆。象征就是以符号之"此"来暗示、映射混沌经验之"彼"。隐喻中的源域与靶域间的隐喻关系奠基于共同的行为符号记忆，享有共同的经验结构。我们的所有符号行为都是以身体符号经验来筛选、凝聚和重构。

如图7-1 所示，符号行为与符号经验在符号意识之流中虽然互逆回环，但却相逆相生、共存共荣。好的符号行为通过深度理解符义、合理推演符码、恰当运用符用，一般会积淀出好的符号经验；而好的符号经验通过提升统觉精致性、扩展想象力而建构更好的脑文本，进而引发好的符号行为。2016 年围棋冠军李世石败给人工智能 AlphaGo，在于 AlphaGo 实际是电脑程序，该电脑模拟人脑，其程序模拟人类脑文本，用到很多人工智能新技术，如神经网络、蒙特卡洛树搜索法、深度学习等，并且结合了数百万人类围棋专家棋谱的符号经验，使其具备次优化的符号行为。围棋人工智能 AlphaGo Zero 在 2017 年从空白状态学起（符号经验为0），在无任何人类输入条件下，迅速自学围棋（创生虚拟符号经验），并以 100：0 的战绩击败老版 AlphaGo。因为缺少具身性，这只是一种虚拟符号行为、符号经验、符号意识，未来，虚拟与现实必将交相辉映。但目前来看，AI 符号意识发展从浅层符号行为、符号经验跃升到中层脑文本，但还无法深入元意识层面最深处。

基于以上解析，符号意识展现出多阶性、跨学科性，从而超越数学符号意识的狭窄论域。元符号意识、静态符号意识、动态符号意识，依次体现出符号意识的多层架构体系：先天/先验到后天/经验，从内隐到外显，从深层到表层。同时，也体现出符号意识之流在身体中的闭合回环通道：从灵魂到神经元到肌肉的运作过程。到了肌肉层面，符号意识就化为完全透明的符号行为，通过人的五官六感、肢体等身体符号表现出来。亚里士多德在《解释篇》中说："由嗓子发出的声音是心灵状态的符号，写出的词句是由嗓子发出的词句的符号。同样，写出的文字，在所有的人那里不会一样，说出的话也不会都一样，尽管心灵状态在所有的人那里是一样的，以这些心灵状态为其意象的事物也是一样的。"他其实论及符号意识在灵魂、神经元、肌肉之间的联结过程。符号意识虽然深不可测，但最完善的总是具身的，正如塞尔认为：意识是大脑器官神经生理学性质所决定的高阶状态，并且运行于大脑的神经生理机制。人工智能可以模拟人脑的某些符号意识，如通过大数据可以优化人类符号经验的抽象，找出最佳经验统觉，形成高效节能的脑文本。

符号意识这个过程远比心理学所说"知—情—意—行"复杂，因为符号行为不仅指外显的身体肌肉动作，还有大脑中的筹划、运算、预测等心理符号行为。日常生活中我们会感觉某些符号行为很怪异，如"皮笑肉不笑"不自然，是因为符号经验让我们领悟到符号意识在身体闭合回环通道中出现"褶皱"——元意识层面、脑文本层面、符号行为层面各自所获得意义（如真伪）出现不一致。眼睛是心灵的窗户，所以情侣之间想验证是否真爱，往往对眼直视，当然，对于"老江湖"或许不管用。肌肉层的符号行为有时狡诈，并不表达神经元或灵魂层面的符号意识。但是将会有越来越多的手段绕过肌肉层，洞悉符号意识的内在隐秘，如《盗梦空间》那样的催眠术、测谎仪、运用脑扫描仪、眼动仪、生物芯片、脑机融合等高科技。未来的符号教育以及符号教育学，皆以符号意识为个体性源泉。

第八章　结论与展望

在未来，随着"信息社会"的深度发展，高度爆炸的资讯膨胀，社科人文与自然科学的学科分类将更加细密，社会对于精细化人才、精密研究的需求将大过历史上任何一个时期。在缺乏通才和全才的未来，信息化的发展自然也不能脱离符号的加持，而它对于教育实践活动的影响也是显而易见的。在不远的将来，基于教育应用的"符号教育学"将完整地建构起来，不仅仅作为一门全新的学科，而且作为推进教育发展、提升教育教学品质的基础性工具而存在，并在不断的应用进程中闪现出独特的、夺目的智慧之光。

一、基于符号演化史的学校未来

从符号教育学视角而言，教育即人的符号化。符号是世界存在的表征，也是人之为人的证据。约500万年前当人猿揖别时，教育符号的能指（教育教学）与所指（生产生活）混沌未开，便开启了符号化历程。有人便有了教育，而彼时学校的符号尚未产生。约公元前21世纪中国第一个奴隶社会开始出现首个学校符号"★令"，本原符义是：受教者接受规训的特定场所（或符号化的特定场所）。其初始符用极为简单，即工具性——自然人向社会人过渡的符号化机构。随着第一次、第二次教育浪潮中教育能指与所指逻辑距离扩大，学校符号持续再度符号化，被附加别样意义，如"固定化的""体系化的""政治化的""科学化的""文化的"。第三次教育浪潮中，随着人工智能与虚拟现实符号出现，教育能指与所指之间逻辑距离回归为00，教育中心从前浪潮至第三次浪潮依次历经：无中心、教师、学生、学习。

学校作为"符号化的特定场所"，在现实教育虚拟化与虚拟教育现实化的双重符号建构中，其"标出性"日益失去合法性地位。但，学校≠教育，教育≈学习。学习永恒，教育长存，师者万岁，学校千岁，讲授百岁。传统师道尊严将面临无情的最后挽歌，师者必将为个性化意义而战。因材施教曾经是万年一梦，符号教育时代将真正变为现实。日薄西山的学校要么"转产升级"，要么终结。当然，学校彻底退出历史舞台，尚需充分新四化（生产的智能化、教育的虚拟化、学习的泛在化、政治民主化），其中，政治民主化是学校终结的最后一根稻草。

（一）学校的前世今生

学校教育发端于原始社会末期，定型于奴隶社会，守制于封建社会，革新于资本主义社会与社会主义初级阶段。学校的历史也是那般吊诡：从流动的、生产的、散漫的、开放的"实践—模仿"（像似符）系统，进入固定的、教育的、规制的、封闭的"理论—授受"（指示符、规约符）特定规训场所，"庠"为初始学校场所，如羊牛猪圈之。符号化总是从身体开始，仰望星空云卷云舒让位于高墙大院与四角的天空，原野中追逐猎物的轨迹变形为学校环形跑道，采集野果的爬高上梯形制为操场的单双杠，渔猎击水化为温情的游泳池……学校彻彻底底是大自然中生活场景的像似符，人之粗狂野蛮而健硕的身体被形塑为文质彬彬而精致。若以范缜《神灭论》刃利之喻论之，则身即形也，形即心也。是以身存则心存，身谢则心灭也。学校曾经圈养猪肥牛壮，而今，被符号化过渡的学生何异于彼？肥胖、近视、自闭、变态！曾经，没有学校时或者在学堂之外的师生关系何其融洽，孔子与学生在树下玉树临风、谈笑风生、其乐融融；苏格拉底与青年在广场边质疑问难、催生助产、思接千载。

谁曾想，2017 年 11 月，湖南一名高中老师被自己的学生弑杀，这不是个案，奇葩年年有，今次更揪心。近年更有多起学生弑母弑奶奶的恶性案件，原因固然多样，但他们无不是在以"学校"为符号的场域遭受创伤。学校的高墙大院正如福柯所说的社会规训场所，是在洗脑异化抑或净化心灵？符号化与反符号化、符号化不足与过渡符号化、个体自然符号化与国家社会符号化成为学校场域中天天暗自较劲的主旋律。

本来，教育是非常明晰而清澈的一件事——以人生幸福为直接目的的符号化，符号化的规律是因材施教。先贤早已告诉真谛：天命谓之性，率性之谓道，修道之谓教。正如于伟、石中英先生所倡导的未来学校形态"率性教育"。千百年来，政治家、法家、社会学家、经济学家、管理学家等故弄玄虚，基于各色原因把简单的教育搞得云山雾罩，似乎只有教育学家才能知道教育是什么东西。殊不知，但凡有孩子的人都清楚教育是怎么回事。恰如刘庆昌所言：在远古、中古、近古社会，教育不过是以较狭义的姿态作为政治活动和经济活动的附庸，这件事只要在政治、经济需要的限度内做了即可，至于对它的研究并无必要。从整个历史来看，在知识、思想总量不大的时候，教育主要是“做”，但凡对此重视并有所作为即可称为教育家，哪用得着以探索者的姿态去研究呢?[①]

我们从符号学角度解码学校，但重点不在于宣判其终结，而在于从符号教育学视角展望未来。

1. 学校的符号

“學”在构字上含有𡥈，表仿效之义。《广雅诂林》爻、象、效、视、教、學被列为一组，皆表效之义。甲骨文卜辞中，爻亦有表效之义。《尚书大传》：學，效也；朱熹言：“学之为言效也。”《说文解字》曰：𡥈，效也。段玉裁曰：教者，与人以可效也。学者，效而像之也。即“教”是用来给人模仿的，“学”是仿而像之的。[②] 也即从符号学角度而言，学校从产生之初便是现实生活的“像似符”，而学校中的受动主体——学习者而言，则属于再度符号化，即“像似符的像似符”。

《形象字典》(vividict. com) 字源解说：学，甲骨文⿱爻冂=爻（算筹）+冂（六，即“庐”，表示房屋），表示练算习字的房屋。有的甲骨文𦥯在算筹爻两边加臼（爪，手），突出“手把手”教练的含义。金文學在房屋冖下面加“子”子，表明教的对象。有的金文斆加“攴”攴（持械打击），表示执教者体罚受教育者。造字本义：教孩子算数、习字的校舍。篆文學承续金文字形。隶化后楷书學将篆文的𦥯写成𦥯，将篆文的子写成子。俗体楷书学依据草书字形将正体楷书的𦥯简化成“学字头”⺍。古人称理论知识的训练为“学”，称生活实践之体验为“习”。《说文》：校，木囚也。从木，交声。从文字符号解读：交，既是声旁也是形旁，表示叉腿而立。校，甲骨文校=交（交，双腿）+木（木，桎），表

① 刘庆昌．寻找教育学的历史逻辑——兼及“教育学史”的研究［J］．西北师大学报（社科版），2018（01）：66-81.

② 黄晓珠，黄书光．孔子对学思概念的型构及其教育方法论意义［J］．教育学术月刊，2017（05）：81-89.

示用桎梏连锁双脚，使双脚不能自由活动。符义阐释：学校中的活动（所谓狭义的教育）在本源上规制个人自由，与人的自然天性背道而驰，或者说为了成年后更好地适应生产生活而不得不预支个人自由。

由上可知，学校作为一个教育符号，其本原符义是：

受教者接受规训与教化的特定场所，或受教者被符号化的特定场所。

已有诸多文献探讨认为，中国式学校"规训"成分更多，而西方学校则"教化"成分更多。事实上，在不同学段的学校，又各有特点。

2. 学校的历程

《中国教育史》告诉我们：中国在4000多年前就有了特定场所的"学校"，即公元前21世纪的夏朝，第一个私有制社会"奴隶社会"。那时学校的名字叫"庠"。高一级的大学叫"上庠"，低一级的小学叫"下庠"。夏朝（BC 21-BC16）把学校又分为4个符号名称："学""东序""西序""校"。正如《孟子》所言："设为庠、序、学、校以教之。庠者，养也；校者，教也；序者，射也"。"夏曰校，殷曰序，周曰庠，学则三代共之，皆所以明人伦也。""仁言不如仁声之入人深也，善政不如善教之得民也。善政，民畏之；善教，民爱之。善政得民财，善教得民心。"孟子主张教育优先，学校的善教远比庙堂之上的善政更加重要，政治统治者一旦明了伦理关系，率先示范敦风化俗，则草根百姓自然就会相亲相爱。

先秦时代学校有两类，一为国学，一为乡学。国学含小学、太学，为天子或者诸侯所设，教育主要以六艺为符号内容，而乡学则以耕读书数为主要符号内容。这便是西方符号学家伯恩斯坦所言之符号的分野，前者为精致编码符号（中产以上阶层更多使用）而后者为受限编码符号（劳工阶层更多使用）。《周礼》之符号化机构"成均"乃"成人才之未就，均风俗之不齐"。周天子为教育贵族子弟设立的大学，取四周有水，形如璧环为名。其学有五，南为成均、北为上庠，东为东序，西为瞽宗，中为辟雍。其中以辟雍为最尊，故统称之。辟雍不仅仅是最高等级的学校，而且是敬奉祭祀天地诸神之神圣场所，彼时，正如西方孔德所言人类认知的神学阶段，符号不仅是学校教育内容，而且是沟通三界的密码，凡夫俗子须敬而远之。"劳心者治人，劳力者治于人"反映出掌握精致编码符号者有权对他者符号化，而受限符码者则被符号化。

《论语》中，子曰："生而知之者，上也；学而知之者，次也；困而学之，又其次也；困而不学，民斯为下矣。"此言也含符号意蕴：符号化首先是身体的符号化，然后是精神符号化；学习或教育无不基于先天禀赋，也即符号化主体具有身份上的区隔。时至今日，传统与现代、乡村与城市，依然面临那种符号化问题，到底是先天条件决定了后天符号化，还是后天符号化决定了人生的身份？图像符号如《河洛图》是远较文字符号更为形象而玄妙的符号形式。《周易·系辞上》："书不尽言，言不尽意。"然则，圣人之意，其不可见乎？子曰："圣人立象以尽意，设卦以尽情伪，系辞焉以尽其言，变而通之以尽利，鼓之舞之以尽神。"其中，书、言、意、象等皆可被看作皮尔士所谓的广义符号。

汉朝时期学校分为官学与私学两种。其中私学的书馆，亦称蒙学，系私塾性质，相当于小学程度。汉朝把官办最高一级学校名之为"太学"，其下分曰："东学""西学""南学""北学"。延至后期，虽然这种"特定的规训与教化之所"之所指并无大变，但其能指则变易为"国子学""国子寺""国子监"等，学校符号中明目张胆加入"国"，足显其政治意义的强力介入。汉代政治统治集团采纳大儒董仲舒"罢黜百家，独尊儒术"之策，并成为后世垂范至今的意识形态主旋律。这是学校基于国家政治需要而从符形上对于教育内容的全面宰制。但是，民间学校一直或隐或显地存在着，如"私塾""书院""书堂""学堂"等。虽其特定场所多设于名山大川、湖泽茂林，尽力远离强制符号化，但有幸独存者无几。即便归隐山林、耕读授徒，看似逃脱主流符号化，但却陷入边缘符号化，无论道、释概莫能外。

隋唐以降，科举制度使得学校成为政治规训的饰品与附庸。学校主要学习内容的文字经典符号，其符形被统治者圈定如四书五经，别的符形被视为离经叛道，故而历史上出现无数禁书（实为常项符号对异项符号的挤兑驱逐）；其符义被钦定如朱子集注，别的符义被视为郢书燕说，因而历史上出现骇人听闻的文字狱（实为符义封闭性向符义开放性的阻隔）。清末，开始兴办近代教育，1902年《钦定学堂章程》中称学校为学堂，1907年新式学堂遍布全国。辛亥革命以后，教育部公布新学制，"学堂"一律改称"学校"，并沿用至今。

由上观之，"学+校"并非人类生而有之，而是在原始社会末期（前21世纪）才开始走上历史舞台。其能指流动，所指游弋，作为再现体而越来越出离于对象之生产生活，从而形成一个独立的符号世界，这个符号世界又通过反啮而形塑现实的学校教育系统。学校的出现是人类精神梦魇的开始，当然，在此之前，也即学校出现之前，人类遭受着更为惨烈的肉体磨难。但是没有学校之时，人的教育已经开始，教育教学活动与生产生活合二为一，也即教育符号的能指与所指之间逻辑距离为0，二者融为一体。原始社会末期，生产力发展而有了剩余产品，可以供养一部分"闲人"——要么德高望重，要么能力超群，也或捕猎经验丰富，他们游离于生产活动之外而在特定场所专门从事教养小孩。起初那些特定场所可能是羊圈、山洞、树下等，故《孟子》言：设为庠序学校以教之。庠者，养也；校者，教也；序者，射也。"校"的文字符号表明：人在树边接受训导，双脚交叉意味着失去奔跑的野性自由。

作为特定教育场所的学校出现以后，便有了"三有教育"——有目的、有计划、有组织。学校实际成为模仿生产生活实践的像似符，从而此前分布于荒野中、森林里、江河边的泛在学习、直接教育逐步收缩于通用符形、限定符义、专门符用之特定场所。能指与所指合二为一的直接学习逐渐被能指与所指分离的间接教育所替代。学校作为符号化的特定场所，成为社会组织中的一个特殊领域和行业，虽然发端于社会生产生活实践，但是随着符号化程度日益提升，其仿照现实生产生活的符号"像似性"越来越模糊，而逐步过渡到指示符，并最终跃迁到规约符，也即无论从符形层次的学校场景，或符号主体的师生，抑或符码层次的教育教学体制机制都开始脱离利于能指，最终窠臼于鲍德里亚所谓消费社会中的"符号异化"和"内爆"。

事实上，鲍德里亚（后现代符号学家）、福柯（后现代符号学家）、福山（未来学家）、托夫勒（未来学家）、布迪厄（符号学家）、弗莱雷（解放教育学家）、阿普尔（批判教育学家）、涂尚（符号教育学家）、赫拉利（未来学家）等人已经听到传统学校的丧钟已经敲响。其中，鲍德里亚1976年《符号交换与死亡》的思想可以佐证学校终结的符号学本质：作为符号化的特定场所，学校在历史演化中，历经模拟（simulations）和拟像（simulacra）、媒介和信息、科学和新技术、虚拟与仿真、内爆和超现实等，在现实教育虚拟化和虚拟教育现实化的双向耦合中建构出一个"灵境般"（翟振明之造世伦理）的符号化场域。这个符号化场域具有移动、泛在、智能、多模态等特征，传统的规训与教化场所不配享有"学校"这个符号，或者它不再被"学校"这个符号所专有。从布迪厄文化资本再生产理论来看，学校教育固然可以传承已有文化符号，但是，却也再生产不平等的社会—阶级关系。它通过社会炼金术和魅力意识形态，就如黑帮洗钱，学校同样是上层阶级的同谋，通过符号化而将上层拥有的权力资本合法化，实质是符号固化与权利漂白。

教育在前浪潮时期，也许只是先天身强体健者在渔猎、采集野果中共同探险、模仿（少小者的行为方式成为老成者行为方式的像似符）。肇始于公元前21世纪的第一次教育浪潮中，也许只是筛选少数贵族子弟接受"庠、序、校"的训导，学校教育开始成为少数特权者的专有福利，被奴役者只有终身操劳的份，统治者编造一套符号系统，忽悠底层者、边缘者的身份符号固化。那个时代的先哲们如柏拉图、亚里士多德、孔子等都干过那个时代的社会正义之事（如亚里士多德认为统治者就应该有更优越的教育，而女性和平民的不同待遇是理所应当的自然安排，符合那个时代的社会正义观），先哲之所以是先哲，就是最早的符码编造者、符号运用最得心应手者。难怪乎艾柯认为"符号学就是用于撒谎的学问"。

对于个人而言，个别符号即可达到欺骗人的目的，但是对于整个国家，则需调动社会中专门规制人心的特定机构，如学校——通过符号系统对人的身心进行全面符号化。又如传国玉玺作为政治符号，以天圆地方、纽交五龙之符形象征"率土之滨，莫非王土"，以"受命于天，既寿永昌"的符义表征皇权神授、正统合法。它已然成为现实政治权力的像似符，因而三国演义里东汉、孙策、袁氏兄弟为此符号而刀兵四起、天下大乱。与此相比，学校则是没有硝烟的符号斗争场域，对政权的关系、学习内容的制订、身体的遴选与身份的建构、学习目的和结果的认定等，无不运用符号而映照社会生活现实。八股取士、科考案、文字狱，以及《官场现形记》等所撰学校荒诞剧无不反映符号斗争。寒门取士、"天下英才皆入吾彀矣"。国外批判教育学者阿普尔、金迪斯、吉鲁、鲍尔斯等，解放教育学者弗莱雷，符号学者布迪厄、福柯、伯恩斯坦等，也都敏锐识破了此中的符码把戏。

3. 学校的落日余晖

学校产生之初，基于个体的不同自然禀赋和渔猎需求，学校是分散的、个性化的、非系统的、简单的、蒙昧的。在不同群落和季节，学习内容、形式、时间分配都流动而随意，比如我们小时候在乡野学校，专门有农忙假，师生回家或者在学校周边帮助农民收割庄稼。那时，对于教育符号的编制、解码、传播，皆出自于个体经验和感悟，因为认知的局限性，其符号更多属于皮尔士所言的像似符（icon），符号能指与所指之间逻辑距离近乎为0。也由于社会分层尚不明显，所以符号编码原始而简易，属于弱符码，如同伯恩斯坦定义的"受限符码"。故而，基于符号的学校教育可以因地制宜、因人而异、因材施教，完全个性化。

但随着渔猎的统一规划、小农走向庄园、山野群落归入乡村组织，学校逐渐合并、统一、系统。生产力发展了，特权阶层开始崛起。出于社会组织系统的良性运作，更源于特权者的私欲，学校进一步被固化、体系化，并且加入政治符号——"天地君亲师""天子""受命于天""劳心者治人""生而知之"等，学校开始沦为意识形态的工具。上等人有了合法却违背人之自然性的特有符号系统，如伯恩斯坦所言的"精致符码"，普通人难以享用。《礼记》"建国君民，教育为先"反映了教育的政治性。譬如，古希腊亚里士多德断言"人天生是政治动物"，主张"立法者应该把主要精力放在教育青年上；忽视教育必然危及国本"。巴西教育学家弗莱雷1970年在《被压迫者的教育学》一书中深刻论述了阶级社会一切教育必有政治性，揭示了传统教育最大的罪恶在于压迫者运用政治符码对于被压迫者的符号化——驯化为统治阶级服务。

几次科技革命后，机器大工业亟须大量产业工人，因而班级授课制颇受欢迎，可以多快好省出产劳工。效率、规模成为国标——统一年龄、统一场所、统一课程、统一作息、统一内容、统一进度、统一考试、统一答案。捷克教育学家夸美纽斯1632年在《大教学论》（《把一切事物教给一切人的普遍的艺术》）中归纳总结了这种契合于近代工业大生产的学校教育模式，并试图论证其合法性。该书提出诸多教学原则和教学方法，并设置了各级学校的课程，确立学校教学工作的基本组织形式，制定了编写教科书的原则要求，甚至对教师如何上好一堂课也都做了具体的规定。这是教育学形成独立学科的开始，也是符号学在教育领域从自生自发走向自觉自为。借用俄罗斯符号学家特鲁别茨柯伊的观点，以班级授课制为主要组织模式的学校教育从"标出项"（the marked）走向"非标出项"（the unmarked）。人的教育性与符号化空前迫切，加之人类文明的累加叠进，使人之精神的符号化日益紧凑高效，而身体符号化却日益走向反动。

学校教育之能指（教育教学）开始与教育之所指（生产生活）的一线实践渐行渐远，生活与社会的多维面向使意义复杂性增强，因此，像似符作为任意性最弱而理据性最强的符号，已经难以应付那个复杂的经验世界，一种理据性稍弱而任意性稍强的符号——指示符（index）开始走入人类生活。兹后，随着生活经验的积累，文明成果的累加，出现越来越多的抽象性更强的认识对象，权当以规约符（symbol）统之。这些新式符号任意性最强而理据性最弱，近乎脱离于能指本体，而成为观念中任意武断性符号，尤其自 1687 年牛顿《论自然哲学的数学原理》以降，大量科学符号犹如井喷之势充斥世界，尤其自然科学范式如同数码刀挥舞剁叉，在解构对象与客体的名义下，却难免伤及主体。学校教育由是增添新的符号内容（名之曰文化和科学），学校同步演化，增添了符号标签"文化的""科学化的"规训与教化之特定场所。此时，学校教育的能指（教育教学）与所指（生产生活）之间逻辑距离逐渐拉大，随着科学主义泛滥，侧重实用功效的符用观大行其道，学校越来越成为某种堡垒——知识的、权力的、文化的、技术的、民主的、正义的、革命的、批判的……

（二）学校嬗变的符号教育学逻辑

符号是世界被认为存在的表征，也是意识的对象和意义的载体。这个新时代最响亮的符号是人工智能与虚拟现实，这个时代的教育可名之为符号教育，与其对应的学术理论思想可名之曰符号教育学。符号教育学（Semiotic Pedagogy/Education）[①]：以符号学为工具研究教育现象和问题的教育学流派。符号教育学者在教育符号域（教育情境和教育活动）中观察和解释符号及其意义、探究教育符号行为的心理动机、意义及各种指称关系中的认知和释义过程，并通过对符号的研究来认知教育现象和思考教育问题，从符号学视角描述、解释、预测、改进教育。符号教育学的研究重点有三：符号中的教育；教育中的符号；符号与教育的关系。

若从雅各布森的符号三段论思想出发，则可如此阐释：教育就是符号发送者通过内容、文本、媒介和符码对符号接收者施加影响，使其身心得到符号意义的过程。或者说，教育：以善为灵魂、以人的生成为目的的符号创制与使用活动，包含符号的创制、解读、保存、交流、使用。该理论对课程与教学的阐释也很有启发：教育实践本质是教育者与受教者之间的意义互动，在显性层面，通过知识、课程、活动来实现主体间性的本体功能，即教与学。在隐性层面，通过知识逻辑（符形）、课程体系（符义）、教育体制（符码）的运作，来达成符用（符号之于人的功用）：教育者借助符号的操弄而安身立命，成其为师

---

① 张晓霞. 符号教育学论纲 [J]. 高等教育研究, 2017 (10): 48-54.

者的身份地位；受教者借由符号的扬弃而经世致用，成其为习者的人生品性。符号学就是意义之学，没有无意义的符号，也无非符号的意义表达。从这个角度看，米德的符号互动论与教育领域的意义互动具有家族相似性。

1. 教育—符号演化中的学校形态

教育及教育学发展总与知识再现体——符号的发展休戚与共，人类进化史其实就是符号发展史。人类史、符号史与教育史具有逻辑与历史同构性，其历史演进具有趋势近似性并多有重合。人类知识再现体（符号）与教育共同经历3次革命性浪潮。[①] 在前浪潮时期，出现言语、动作、实物记事等原始符号（如结绳记事），对应于人类最初的原始教育阶段。第一次浪潮出现语言、文字等系统符号，使人类进入传统教育阶段。第二次浪潮出现科学符号，将人类带入现代教育阶段（1687年至今）。第三次浪潮出现虚拟符号（如虚拟现实、仿真、超真、幻象、造世、灵境），人类迈入符号教育阶段。若放在人类教育与符号演化史的大图景中考察学校，则其发展无不与符号同步嬗变。

符号学即意义学。意义之源在符号史不同阶段有不同的经验源泉。借用1958年阿伦特在《人之境况》中提出的思想：人之意义源泉可依次划分为：劳动（肉体生存）、生产（社会关系）、行动（公共事务）、漫游（身心解放）。只有在符号教育阶段，才真正将意义作为教育的最重要目的，这意味着每个个体尤其个性化存在，不再为肉体活命或通过对符形的记忆而葆有身份地位，也无须为就业而提升职业能力，个体只需要成就最好的自己便可。因为符号教育学中的意义意味着开放、个性化和无限衍义，在不可能世界中探究其可能性。在那个时代，人作为一颗螺丝钉的机器大工业生产将被人工智能所替代，人类史上，首次出现90%的人可以不劳而获、不教而学、不眠而梦。

学校形态的变迁紧紧跟随教育—符号的演化脚步，因为符号演化的内在机制成为所有教育、教学、学校发展的符码。以符号为内容是所有教育的共性，但作为所指为教育高级形态的专有名词——符号教育，则始于虚拟现实元年2016年。此阶段教育中能指与所指借由虚拟现实而拉近逻辑距离，实现充分浸入感、交互性和多通道融合，教与学在逼真甚至超真幻象中尽性。教育符号不再拘泥于像似符、指示符或规约符的类别化，也不再纠结于生活符号、科学符

---

① 张晓霞. 符号教育：第三次教育浪潮 [J]. 山西大学学报（哲社版），2017，40（06）：79-85.

号、人文符号之分野，而是随心所欲不逾矩，也即展现各种"和"的展面。在符号教育学阶段，教育目的为意义，教育中心是学习，师生互动为双向弱符号化，即开放、弹性、泛在。学校超越传统形态的"固定""封闭""有形"，代之以泛在、虚拟、无形。尽管学校的所指近似，但这种能指还称为"学校"吗？

基于"学校"在历史长河中逐步再度符号化，一再被附加别样意义。今日之学校非昨日之学校，昨日之学校非本初学校。学校变迁的不仅仅是能指（如：场所、硬件、制度、主体、内容、评估等），还有巨变的所指（如：生产生活、政治体制、权威分布、关系样态、生存状态、世界形态等）。学校彻底退出历史舞台，尚需逐层剥去附着在"学校"上的符号外衣。如何剥去呢？马克思主义认为，社会存在决定社会意识，只有当社会存在形态发生全面的、充分的巨变，符号意识才会有相应的跃迁。在符号教育时代，至关重要的四化（生产智能化、生活虚拟化、文化多样化、政治民主化）既是地球村的发展趋势，也是教育方向的参照系，其中，政治民主化是学校终结的最后一根稻草。

2. 教育符号的多模态化

符号学中的多模态思想主要源于韩礼德系统功能语言学，指交流的渠道和媒介除了文本，还带有图像、音乐、技术、图表、颜色等符号，或者说任何由一种以上编码呈现意义的符号。当代多模态符号学家张德禄、顾曰国等认为，模态指人类通过感官（听觉、视觉、嗅觉、味觉、触觉等）跟外部环境（如人、动物、物件、机器等）之间的符号互动方式。① 人类教育从内容、目的来看，都是符号；从方式、手段、过程而言，皆为符号运作。教与学的微观行为则属于符号互动。因此，对教育的研究实质是对教育符号的探究。第一次教育浪潮时期，教育符号重心在符形；第二次教育浪潮时期，教育符号重心在符用；第三次教育浪潮时期，教育符号重心在符义和符码。历史纵向角度来看，教育符号重心的嬗变体现人类模态的跃迁，从原始的、简单的、单一的逐次演进到高级的、精致的、复合的多模态。

纯粹物质和纯粹精神所构成的世界本体到底是何种样态很难被人认知，人所能感知的只是其模像和仿真，即表征其存在的符号。符号生态世界中的模态远远超出人类想象，如蝙蝠之声波符号感应，鸽子、梭子鱼之磁场符号感应，

---

① 李玉. 信息技术深化多模态话语研究 [N]. 中国社会科学报，2017-11-30：3.

等等。也许符号主体永远难以深入物自体本身，世界通过符号给予符号接受者的样态只是接受者所能接受的样子，这种样子囿于接受者的先天时空观念和先天综合判断，而综合的质料却来自多模态的五官六感感知能力。如同盲人摸象，每多一种模态则多一种"摸象之感"。

人类的各种感官体验源于大脑中枢神经系统对所处世界的符号运作，大脑将这些符号所载之信息与意义先归类为单独模态，然后再将单独模态融合为系统化的整体体验。符号主体基于此种神奇之功，可以在阅读一个多模态符号文本时获得替代性体验。譬如，狗眼面对我们所谓的五彩斑斓的世界，却只能感知到黑白灰三种颜色。知识、教育、学校、学习、学习者都将呈现多模态符号表征，通过语言、声音、动作、图像等符号资源进行主体间性符号互动。人类符号模态系统超越五官六感之功能而日益多模态化是必然趋势。超声波、不可见光、磁场能量场、量子纠缠等可以通过高科技模拟符号而被人感知，人工智能、移动终端、虚拟仿真、大数据的蓬勃发展推动多模态符号走向纵深，必将远离学校"四角的天空"。

符号教育学阶段，特别是虚拟现实技术的突进，教与学的主模态已经由语言符号、图像符号转为多模态混合。纵观整个教育发展史，其实就是模态的升级跃进史，如在最开始前教育浪潮时期（500万年前），教育教学主要依靠单一观察的视觉模态，同时有了像似符的模仿行为，则是动作模态；进而有了语言符号，则启动听觉模态，在第一次、第二次教育浪潮时期主要以听觉、视觉和动作三种模态为主。在第三次教育浪潮时期，将充分挖掘五官六感的多通道融合的混合符号模态，尤其出现现实教育虚拟化与虚拟教育现实化的双重耦合，则有"脑机互联、生物芯片、心灵感应、异度空间"等奇异模态为教育插上飞翔的翅膀。

目前，多模态神经影像数据处理与分析已经成为医学康复、特殊教育、AI等方向的热点。市面上已开始量产 Emotibot 多模态情感交互智能机，可作为宅男宅女或单身人士的生活伴侣，亦可作为"陪太子读书"的伴童。但是，人工智能与虚拟现实等毕竟是以数据算法等科学符号为经络，如何与情感、灵魂等人文符号充分兼容尚待时日。苹果、谷歌、百度、阿里巴巴 2016 年均已开始向此掘进。多模态人工智能已经成为智能手机中的最酷"风口"。2017 年 11 月 21 日，三星电子发布三星人工智能平台 Bixby，它会赋予使用者人工智能多模态交互体验。

（三）学校终结的理据

第三次教育浪潮"符号教育学"正扑面而来，传统意义的学校必将终结，依据有三：一是生产力决定生产关系，人工智能与虚拟现实代表第一生产力的符号教育将使传统学校失去现实存在基础；二是党的十九大报告中关于教育转型之精神；三是 2015 年联合国教科文卫组织发布的《反思教育》之全球共同体意义。

1. 皮之不存毛将焉附

马克思主义认为，生产力决定生产关系，经济基础决定上层建筑。VR 元年 2016 年是生产力历史发展的分水岭，标志性事件是 2016 年学习人类认知经验的 AlphaGo 和 2017 年自我学习的 AlphaZero 面世。《未来简史》作者赫拉利预测，世界 10% 的人口将在人工智能帮助下完成全球所有生产任务，90% 的人可自由享受诗意人生。而目前大量以升学、就业为主旨的学校必然失去存在基础。

自 1993 年美国政府开始建设信息高速公路，信息社会便已经到来。那时人们已认识到教育信息化对教育发展具有革命性影响。20 多年过去了，弹指一挥间，信息社会已然嬗变为智能社会。正如 2017 年 5 月北京师范大学第六届教育国际研讨会专家所说，从信息社会到智能社会是量变到质变之过程，教育教学环境、教学资源创新等必将走向虚拟现实和人工智能的个性化教育。人工智能本质上是仿生学的升级版，过去人类仿照苍蝇楫翅制成振动陀螺仪，仿照蝙蝠超声波研制出雷达，仿照萤火虫制作出人工冷光等，而现在开始仿照人类自身某些特性。2016 年人工智能载体 AlphaGo 学习人类 3000 多位象棋高手的棋法后击败人类李世石。2017 年自我学习的 AlphaZero 更胜一筹，居然击败 AlphaGo，这说明人类已有所谓冠军的棋谱并非最佳认知经验，推而广之，学校所教育的人类经验知识，其正当性、有效性是该打个问号。至少还有巨大的提升空间，尚未被人类开发，而现在被自我学习算法的人工智能 AlphaZero 所捷足先登。

2017 年 3 月第二届中美智慧教育大会和人工智能大会先后在京举行，有专家认为，传统校园、电子校园、数据校园正向智慧校园升越，教育大数据可跨越传统个性化学习的精准逻辑推理。其特点有三：个性化数据理念、大数据挖掘与智能分析、多维校园建设。目前亟须推进：高校智慧校园建设示范性、加强人文素养、深化大数据、云计算、物联网技术。教育教学依赖于学习状况，而未来学习将日益由脑神经认知科学、算法等锁定。人与智能机器互动时代正在到来，从人脸识别领域切入，智能机器通过大数据汇集尽可能多样本不断向人类学习，使认知能力更加深入和精准。大数据、人工智能、物联网、云计算、云端教学、社会化媒体、虚拟现实等技术发展突飞猛进，无不意味着我们即将迈向一个全新世界。

春风吹，战鼓擂。《国家中长期教育改革和发展规划纲要（2011—2020年）》指出信息技术对教育发展具有革命性影响。2015 年 2 月教育部办公厅《2015 年教育信息化工作要点》提出推进虚拟校园和大力开发数字教育资源。虚拟技术在教育领域中最早应用于虚拟校园（2008 年北京交通大学开始运行）。2018 年中国国家自然科学基金委信息学部申请指南中将增设 F0701 教育信息科学与技术二级代码，其三级代码中含有可以使学校解体、教师部分替代的方向：F070105 教育认知工具，F070106 教育机器人，F070107 教育智能体，F070110自适应个性化辅助学习。看来国家层面有识之士已经预见到教育新动向，符号教育学的春天正在到来，学校的终结还会远吗？

2. 教育转型，学校行之不远

2017 年《十九大报告》明晰了教育和学校的重大转向："我国教育转型的主要任务和目标是：转变教育理念，创新教育模式，改革教育体制，更新教育内容，满足全民学习需求，服务经济和社会转型，促成中国特色学习型社会的建立。"教育转型最终落实到各个学校，意味着学校将向自己开刀，宁静的校园将被打破。鼓励面向未来的教育改革，鼓励创新的教育生态。新型教育模式建立新体制，坚决改变学习即记忆或为了就业且一考定终身的状况。解放学习者为外在功利而学的状态，使他们有足够的时间和空间发展自身的兴趣、特长、爱好和天性，可以听从内心呼唤，想学什么就可以学什么，实现孔子所言"古之学者为己"。哈佛大学、麻省理工和斯坦福大学发起的慕课将打破传统的单一课堂面授，推行因应智能社会和符号教育时代学习需求的多模态教育和多维度学习。可汗学院、网上公开课、网络直播讲坛、虚拟教育空间、机器人陪学等必将从多个锋面呈现与传统学校截然不同的教学方式，并最终实现因材施教的个性化教育，也会更加贴心，因为基于大数据和人工智能，将出现比老师更了解自己学生的"心灵伴侣"。

未来符号教育将会信息化、数字化、移动化、虚拟化。打破学校的空间、时间和内容限制，学生只要想学习，则任何时间任何地点可以学习任何想学的内容。现有的学校组织形态将会解体，也即既有的学校都会终结，代之以"学习算法中心"——大数据、人工智能、虚拟现实为平台的服务器。

前教育浪潮时期是无中心的；第一次教育浪潮时以教师为中心（知识的载体和真理的化身），学生的意象是存储器，等待教师注入知识。第二次教育浪潮时以学生为中心（效率优先，为社会生产做准备），学生的意象是工具箱、现代工商业社会中的螺丝钉。第三次教育浪潮时期，则以"学习"为中心，学校中不再有规模化、组织化的学生和教师，学校真的"万径人踪灭，空山不见人"，知识如同空气随手可得，真理成为人人可以编码的符号。

未来初级阶段，科学知识软件如同今天的共享单车、共享充电站，自己随时可以刷卡提取。高级阶段，则一切学习内容都可以从移动式人工智能和虚拟现实中互动、游乐、浸入，高级智能机器人将大面积普及，不仅成为学习伴侣，甚至进化为生活伴侣、心灵伴侣。另外，从基因工程、脑认知科学、神经多模态感知科学方面，也将使学校下岗，如生物芯片、神经操控、基因修复、脑机融合、量子纠缠等使得学习不由自主、瞬间传输和下载，甚至喜怒哀乐、美丑善恶都将通过智能数据手段或生物神经操控（国家神经调控协同创新联盟2017年11月26日在京成立，标志着中国脑计划正式启动）。

3. 全球共同利益：学校"自废武功"

2016年联合国教科文组织发布报告《反思教育：向全球共同利益理念转变》。该报告聚焦于四个核心概念：知识、学习、共同利益和人文主义。知识被广泛地理解为通过学习获得的信息、理解、技能、价值观和态度。知识是人在特定情境中所编织的符号体系，不同体系可以各美其美，美美与共，天下大同。教育是指导学生有价值的学习活动。学习是获得这种知识的过程。学习既是过程也是过程之结果；既是目的，也是手段；既是集体努力，也是个人行为。学习是由情境约束的多维存在，它是个体经验和社会经验、当前经验和历史经验互动、交流、交融，从而实现社会历史经验传承和个体经验改组或改造的双重目的。学习或教育的意义就在这种过程中得到实现，而不仅仅体现在学习活动结束之后若干被选择、被监测、被评估的学习结果上。学习型社会当中学习本身就是一种生活方式、一种工作方式、一种终身的行为，因此"学会如何学习从来没有像今天这么重要"。

　　"全球共同利益"是地球人最大范围的"共同善"，这相通于与2015年习近平总书记所说"人类命运共同体"——世界各国各族群人民休戚与共、共同构成一个"符号生态世界"，一起应对污染、剥削、壁垒、人工智能、基因工程等全球性问题。"打造人类命运共同体，要建立平等相待、互商互谅的伙伴关系，营造公道正义、共建共享的安全格局，谋求开放创新、包容互惠的发展前景，促进和而不同、兼收并蓄的文明交流，构筑尊崇自然、绿色发展的生态体系"。人文主义的重要性在报告中得到进一步重申，建基于"共同人性"。全球化已经不可逆，所有人无一幸免共存于这个星球家园。人类曾经从原始群落、部落，至王国、邦国、帝国，最终走向全球命运共同体。

　　与此相伴，从个体微观上看，仍然还有嫉妒、排斥、不宽容、不平等、不和谐等，日益显示共同人性之中的阴暗面，终将被世人不齿。两岸猿声啼不住，轻舟已过万重山。第三次教育浪潮的符号教育学时代，理应顺应世界潮流，为全球命运共同体之公民而教与学。2017年10月19日，华中科技大学张应强教授在《构建人类命运共同体：全球化时代高等教育的使命与责任》报告中指出：全球化时代的高等教育应该承担引领人类应对全球性挑战的全球责任，确立造福人类与地球的高等教育价值观念；以"和平教育"来实现人类共同利益的教育。冯建军在《推动构建人类命运共同体：教育何为》中认为：教育作为人类的事业、全球的共同利益，必须回应人类命运共同体的要求，把培养构建人类命运共同体所需要的人，作为新世纪教育思考和实践的主题，使之具有人类命运共同体所需要的意识、价值观和行为方式。为此，教育需要唤醒人的类本性和公民的全球责任意识，建构主体间对话与理解的教育行动方式，以共享发展的理念，促进教育国际合作交流，建构全球教育共同体。

　　人类历史上时常伴随着孤立、隔离、纷争、冲突、对抗、斗争，其中很大部分责任在于教育的价值观有问题，过于强化一隅一国之利而缺少全球意识和共同体意识。加之诸多政客煽动极端民族主义和"爱国主义"，使仁爱和博爱倍受辖制。人类尽管已经脱离了原始洞穴，走过了群居部落，整合过不同王国，也曾遭遇过更大范围的帝国，本应该从小我迈向大我，但是仍然很悲观，人们在不当的政治蛊惑和"仇恨教育"之下，仍然如同蚁兽，只是坐井观天，盘算着本我的小团体之私。很多教育工作者身体进入第三次教育浪潮时期，而精神还停留在第二次教育浪潮时期，教育观尚在第一次教育浪潮时期。

政治思想家阿伦特 1963 年 7 月 20 日在给索勒姆的信中说："我这一生中从来没有爱过任何一个民族、任何一个集体——不爱德意志，不爱法兰西，不爱美利坚，不爱工人阶级，不爱这一切。我所知道、所信仰的唯一一种爱，就是爱人"。大爱无疆，不以国别和族群为藩篱。中国古代儒家所言"泛爱众""以爱推己及人"具备极大包容性、普适性。即便在礼崩乐坏的春秋战国时期，所谓"仁者爱人"也没有为外推仁心大爱而设限，已然达致当时"天下观"的最外围。如今的世界，早应该走出思想藩篱和政治牢笼，教育更应该有批判的独立意识和清晰的祛魅价值，为维护人类良心而教（1948 年《人权宣言》"人人生而自由，在尊严和权利上一律平等，他们富有理性和良心，并应以兄弟精神互相对待"）。只有这样才能在人心中构筑永久和平（很遗憾康德《永久和平论》仍以互不干涉内政的国家政权为存在主体，故而和平难以永久），使整个人类呈现欣欣向荣的符号生态世界。

当前的中国政治核心领导层已经十分明白，如习近平多次提及"构建人类命运共同体"，号召人文交流特别是教育领域的国际交流与合作以促进民心相通和文明互鉴。政府教育部门也在积极推动对外开放和中外人文交流，并通过"一带一路"、境外办学（中国国际学校）、孔子学院等教育行动开创教育对外开放和中外人文交流工作新局面。政治智囊中国社会科学院也多次发声力挺人类"共同价值"（这个符号尽管能指不同，但其所指与"普世价值"仍有一定重叠共识）。2017 年 4 月 26 日习近平在出席第 70 届联合国大会时指出"大道之行也，天下为公。和平、发展、公平、正义、民主、自由，是全人类的共同价值。"

（四）"三无"的未来学习中心：无人、无界、无时

在第三次教育浪潮的符号教育时代，将超越第一次浪潮的以教师为中心和第二次教育浪潮时的以学生为中心，而代之以学习为中心。前面两次浪潮无论是以教师为中心或学生为中心，皆以学校的存在为前提，而在现实教育虚拟化与虚拟教育现实化双重建构中的符号教育学时代，则学校终结。学校之符号能指（对受教者符号化的特定场所）消亡，符号所指（特定时空的学习）发生偏转。以无人、无界、无时为特征的学习必然宣判既有学校的终结——由特定师生在固定场所、固定时间进行特定内容的教学自然走投无路，老子"无为而治"思想必将大放异彩，真正实现无校而教、无师而学。

但在过渡期，景象尚且动人：无边落木萧萧下，不尽长江滚滚来。一方面传统学校如同当前撤点并校，大量唏嘘荒废，另一方面新的"学习中心"雨后春笋般面世，共享学习资源廉价而便捷。教师即未来的学习服务员或心灵伴侣，成为学习中心的咨询专家、学习委员。学生即未来的自我学习者，则可天马行空，我行我素，再也不必起早贪黑去适应学校作息时间，接受老师低效且不匹配的教学，当然如果乐意，他们会去学习中心扫码刷存在感。到了人工智能和虚拟现实高级阶段，则学习中心也将消亡。基于人机融合、生物芯片、大数据和脑神经科学发展，学习者的先天禀赋、后天趣味、诗意追求均可通过大脑扫描瞬间明晰，需要学习何种内容则会像过电一样即刻完成。

眼下，泛在学习、游戏学习、馆园学习、虚拟学习等已经向学校发出挑战。泛在学习（Ubiquitous Learning）基于普适计算技术与情境认知理论的学习方式，强调"学习的发生无处不在""学习的需求无处不在""学习资源无处不在"，是最接近人类学习本真状态的学习模式。未来充分发展的泛在学习将具备"6A"（Anytime，Anywhere，Anyone，Anyresource，Anything，Anystyle）。这些特性对于传统学校而言，可谓刀刀见血——学习无时不在、无处不在、无人不学、万事皆备于学、万事皆可学、学无定则。虽然尚待时日，但移动数字手机的普及为泛在学习提供了很好的平台，所有科目内容均可在手机 APP 软件辅助下自我学习，尤其智能手机、投影式手机等使学习简单有趣。虚拟现实和人工智能的跃升将运用结构性符码和规约符号，将学习者从现实世界中接受的感知植入虚拟现实中去呈现。虚拟现实技术将为教育符号多模态化和虚拟学习提供关键性技术平台。虚拟学习具有沉浸性、交互性、创造性、协作性等特点，让学习引人入胜，欲罢不能。2016 年国内虚拟现实和人工智能教育亦高歌猛进，如：2016 年乔布斯遗孀为虚拟现实教育项目捐款 1000 万美金旨在让室内因材施教更有趣；2016 年虚拟教学游戏《模拟城市》和 Math Blaster 应用于美国小学教育；2016 年微软成功开发 MindcraftEdu 实现虚拟现实游戏帮助学生进行趣味学习。

中国在这个领域与世界并无太大差距，2014 年《教育部关于全面深化课程改革落实立德树人根本任务的意见》指出："学校要探索利用科技馆、博物馆等社会公共资源进行育人的有效途径。"馆、园作为学习的重要形式，越来越凸显新的教育方式、教学方案、学习机制、学习方案、学习过程，其特点主要体现在：自主选择性、情境性、参与性、互动性、趣味性，如文化馆、科技馆、农艺馆、博物馆、天文馆、美术馆、陶艺馆、音乐馆、艺术馆、创意馆，电影院、游乐园、动物园、植物园、亲子园、游戏园等，它们是教育资源的载体、课堂教学的延伸，更是未来学校的雏形。

实际上，这一切正以加速度扑面而来。如：2013 年美国教育研究协会在美国加利福尼亚成立一所超越传统学校的新式学习组织"密涅瓦计划"Minerva Schools at KGI，它打破了人类工业革命以来现代学校的一切可见形态（没有教室、图书馆、操场等固定场所表征的学校），探索"游学"模式（https：//www. minerva. kgi. edu）：折叠沉浸式的全球化体验（GlobalImmersion）、折叠现代化的课程（ModernCurriculum）、终身的成就支持（FutureSuccess）、真正无地域限制和歧视的招生（Admission）。2015 年，哈佛商学院未来教室 HBX live 高科技虚拟教室：打破时空界限的全球各地学习者同时上线，所有人能同时说话，有讨论的流动，生机勃勃，而现实教室中并无课桌椅和黑板，学生可以来自全世界，将没有老师，全靠学生自己"玩"，只有一间透明大教室和数据服务器，以及 1 位负责维护学生安全的工作人员。从 2015 年 11 月，我国台湾地区通过了《非学校形态实验教育实施条例》，意味着未来学校教育发展的新方向，标示着固守一板的传统学校开始出现裂隙。2016 年美籍华人孙敬玺、张秀娟开创"家易教育空间"，预示着新式非学校形态的教育符域已然在我们脚下。张德龄2017 年认为，未来学校新形态兼具多功能与美感的梦幻教室，弹性硬件可以根据不同课程而自由调整，每个角落都可学习，弹性学校设备用来配合不同方式的学习。2018 年教育部开始把《人工智能》列入基础教育课程大纲，这正是在应对飞速发展的虚拟符号对当代教育的冲击。

（五）为意义而战

学校本原符义是：受教者被符号化的特定场所。其初始符用极为简单，即工具性——自然人向社会人过渡的符号化机构。随着第一次、第二次教育浪潮中教育能指与所指逻辑距离拉大，学校符号持续再度符号化，被附加别样意义，如"固定化的""体系化的""政治化的""科学化的""文化的"。世界发展极不平衡，目前在世界的不同角落或不同领域，既有第一次教育浪潮的遗迹，又有第二次教育浪潮大行其道，更有第三次教育浪潮初露端倪。当代符号学家赵毅衡认为，人类历经三次传媒突变：言语和符号的发明、符号系统记录与文字发明、电脑与互联网产生。

2012 年赫拉利在《未来简史》中把人类历史划为 4 段，若从符号学角度看，亦可找出各历史阶段的代表性符号：7 万年前大脑认知革命（像似符号为代表）、1.2 万年前农业革命（指示符号为代表）、500 年前科学革命（科学符号为代表的规约符）、人类大融合的符号革命（人文符号崛起）。他认为未来人文学科变得比以往任何时代都要有意义，因为世界 10% 的人口将在人工智能帮助下完成全球所有生产任务，90% 的人可自由享受诗意人生。鲍德里亚认为：信息对意义和内涵具有直接破坏性，后现代社会我们收到越来越多信息而收获越来越少的意义……信息吞噬了交流和社会。智能社会是信息社会的重大升级，在此阶段，以人工智能与虚拟现实为代表的科学符号、虚拟符号将与人文符号和生活符号抗衡，形成多元符号的"和"局面。这给教育研究与未来思想带来全新视角：从物质生产进步到符号尺度的跨越。

马克思《德意志意识形态》中说："每个人有自己一定的特殊的活动范围，这个范围是强加于他的，他不能超出这个范围：他是一个猎人、渔夫或牧人，或者是一个批判的批判者，只要他不想失去生活资料，他就始终应该是这样的人。而在共产主义社会里，任何人都没有特定的活动范围，每个人都可以在任何部门内发展，社会调节着整个生产，因而使我有可能随我自己的心愿今天干这事，明天干那事，上午打猎，下午捕鱼，傍晚从事畜牧，晚饭后从事批判，但并不因此就使我成为一个猎人、渔夫、牧人或批判者。"

第三次教育浪潮肇始于虚拟现实元年 2016 年，人工智能和虚拟现实正是马克思笔下的"基本生产工具"，它将使符号能指（教育教学）与所指（生产生活）之间的逻辑距离回归为 00。当代著名教育学者易连云欣喜若狂：人类将不再为温饱而纠结，身体与心灵得到充分解放，能够爱其所爱，享受诗意人生！未来学家科兹威尔（kurzweil）认为 12 年后，人工智能即可在技术上实现"似永生"，在哲学上却给人们提出一个需要严肃对待的课题——生命有限性才令人体验到意义，而一旦永生，则意义何来？

诗人臧克家著名诗词"有的人活着，但他已经死了。有的人死了，他还活着"对于今天教育工作者而言，不啻为当头棒喝！包括笔者在内的很多教师多年以来苦苦为知识而记忆背诵，为分数而备战考试，为就业而培训技能，为工作而劳碌负重，为报酬而撰写课题论文，但在符号教育学时代，这一切将天翻地覆。90% 的人将被人工智能替代，学习却无处不在——泛在式、移动式、虚拟式、智能式、浸入式的多模态学习成为符号教育学时代的中心。有幸而尚未下岗的教师，将从"人类灵魂工程师"沦为学习服务员或心灵伴侣，他们所面对的核心议题是生命、生活、意义（赵毅衡：符号学即意义学）。生命、生活将成为教师悲壮的豪歌（基因工程和人工智能使生命有限性不再紧迫，现实教育虚拟化与虚拟教育现实化击碎"为未来美好生活做准备"的教育迷梦），最终，只剩下教师尊严的最后一块自留地——为意义而战！

二、符号教育：第三次教育浪潮

（一）教育浪潮概览

人类进化史其实就是符号发展史。当然，人类史、符号史、教育史具有逻辑与历史的同构性，其历史演进具有趋势近似性并多有重合。人类知识再现体（符号）与教育共同经历了 3 次革命性变革，为了增强符号意象性，亦可称之为浪潮。

符号是世界存在的表征，也是意识的对象和意义的载体。这个新时代最响亮的符号是人工智能与虚拟现实，这个时代的教育可名之为符号教育，与其对应的学术理论思想可名曰符号教育学。人工智能和虚拟现实将给教育带来空前机遇与挑战。教育不得不适应这个高度数据化、智能化、虚拟化、个性化的时代，教育样态将被解构。教育及教育学发展总与知识再现体——符号的发展休戚与共。人类进化史其实就是符号发展史。人类史、符号史与教育史具有逻辑与历史同构性，其历史演进具有趋势近似性并多有重合。人类知识再现体（符号）与教育共同经历了 3 次革命性浪潮。在前浪潮时期，出现言语、动作、实物记事等原始符号（如结绳记事），对应于人类最初的原始教育阶段。第一次浪潮出现语言、文字等系统符号，使人类进入传统教育阶段。第二次浪潮出现科学符号，将人类带入现代教育阶段（1687 年至今）。第三次浪潮出现虚拟符号（如虚拟现实、仿真、超真、幻象、造世、灵境），使人类迈入符号教育阶段。

2017 年 5 月 13 日"人工智能与未来教育"大会在华东师范大学举行，海内外千余名专家学者共聚一堂，跨界研讨人工智能将给未来教育带来何种机遇与挑战。教育工作者们既焦虑又兴奋，焦虑点在于：学校将会如何变迁？教育能否适应一个高度数据化、智能化、虚拟化、个性化时代？兴奋点在于：一个新的教育时代扑面而来，教师将被解放和自由。2017 年 7 月 20 日国务院《关于新一代人工智能发展规划的通知》指出人工智能成为国际竞争的新焦点，谁掌握人工智能主动权，谁就能赢得未来。国务院强调，应逐步开展全民智能教育项目，在中小学阶段设置人工智能相关课程，逐步推广编程教育，建设人工智能学科。

（二）第三次教育浪潮背景

1. 智能社会与虚拟现实到来

自 1993 年美国政府开始建设信息高速公路，信息社会便已经到来。那时人们已认识到教育信息化对教育发展具有革命性影响。二十多年过去了，弹指一挥间，信息社会已然嬗变为智能社会。正如 2017 年 5 月北京师范大学第六届教育国际研讨会专家所说，从信息社会到智能社会是量变到质变之过程，教育教学环境、教学资源创新等必将走向以虚拟现实和人工智能为依托的个性化教育。

春风吹，战鼓擂。《国家中长期教育改革和发展规划纲要（2011—2020年）》指出信息技术对教育发展具有革命性影响。2015 年 2 月教育部办公厅《2015 年教育信息化工作要点》（教技厅〔2015〕2 号）提出推进虚拟校园和大力开发数字教育资源。VR 在教育中最早应用于虚拟校园（2008 年北京交通大学开始运行）。2016 年被称为虚拟现实时代元年，同时也是符号教育元年，起点是 2016 年联合国教科文组织（UNESCO）公布最新报告《反思教育：向全球共同利益理念转变》。是年，虚拟现实教育大事件井喷般出现。

人工智能与虚拟现实对教育来说意味着洪水猛兽吗？不！而是蜜蜂遇见鲜花，花儿在蜜蜂、空气和水的作用下嬗变为沁人心脾的蜂蜜。尽管弗诺·文奇（Vernon Vinge）1993 年告诫当人工智能若能自我学习和进化，则那就是人类奇点。项贤明在 2017 年"人工智能与未来教育大会"也深表忧虑。但实际上，从特定功能人工智能（domain specific AI）到通用型人工智能（General AI）还有很远的路。人工智能赖以生存的科学符号只不过是人所创生的符号的一部分，其运作机制中的算法系统依赖于人的符号系统的一种特殊符码。计算机思维在本质上就是人的符号逻辑和科学符码，尽管计算机越来越具备人的其他符号运作能力，如自由联想、感知、模仿甚至想象力等，在符形和符用层面越来越有人样了。但在符义层面不可同日而语，尤其在生活符号域和人文符号域缺少系统性反思能力。印度神庙里有以反咬自己尾巴的蛇来譬喻生命轮回，也隐喻集体无意识、缺少对自身的系统反思能力而难以超越本体自身。人毕竟是人，因其有限性而难以通达神界；同理，人工智能毕竟只是一种虚拟符号，难以真正通达人界。

教育人工智能（AIEd）在国外已有 30 多年跨学科综合研究，旨在提升适性学习环境和开发弹性、全纳、个性、沉浸、高效的学习工具，其核心目的是让隐性的教育学、心理学和社会学知识显性化、精确化。现代教育在人工智能、虚拟现实和符号思想作用下将跃迁到符号教育阶段。其跃迁机制是能指与所指间的逻辑距离——前浪潮时期教育教学（能指）与生产生活能力（所指）合二为一，逻辑距离近乎零；在第一次教育浪潮中逻辑距离逐渐拉大，第二次教育浪潮中逻辑距离最为遥远。正如鲍德里亚所谓消费社会的符号消费观侵袭教育领域，在这种浪潮中人们似乎不再关注教育所指端的教养、品格、智慧以及彼岸意义，而是一叶障目于能指端的分数、排名、等级、学历、身份、证书、就业、财富等此岸形而下层面。而第三次教育浪潮中，教育能指与所指间逻辑距离归零，历史钟摆回复到中点。

2. 文化知识型与中庸教育观到来

石中英先生认为，知识型是知识分子所共同分享的知识问题、价值、范畴、方法、制度与信念之整体，是知识分子共同体依循的思想结构。知识转型是指知识范式、知识形态或知识政体的转变，意味着原有知识型暴露重大危机，新知识型逐渐替代原有知识型之过程——"神话知识型"（原始社会）、"形而上学知识型"（古代社会）、"科学知识型"（现代社会）、"文化知识型"（后现代社会）。张应强认为，新中国成立以来的中国教育研究，首先是政治教育范式向绩效主义范式的转换，其次是绩效主义范式向文化学范式的转换。随着人工智能和虚拟现实教育发展，或许，"文化知识型"将提前走上历史舞台。

知识转型既是社会转型的重要组成部分，同时又依赖和反作用于社会政治或经济形态的转变。知识转型与社会转型有着不可分割的内在联系，是社会转型的一个必要条件，对社会生产生活都产生重大影响。现代知识型或科学知识型对应于现代社会物质生产生活方式这个基础，然而目前这个基础开始动摇。从一般网络社会向智能社会嬗变，现实生活将与虚拟现实倒挂，知识生产方式、表征、价值、制度等与教育形态、内容传播、符号分布等将有重大变迁。现代社会困顿如迷茫、异化、相对、沉沦等也已成为思想家哲学家乐于批判的标靶，如鲍德里亚说"符号和信息激增而消解意义，信息和意义内爆，瓦解为无意义噪音"。置之死地而后生，现代终结意味着智能社会到来，以此为基础的新知识型已在路上，那便是"文化知识型"。

文化知识型教育观一言以蔽之即中庸。《中庸》言：君子尊德性而道问学，致广大而尽精微，极高明而道中庸。中庸的精髓在于叩其两端、执两用中——超越两极对立，如科学主义与人文主义、表征主义与生成主义、理性主义与经验主义、价值理性与工具理性。既然是对现代和后现代性的救赎，则必会致中和。正如 2015 年联合国教科文组织发布《反思教育：向"全球共同利益"的理念转变?》，文件指出"我们需要采取整体的教育和学习方法，克服认知、情感和伦理等方面的传统二元论。"报告重新定义知识、学习和教育。知识即个人和社会经验的解读之法。学习可理解为获得这种知识的过程与结果；既是手段，也是目的；既是个人行为，也是集体努力。学习是由环境决定的多方面现实存在。获取何种知识以及为何、何时、何地、如何使用这些知识，是个人成长和社会发展的基本问题。教育可理解为有计划、有意识、有目的和有组织的学习（此前中国教科书定义教育：教育者根据一定社会要求，有目的、有计划、有组织地对受教者身心施加影响，将其培养为一定社会所需之人的活动）。

报告强调，教育须教导人们学会如何在承受压力的地球上生活；教育须重视文化素养，立足于尊重和尊严平等，有助于将可持续发展的社会、经济和环境结为一体。联合国教科文组织总干事博科娃（Bokova）说"再没有比教育更强大的变革力量"；"教育以权利平等和社会正义、尊重文化多样性、国际团结和分担责任为基础。"21 世纪教育应向"全球共同利益"理念转变。博科娃认为为了全人类根本共同利益，我们必须转变教育观。顾明远先生称：这份报告必像前两份报告那样对世界教育发展产生重大影响。这预示一个新的教育时代来临。

（三）符号教育学意蕴

1. 符号学维度的教育

1865 年皮尔士将索绪尔二维符号观（能指—所指）扩展为三维：再现体（represetamen）、对象（object）、解释项（interpretant）。再现体代替或被再现出来代替另一个东西，这样其他东西就可以被某种可以代替再现的东西所代替；对象是被替代的事物，分为直接对象（或被符号所再现的对象）和动力对象（或实际上具有效力但并非直接再现的对象）；符号在解释者心中创造某种东西，符号对象也通过某种间接或相关方式创造了这种东西，但对象在本质上异于符号。符号这种运作过程和结果被叫作解释项。1908 年皮

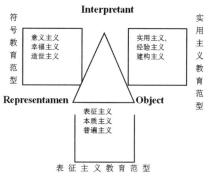

图8-1 三类代表性教育范型

尔士在给维尔比夫人信笺中又说，解释项就是符号所传达的所有事物，它与其对象相熟并须通过间接经验方可获得。解释项主要关涉符号意义，再现体主要关涉符号能指，对象主要关涉符号所指或客观世界。如图8-1 所示，三角形之三角分别代表皮尔士所谓符号三维（再现体、对象、解释项）。

基于皮尔士符号学思想和教育哲学相关理论，可对部分教育观初做圈定。如图所示，三边分别代表三类教育范型：底边由再现体与对象的关系来标示——作为教育内容的符号知识表征着作为对象的客观世界，因而这是表征主义教育范型；右腰由解释项与对象的关系来标示——教育内容和价值建基于人在客观对象中的主观经验和人为建构，这是以实用主义为哲学基础的实用主义教育范型；左腰由再现体与解释项的关系来标示——教育方式和手段游离于真实对象之外，在虚拟符号中指向意义和幸福，因而这是以意义主义为代表的符号教育范型。从教育实践正当性而言，底边凸显真理正当性优先，右腰显示伦理正当性优先，左腰彰显法理正当性优先。

从教育主体间关系而言，底边以教师为中心（教师是知识化身、符号表征最重要的载体）；右腰以学生为中心（青少年自有其不同于成人世界的符码，发现儿童、尊重儿童）；左腰以主体间性为中心（相濡以沫不如相忘于江湖，师生刚性关系消解，代之以自由互动和意义创生）。若从底边逆时针绕三角形一圈，教育重心从"教者"向"学者"滑动，最终走向以主体间性为中心的"学习"（参见 2016 年联合国教科文报告的定义）。

（1）表征主义教育范型

底边再现体与对象之间是以表征主义为代表，含最有代表性的 3 种教育观：表征主义教育观、本质主义教育观、普遍主义教育观。从拉莫斯、夸美纽斯再

到赫尔巴特等所坚守的教育范型，基本主张：普遍的本质的真理知识最有价值（真理正当性需优先考虑）；教育内容是人类知识的再现体，而人类知识是现实世界直接的镜式反映，符号及其表征被这种教育范式看重。符号及其表征所体现的教育文本便是教科书，教科书知识具有客观性，掌握和接受教科书知识就成为教育教学主要任务。学校教育目的是通过课堂教授教科书所呈现的人类知识符号及其表征，这些知识符号代表着客观世界的普遍本质和规律，真实世界的对象通过科学探索而被发现、发掘和发明，进而成为人类征服世界的利器。既然学校课程自身表征、符指外在世界，则学校课程即为依赖于表征主义认识论的表征主义实践。人们对这些信念深信不疑：知识就是力量；科学知识最有价值；科技是第一生产力。但物极必反，当符号所表征的科学知识过渡膨胀并凌驾一切时，它便开始反制人类，限制人的主体自由和思想解放，造成人性异化和单面人。

（2）实用主义教育范型

右腰解释项与对象之间是以实用主义为代表，含最有代表性的 3 种教育观：经验主义教育观、实用主义教育观、建构主义教育观。这是詹姆斯、皮亚杰、杜威等所秉持的教育范型，基本主张：人与人之间在特定情境中的关系建构和生活经验是有效教育的关键（伦理正当性需优先考虑）；教育面向活生生的平等的个体、面向实践和问题，"做中学"；教育即经验的改造；知识不是客观对象的符号表征而是主体在特定情境下协作建构的过程；最好的课程是师生共同探究实际生活问题。Object 代表着教育发生的真实场域、活动情境和学校文化，教育效果好坏取决于情境性、具身性、实践性。最响亮的教育信念：教育即生活；学校即社会；课程知识即情境。

（3）符号教育范型

左腰再现体与解释项之间是以意义主义为代表，含最有代表性的 3 种教育观：意义主义教育观、造世主义教育观、幸福主义教育观。亚里士多德、雅思贝尔斯、诺丁斯等所坚守的教育范型，基本主张：人工智能与虚拟现实形塑一个全新教育样态，虚拟现实化与现实虚拟化并存；学校形式消亡、师生关系解构，以学习为核心的教育可以脱离真实空间而存在；基因工程和人工智能使人类从繁重生产性劳动中解放，全面发展和自由创新成为可能，高级趣味和诗意人生成为课程学习的目的，审美和艺术成为核心学习内容，因其有助于获得意义感和幸福。

《未来简史》作者赫拉利 2017 年在《卫报》发表《无需就业就实现人生意义》，认为人工智能替代人类生产性劳动后，人们在虚拟现实世界中与生产力脱离的活动相似于宗教的精神活动，虚拟现实使人直接实现生活意义。其实，诗和远方等深层意义一直都在生产活动之外，眼前的苟且只能令人麻木。但在人工智能与虚拟现实之前数万年，人类疲于奔命而难得直接进入意义世界。固然古今中外不乏至高至美境界者，但多在闲暇中偶得。符号学就是意义学，从虚拟符号直接导向意义，这是符号教育时代不同凡响之处。

2. 教育学变迁中的符号

孔德将人类认知历程划分为神学、形而上学、科学三阶段。同理，教育学纵向演化亦可大致分为传统教育学、现代教育学、符号教育学三阶段，当然，这并非截然一一对应的关系，而是历史与逻辑的大致路径。我们知道，教育作为一种社会现象和人类实践，早已有之，有人便有了教育。而教育学作为一门科学或学科，则出现于孔德所言的第三阶段。这种划分的依据源于马克思主义思想，主要是生产力决定生产关系、社会存在决定社会意识。因此，对于教育学三个阶段划分的前提是对人类社会生产文化的三段切分：传统农耕生产文化（重复与记忆）、现代工商业生产文化（科学与标准）、正在来临的智能信息符号生产文化（创新与多元）。

（1）传统教育学阶段

在传统教育学阶段，认识论及其教育哲学思想的主旋律是形而上学（孔德意义的而非黑格尔和马克思意义的），其代表人物是赫尔巴特。赫尔巴特基于伦理学和心理学撰写了作为科学教育学诞生标志的《普通教育学》（1806），他批判式吸收霍布斯、洛克、莱布尼茨、康德等人的思想，折中理性主义和经验论之极端，赞同"统觉团""先天综合判断"，但在认识论上仍属形而上学范畴，其至发表专著《一般形而上学》（1829）。他把经验、数学和形而上学作为三大理论支柱，认为所有的精神生活属不可想象的经验形式，皆起因于普通形而上学。他还认为伦理道德是教育学的首要目的，但对心智尚未成熟者可采取恐吓、命令、禁止、监督、惩罚甚至体罚等手段。传统教育学阶段的教育实践以旧"三个中心"（教师、教材、课堂）为圭臬，教育权威主要来源于符形（如对语言文字本身的创制和传递；对真理的记忆）。符形即能指（若按照莫里斯符号观，则指符号与符号之间的分布形态）。语言符号学中一般有拼音式

（如西方字母符形）与拼义式（如汉字）符形之分。周有光以书写笔画为标准将符形分为原始符形与成熟符形。

从符号学角度来看，哪些符形被哪些人掌握，事关权威的分布。学习者意象是存储器，基于布劳迪思想，知识与学习功效主要在于重复性，哪怕头悬梁锥刺股只要倒背四书五经，笔下颜筋柳骨，必得万人敬仰。故而死记硬背、临摹抄写成为学习的主要方式。力求博闻强记、学富五车正是对符形的获得，也是权威身份的象征，胸中有符形，便能仗剑走天涯。东方有孔子、朱熹，西方有亚里士多德、阿基米德，莫不因携符形而受人瞩目。当然符形的分布无不受制于政治等因素，如秦始皇、李斯之书同文车同轨，隋唐之八股取士，西方古代之"七艺教育"，现代之"Liberal Arts Education"都是对符形分布的宰制，进而决定了符形葆有者身份地位。根据石中英《知识转型与教育改革》思想，此阶段属于原始和古代知识型。

（2）现代教育学阶段

认识论及其教育哲学思想的主旋律是建构主义、实用主义，其代表人物是杜威。杜威基于实用主义撰写了现代教育学诞生标志的《教育与生活》《民主主义与教育》等，他批判式吸收詹姆士、布鲁姆、卢梭等人观点，融会自然主义和建构主义思想，力推"教育即生活""学校即社会""做中学"，重视亲身体验和解决实践问题。这种哲学观强调符号是控制现实的工具，现实是可以改变的；符号是思想的有成就的活动；理论只是对行为结果的假定总结，是一种工具，是否有价值取决于是否能使行动成功；人对现实的解释，完全取决于现实对其利益有何效果。信仰和观念是否真实在于是否能带来实际效果。

现代教育学阶段的教育实践以新"三个中心"（儿童、经验、活动）为圭臬，教育权威主要来源于符用（符号之于主体的功用，如出于实用而对教育经典的阐释；以实效为标准而构建真理）。学习者的意象是工具箱，人在现代机器大工业生产中沦为小小的工具。学习要求学以致用，解决生产生活实际问题，故实验法、合作法、问题法是常法。基于布劳迪思想，学习功用旨在应用性，这个论断不仅源于实用主义哲学思想，更是基于布劳迪对知识学习作用的四类划分：重复性、应用性、联想性、解释性。根据石中英《知识转型与教育改革》思想，此阶段属于现代知识型或科学知识型。

（3）符号教育学阶段

认识论及其教育哲学思想的主旋律是多模态，包含文化浸入、衍义开放、

创新虚拟。其理论源于皮尔士、狄尔泰、莫里斯、赵毅衡等。教育核心是超越
"三个中心"，即超越前两个阶段的新、旧之三个中心，转而关注自我的个性化
成就、意义的无限演绎、符码的编码解码机制。所谓超越前2个阶段，重点不
在于知识点本身，而聚焦于方式、方法，未来还以虚拟仿真为学生提供深度浸
入式学习模式。教育权威主要来源于符义（多维多元无限衍义能力）和符码
（如对教育符号的编码和解码；对真理的运作机制的回应；算法）。学习者的意
象是万花筒，在个体想象力与虚拟仿真学习情境里，学习者创造思维得到空前
发展，不再局限于固有模式，只要想，便能成其所是，可谓一沙一世界，一花
一菩提。学习以多元释义、开放创新、个性审美为特征，故虚拟仿真、审美体
验、个性定制是常法。最好的个性化教育即帮助个体成就最好的自己。

　　从学习的核心要素来分析，在传统教育阶段，个体的先天自然条件举足轻
重，《论语》有言：生而知之者上也；学而知之者次也；困而学之又其次也；
困而不学，民斯为下矣。太平洋的某一荒岛以及古斯巴达教育皆把儿童逐于荒
野，若先天禀赋愚弱则自然暴毙，不必浪费教育资源。即便在今天有些落后农
村依然有这种传统思想作祟："这孩子没有吃轻省饭的命""不是读书的料"
"回来养家糊口吧"。在现代教育阶段，随着生产力极大提升，"人定胜天"摄
人魂魄，后天社会建构成为学习核心要素。美国行为主义心理学家华生不无傲
娇：给我一打健康婴儿，我能训练成任何一种人物——医生、律师、艺术家、
大商人甚至乞丐或强盗。而在符号教育学阶段，人们基本形成共识：人的发展
多因多果，没有统一的成功标准，学习也不存在同一的核心要素，而是注重个
性化定制服务。随着神经科学和基因修复技术的发展，人脑的记忆将由生物芯
片存储，喜怒哀乐廉耻美善也用脑科学技术操控。人工智能爆炸式发展必将印
证"不怕做不到就怕想不到"。

　　或许30年后，现有学校形态和班级授课将会消亡。基于布劳迪对知识学习
作用的四种划分（重复性、应用性、联想性、解释性），在符号教育学阶段学
习功用主要在于其联想性和解释性，所以教学主旨在于扩充"意象库"（据以
思维、想象、感觉的素材，使学习者在未来的临场反应变得丰富多彩）和"概
念库"（使学习者的经验优化、清晰）。根据石中英《知识转型与教育改革》思
想，此阶段可名之曰"中庸知识型"——跨越现代与后现代知识型或文化知
识型。

　　19世纪下叶，两位符号学鼻祖几乎同时不约而同提出了对教育学影响深远

的符号学理论。索绪尔二维符号观（能指—所指）认为能指与所指的关联具有任意性；皮尔士三维符号观（再现体—对象—解释项）中，解释项为无限衍义打开空间，任何新知都是对旧知符号的觉解而推进，正如字典里每一词皆由另外一些词来解释。符号学就是意义学，我们通过符号与世界相遇。在相爱相杀中，主体透过符号而获得意义，客体借由符号而证实存在。正如萨丕尔–沃夫假说（Sapir-Whorf hypothesis）：人类思考模式无不受制于符号影响，符号结构以及聚合组合方式决定了人的思维模式和行为方式。毕竟，世界需由符号来表征，若无符号，我们何以知道世界以何存在？也许我们自身只不过是符号编织的幻境。

基于虚拟符号的智能社会，教育形态将发生 3 千年之大变局，教与学呈现新特征：多感知性（Multi-Sensory），即五官六感多通道融合——因材施教、个性化教学更加便捷；浸入感（Immersion），即临场感——虚拟亲历教学场景比空洞抽象说教更具体、直观，更有说服力；交互性（Interactivity），即人际互动和心灵感应——打破时间和空间限制；构想性（Imagination），即仿真与超真——规避实际操作实验带来的种种局限与风险。总之，教育学中的符号与符号学中的教育将从多个锋面展露第三次教育浪潮正在来临，在忐忑中拥抱吧！

跋

我于 2013 年在国内首次提出了"教育符号学"，崔岐恩于 2015 年在国内首次提出了"符号教育学"，我们因此而结缘。现在他的书稿《符号教育学导论》摆在我面前，即使他不嘱我，我也想说几句。

符号学诞生于西方，至今已有近百年的历史，它作为当代哲学以及其他许多思想领域最核心的理论之一，不仅自身的研究取得了长足进展，还在与其他学科的联姻中结出了丰硕成果，比如，我们已经有了社会符号学、伦理符号学、语言符号学、传播符号学、文学符号学、电影符号学等，这些成果，不仅在中国大陆得到译介，而且也带动了大陆学人的研究，所取得的学术成就蔚为大观。但是令人遗憾的是，在国外甚至中国台湾早已在开展教育符号学的理论研究和实践探索的背景下，中国大陆教育界却反应迟缓。所以，我们有理由相信，崔岐恩《符号教育学导论》的问世在国内无疑具有填补空白的重要意义和价值。

诚如崔岐恩在《符号教育学论纲》中所言，"符号教育学（Semiotic pedagogy/education）是一种以符号学的理论资源研究教育问题"的学说，而符号学理论对于教育来说，会在两大向度上产生重大影响。其一是对于人的符号性的认识，将改变我们的教育观念；其二是符号作为元工具，将改变我们的教育方法。

人的本质属性是什么？古往今来的哲人们下过很多不同的定义，当历史来到 1944 年，一位叫恩斯特·卡西尔的德国哲学家在《人论》这本书中首次提出"我们应该把人定义为符号的动物"。他的理由有两点，一是符号使人成为人，二是符号为人类开辟了无限广阔的发展空间。因为没有符号，动物永远直面物理世界并被其所限制，而人则因为符号，从此"不再生活在一个单纯的物理宇宙之中，而是生活在一个符号宇宙之中"，也正是因为符号，人可以"生活在想象的激情之中，生活在希望与恐惧、幻觉与醒悟、空想与梦想之中"，并且，由于"符号系统的原理，由于其普遍性、有效性和全面适用性成了打开特殊的人类世界——人类文化世界大门的开门秘诀！一旦人类掌握了这个秘诀，进一步的发展就有了保证。显然易见，这样的发展并不会由于感性材料的缺乏而被阻碍或成为不可能"。从此，符号性是人的本质属性，成为后来很多学者的共识，有人说："没有符号，人就不能思维，就只能是一个动物，因此符号是人的本质。"还有人说："人为了肯定自身的存在，必须寻找存在的意义，因此符号就是人存在的本质条件。"教育的属性是建立在对人的本质认识的基础之上的，人的本质是什么，教育就会为培养这种本质而努力。既然符号学家论证了符号性是人的本质属性，那么我们的教育就理应通过符号化过程，让学生成为一个体认符号、理解符号、运用符号和创造符号的"符号人"，即一个具有符号性的人。

符号是一种元工具。所谓元工具，是说符号是其他一切工具的工具，其中有两层意思，一是指符号是"创造人的工具的工具"。莫里斯说："由于人的独特情形是他如何对待某种事物大部分取决于他怎样表示那个事物的意思，因此符号成为创造人的工具的工具。因为人是用他的观念和理想来影响自己的，而这些观念和理想需要用符号来发挥作用，也许需要用符号来表示它们的存在。"所以，我们在承认人是符号的创造者的同时，又不可否认符号对人的形成的巨大的反作用。对于教育来说，教育要充分利用各种符号去影响人、引导人，并且在使符号的内在化的过程中，让符号产生的外在教育与人的自我教育形成完美的结合。二是符号乃所有科学的工具。每门学科都有自己独特的工具，数学、物理、化学要借助于特殊的定理和公式，绘画要借助于线条、色彩，音乐要借助于旋律、节奏，舞蹈要借助于姿态、形体，每一种学科的工具都有其自身的逻辑和规则，但是有一种能统辖这些工具的工具，就是符号。

莫里斯说："指号学对于科学有双重的关系：它既是诸科学中的一门科学，又是诸科学的工具。作为一门科学的指号学的意义在于：它是科学的统一化中的一步，因为它为任何关于指号的诸特殊科学，如语言学、逻辑学、数学、修辞学与（至少在一定程度上）美学提供了基础。"这就意味着作为方法论的符号学为教育改革不仅提供了理论武器，而且提供了可操作性的路径和方法，比如索绪尔的能指与所指、语言与言语、历时性与共时性、组合与聚合，皮尔士的符号学三价关系的思想，特别是其中对于"解释项"的论述，都可以用于我们的教育教学中，从而革除教育教学中的弊端和套路，为当代中国教育开辟一个全新的天地。

这就是我读了《符号教育学导论》的一点感受，是为跋。

程 然

2018. 6. 1

后　记

太阳底下没有新鲜事，尤其人文社科领域的研究，莫道君行早，更有早行人。但凡我辈能够想到的思想、观点、问题，实际上前人早有思考并多有耕耘。我每每想到一己心得便掩卷窃喜、以为发现新大陆，情不自禁与友交流或网络搜索，却发现"小荷才露尖尖角，早有蜻蜓立上头"。

有时未免气馁，但转念一想，若无自然科学（尤其脑科学、神经学、量子学、宇宙学）的新发现、新创造，人文社科研究狂想创新，无异痴人说梦。但是，创新也分不同层次，原创故不可得，而组合式创新不也是一种退而求其次的花招吗？组合创新古已有之，如6000年前古巴比伦人已懂得用红铜与锡组合而形成具有特殊性质的合金青铜。马克思和恩格斯也是汲取融合了德国古典哲学、英国政治经济学和法国空想社会主义思想而创新出马克思主义理论。今天，教育学理论流派可谓汗牛充栋，究其实，也是哲学、美学、伦理学、医学、心理学、政治学、管理学、文化学等与教育学组合创新的产物，如：现象学教育学、批判教育学、审美教育学、生命教育学、关怀教育学、实验教育学、解放教育学、制度教育学、人力资本教育学、永恒主义教育学、文化教育学、符号教育学等。符号学自19世纪后叶诞生，在20世纪已经相当成熟，且历久弥新。符号学+教育学，或许会有奇妙的化合反应。由是，多一个不多，少一个不少，符号教育学应运而生。

笔者2004年在西安交大跟随钞秋玲老师读硕时，旁听李乐山先生《工业设计符号学》，埋下一颗懵懵懂懂的符号学种子。2009年我在北师大读博时，巧遇李幼蒸先生关于理论符号学讲座，当时心血来潮，计划博士论文就做"符号教育学"，可惜积淀不足、学力不逮，而符号学理论庞博，一时难以驾驭，只好作罢。2011 年开始走进赵毅衡先生的符号世界。赵公文思恢宏，著作等身，但给我莫大启发的是其三论《趣味符号学》《符号学原理与推演》《哲学符号学》。经 10 年来暗下功夫、苦读典籍、梳理文献，终于完成很不成熟的《符号教育学导论》。

孜孜不倦，上下求索，我也与同道学人边明华、邓美娴、姜蕴、焦丹、李仲辉、潘晓颖、谭瑜、王静、王玲、吴岩、徐明、张茜曼、张日美等合作翻译了美国威斯康星大学涂尚（Tochon）教授著作的《教育符号学：教育中符号与象征》、澳大利亚墨尔本教育符号学研究院（IES）首席顾问，美国符号学学会凯尔森纪念奖首位获得者赛默斯基（Inna Semetsky）著作《教育符号学指南》。

负笈有师，乃人生大幸！我的专业是教育学，符号学对我而言是一块处女地。多亏程然、陈佑清、丁尔苏、龚鹏程、胡壮麟、姜得胜、李战子、卢德平、马大康、孟华、孙杰远、唐小林、田海龙、王军、王铭玉、王永祥、张德禄、张杰、赵宪章、赵毅衡、周庆华等符号学前辈的学术指引。特别是赵毅衡先生的符号学三部曲及其领衔的四川大学符号学论坛，以友好的符号学思想和丰富的学术资源给我无尽的启示和帮助。同时，符号学界青年才俊如胡易容、黄立鹤、贾洪伟、兰兴、刘利刚、刘楠、刘燕楠、陆正兰、彭佳、饶广祥、谭光辉、王委艳、肖绍明、熊和平、颜小芳、赵星植、祝东等也给我诸多启发。

特别感激石中英先生一直以来的关怀和指导。他思想深邃、学风严谨、精益求精的治学态度和做人风格常常令我毛骨悚然。记得 2017 年 12 月在华南师大参加中青会时，他勉励说"做学问务必沉潜、深耕、远见，最忌所谓热点而乱花渐欲迷人眼。不要在意眼前的冷门，只要持之以恒，或成大器。"只是弟子资质驽钝、学业不精。

　　我也由衷感谢丁钢、董标、冯建军、郭思乐、郝文武、黄甫全、黄崴、金生鈜、李政涛、龙宝新、张祥云等教育学大家在论文写作、课题申报方面不吝赐教。特别是郭戈、刘启迪、刘庆昌、邱梅生、沈广斌、王鉴、王小盾、夏春雨、张应强等老师，作为权威学术期刊的学术守门人，对这个方向的认可令我备受鼓舞，激动万分。虽然我申报符号教育学课题屡报屡败，文章投稿屡投屡拒，但我坚信，随着这个领域由冷转热，终将"待到山花烂漫时，她在丛中笑"。

　　感谢基金项目：浙江省哲社后期资助项目"符号教育学导论"（22HQZZ04Z）；国家社科重大项目"面向自然语言理解的逻辑构建和符号接地问题的哲学、心理学研究"（18ZDA032）；2021年教育部产教融合协同育人项目"教学内容和课程体系改革研究"（202101147020；202101179044；202102283045）；浙江教育厅项目"小学生符号意识研究"（Y202043191）；浙江省教育厅项目"儿童游戏中的符号意识研究"（2022SCG191）。

崔岐恩

2019 年 11 月 3 日

温州大学溯初学区

参考文献

［1］崔岐恩. 国外的符号教育学及其研究进展［J］. 高等教育研究，2016（2）：47-54.

［2］Bernstein B. The structuring of pedagogic discourse（Volume Ⅳ）：class, codes and control［M］. London：Routledge, 1990：1-2.

［3］陈鹏，濮建忠. 意义单位与词汇衔接的实现［J］. 外语教学与研究，2011, 43（3）：375-386.

［4］石中英. 本质主义、反本质主义与中国教育学研究［J］. 教育研究，2004（1）：11-20.

［5］周有光. 比较文字学初探［M］. 北京：语文出版社，1998：33.

［6］皮尔士. 皮尔士文选［M］. 周兆平，译. 北京：社会科学文献出版社，2006：9.

［7］朱立明，马云鹏. 义务教育阶段学生数学符号意识发展水平的实证研究［J］. 课程·教材·教法，2018, 38（3）：87-94.

［8］李艳琴，宋乃庆. 小学低段数学符号意识测评指标体系的初步构建［J］. 教育学报，2016, 12（4）：23-28.

［9］郑毓信. "数感" "符号感" 与其他《课程标准》大家谈［J］. 数学教育学报，2002（3）：30-32.

［10］胡塞尔. 胡塞尔全集［M］. 倪梁康，译. 上海：上海译文出版社，2006：19.

［11］Deely. Academic culture and the science of signs［C］. Edusemiotics-A Handbook. Springer Science+Business Media Singapore Pte Ltd, 2017：18

［12］Kanai Ryota, Chang Acer, Yu Yen, Magrans de Abril Ildefons, Biehl Martin, Guttenberg Nicholas. Information generation as a functional basis of consciousness［J］. Neuroscience of consciousness, 2019（1）：1-16.

［13］殷祯岑，祝克懿. 克里斯蒂娃学术思想的发展流变［J］. 福建师范大学学报，2015（4）：54-65

［14］斯腾伯格. 超越IQ：人类智力的三元理论［M］. 俞晓琳，吴国宏，译. 上海：华东师范大学出版社，2004：1-3

［15］董奇. 论元认知［J］. 北京师范大学学报，1989（1）：68-74.

［16］汪玲，郭德俊. 元认知的本质与要素［J］. 心理学报，2000（4）：458-463.

[17] 赵毅衡. 符号学原理与推演 [M]. 南京：南京大学出版社，2011：172.

[18] 崔岐恩，张晓霞. 符号教育：第三次教育浪潮 [J]. 山西大学学报（哲社版），2017，40（6）：79-85.

[19] 胡塞尔. 纯粹现象学通论 [M]. 李幼蒸，译. 北京：商务印书馆，1996：454.

[20] Arthur Collins. Possible Experience：Understanding Kant´s Critique of Pure Reason [M]. US. Oakland：University of California Press，1999：109，

[21] 孙斌. 杜威全集·晚期著作（第十卷）[M]. 上海：华东师范大学出版社，2015：294.

[22] 高德胜. 道德想象力与道德教育 [J]. 教育研究，2019，40（1）：9-20.

[23] 伊曼努尔·康德. 判断力批判 [M]. 邓晓芒，译. 北京：人民出版社，2002：158.

[24] 聂珍钊. 论脑文本与语言生成 [J]. 华中师范大学学报，2019，58（6）：115-121.

[25] 崔岐恩，张晓霞. 符号教育学论纲 [J]. 高等教育研究，2017，38（10）：48-54.

[26] 黄玉顺. 中国哲学的"现象"观念 [J]. 河北学刊，2017，37（5）：1-6.

[27] 马大康. 多模态符号·具身性·审美活动 [J]. 当代文坛，2017（6）：4-9.

[28] 陈佑清，高文平. 符号转换与知识意义的理解 [J]. 中国教育学刊，2011（6）：44-47.

[29] Searle John. Intentionality：An Essay in the Philosophy of Mind [M]. UK. Cambridge：Cambridge University Press，1983：266.

[30] MacCannell D. The tourist：A new theory of the leisure class [M]. Berkeley：University of California Press，1999.

[31] Lau R W K. Tourist sights as semiotic signs：A critical commentary [J]. Annals of Tourism Research，2011，38（2），711-718.

[32] Daniel C，Jillian M. Tourism sites as semiotic signs：a critique [J]. Annals of Tourism Research，2012（39）：1252-1254.

[33] 崔岐恩，张晓霞. 文化资本：大学文化的符号性解读 [J]. 江苏高教，2016（3）：48-52.

[34] 赵毅衡. 哲学符号学 [M]. 南京：四川大学出版社，2017：2.

[35] 肖建华，霍国庆，董帅，张彩玉. 基于平衡计分卡的学术会议效果评价指标体系研究 [J]. 科学学与科学技术管理，2009，30（12）：48-54.

[36] 崔岐恩，张晓霞. 符号教育：第三次教育浪潮 [J]. 山西大学学报，2017，40（6）：79-85.

[37] 克里斯托弗·乌尔夫. 教育中的仪式演示、模仿、跨文化 [J]. 赵雅量，译. 北京大学教育评论，2009（2）：130-142.

[38] 周旻，侯怀银. 语言与再生产——伯恩斯坦的符码理论探微 [J]. 东北师范大学学报

（哲社版），2016（03）：235-239.

[39] 赵毅衡. 符号、象征、象征符号，以及品牌的象征化 [J]. 贵州社会科学，2010（9）：
1-10.

[40] 祝东. 复礼与正名：孔子思想的一个符号学视角 [J]. 孔子研究，2018（6）：55-62.

[41] 薛晓阳. 是学者丢魂还是学术贬值——思想自由与学术价值考辨 [J]. 探索与争鸣，
2006（07）：13-16.

[42] 张斌. 仪式、象征权力与学术秩序——学术会议过程的社会学分析 [J]. 高等教育研
究，2012（1）：21-26.

[43] 崔高鹏，康绍芳. 教育、社会与文化再生产——布迪厄《再生产》导读 [J]. 教育科
学研究，2015（02）：78-80.

[44] 彭佳. 中项漩涡：文化标出性与格雷马斯方阵 [J]. 江西师范大学学报（哲社版），
2017，50（05）：92-97.

[45] 张斌，张楚廷. 学术场域的政治逻辑 [J]. 高等教育研究，2015，36（03）：90.

[46] 阎光才. 学术制度建构的合法性与合理的制度安排 [J]. 探索与争鸣，2005（9）：
47-48.

[47] 郭小安，杨绍婷. "层中层"的想象与行动：知识群体维权符号的抽象性与标出性
[J]. 新闻大学，2018（1）：116-125.

[48] 童世骏. 建设独创性和共识性相统一的学术共同体 [J]. 探索与争鸣，2016（3）：
26-27.

[49] 石中英. 未来学校的一种样态 [N]. 中国教育报，2017-08-30（006）.

[50] 刘庆昌. 寻找教育学的历史逻辑——兼及"教育学史"的研究 [J]. 西北师大学报
（社科版），2018（1）：66-81.

[51] 黄晓珠，黄书光. 孔子对学思概念的型构及其教育方法论意义 [J]. 教育学术月刊，
2017（5）：81-89.

[52] 张晓霞. 符号教育学论纲 [J]. 高等教育研究，2017（10）：48-54.

[53] 赵毅衡. 符号学原理与推演 [M]. 南京：南京大学出版社，2011（3）：177.

[54] 张晓霞. 符号教育：第三次教育浪潮 [J]. 山西大学学报（哲社版），2017，40（6）：
79-85.

[55] 李玉. 信息技术深化多模态话语研究 [N]. 中国社会科学报，2017-11-30（3）.

[56] 魏雪峰. 问题解决与认知模拟 [M]. 北京：中国社会科学出版社，2017：2.

[57] 王一兵. 关于十九大报告提出教育转型的建议 [EB/OL].［2017-8-1］. http：//www.
sohu. com/a/161482432_ 508603.

[58] 石中英. 从《反思教育》中的四个关键概念看教育变革新走向 [J]. 人民教育，2017

(18)：59-66.

[59] 中共中央宣传部. 习近平总书记系列重要讲话读本［M］. 北京：学习出版社，2016：265.

[60] 克里斯蒂娃. 汉娜·阿伦特［M］. 刘成富，译. 南京：江苏教育出版社，2006：109.

[61] 黄光芳，吴洪艳，金义富. 泛在学习环境下 SPOC 有效教学的实践与研究［J］. 电化教育研究，2016，37（05）：50-57.

[62] 刘革平，谢涛. 三维虚拟学习环境综述［J］. 中国电化教育，2015（9）：22-27.

[63] 张德龄. 一窥未来学校新样貌兼具美感与多功能的梦幻教室［EB/OL］.［2017-11-11］. https：//gfamily. cwgv. com. tw/content/index/6601.

[64] 赵毅衡. 第三次突变：符号学必须拥抱新传媒时代［J］. 天津外国语大学学报，2016（23）：67-68.

[65] 尤瓦尔·赫拉利. 未来简史［M］. 林俊宏，译. 北京：中信出版社，2014（11）：12.

[66] Jean Baudrillard. Translated by Sheila Faria Glaser. Simulacra and simulation［M］. USA：The University of Michigan Press，1997（1）：3.

[67] 皮尔士. 皮尔士论符号［M］. 赵星植，译. 成都：四川大学出版社，2014（10）：72.

[68] 赵毅衡. 第三次突变：符号学必须拥抱新传媒时代［J］. 天津外国语大学学报，2016（23）：67-68.

[69] 尤瓦尔·赫拉利. 未来简史［M］. 林俊宏，译. 北京：中信出版社，2014（11）：12.

[70] 托夫勒. 第三次浪潮［M］. 黄明坚，译. 北京：中信出版社，2006：3-5.

[71] Jean Baudrillard. Translated by Sheila Faria Glaser. Simulacra and simulation［M］. USA：The University of Michigan Press，1997（1）：3.

[72] 崔岐恩. 国外符号教育学及其研究进展［J］. 高等教育研究. 2016（2）：47-54.

[73] 杨改学，胡俊杰. 教育信息化对少数民族教育发展具有革命性影响［J］. 电化教育研究，2014（9）：5-8.

[74] 黄荣怀. 我国高等教育技术应用 9 大趋势［DB/OL］. http：//learning. sohu. com/20170320/n483900806. shtml.

[75] Luckin R，Holmes W，Griffiths M，Forcier L. Intelligence Unleashed：An argument for AI in Education［M］. London：Pearson，2016：13-15.

[76] 石中英. 知识转型与教育改革［M］. 北京：教育科学出版社，2005（5）：3.

[77] 张应强. 中国教育研究的范式和范式转换［J］. 教育研究，2010（10）：3-10.

[78] Jean Baudrillard. Translated by Sheila Faria Glaser. Simulacra and simulation［M］. USA：The University of Michigan Press，1997（1）：2.

[79] The United Nations Educational，Scientific and Cultural Organization. Rethinking Education：

Towards a global common good？［M］. France，Paris：UNESCO Publishing，2015：2.

［80］ 胡乐乐. 联合国教科文组织重磅报告：重新认识知识学习和教育［DB/OL］. http：//learning. sohu. com/20160305/n439471846. shtml 2016-03-05.

［81］ 皮尔士. 皮尔士论符号［M］. 赵星植，译. 成都：四川大学出版社，2014：31-43.

［82］ 崔岐恩. 正当及其合理性阐释［J］. 哈尔滨工业大学学报（社科版），2017（3）：88-95.

［83］ 张良，张寅. 论课程知识观的传统及其改造［J］. 高等教育研究，2016（02）：55-63.

［84］ 王永红. 论教科书知识的客观性［J］. 课程·教材·教法，2012（7）：8-13.

［85］ Osberg D. Curriculum，Complexity and Representation：Rethinking the epistemology of schooling through complexity theory［D］. Milton Keynes，U. K.：The Open University Doctoral Dissertation，2005：60.

［86］ 马尔库塞. 单向度的人［M］. 刘继，译. 上海：上海译文出版社，2007：5-11.

［87］ 杜威. 杜威教育文集（第5卷）［M］. 北京：人民教育出版社，2009：317.

［88］ 翟振明，朱奕如. 脑机融合比人工智能更危险［N］. 南方周末，2017-05-25.

［89］ 周有光. 比较文字学初探［M］. 北京：语文出版社，1998：33-35.

［90］ 布劳迪. 什么知识最有价值. 教育学文集·智育［C］. 北京：人民教育出版社，1993：205-206.

［91］ 石中英. 知识转型与教育改革［M］. 北京：教育科学出版社，2005：3.

［92］ 许国璋. 语言符号的任意性问题——语言哲学探索之一［J］. 外语教学与研究，1988（3）：2-10，79.

［93］ Luckin R，Holmes W，Griffiths M，Forcier L. Intelligence Unleashed：An argument for AI in Education［M］. London：Pearson，2016：13-15.

［94］ 黄宗羲，等. 宋元学案［M］. 上海：中华书局，1936：243.

［95］ 高晓松，许巍. 生活不止眼前的苟且［J］. 意林，2016（9）：41.

［96］ 平阳县风景旅游管理局. 关于《雁荡山风景名胜区总体规划（2018—2035）》（草案）的批前公示［EB/OL］.［2020-07-01］. http：//www. zjpy. gov. cn/art/2018/11/8/art_1256718_ 23678862. html.

［97］ 崔岐恩，张晓霞. 符号：作为信息与意义的双重载体［J］. 系统科学学报，2020（4）：12-17.

［98］ 王守仁. 王阳明全集：上［M］. 上海：上海古籍出版社，2018：122.

［99］ 陈伟杰，熊先华，郑毅，金孝锋. 浙江乐清雁荡山种子植物区系分析［J］. 浙江大学学报（理学版），2018（1）：118-126.

［100］ 马大康. 符号建模与审美创造：兼对"总体符号学"的质疑［J］. 浙江学刊，2020

（1）：178-190.

[101] 赵毅衡. 符号学原理与推演 [M]. 南京：南京大学出版社，2011：27.

[102] 赵毅衡. 文化：社会符号表意活动的集合 [J]. 社会科学战线，2016（8）：147-154.

[103] 罗兰·巴特. 符号帝国 [M]. 孙乃修，译. 北京：商务印书馆，1994：48.

[104] 卢梭. 爱弥儿 [M]. 李平沤，译. 北京：商务印书馆，2019：2.

[105] 子思. 中庸 [M]. 刘强，编译. 南京：江苏科学技术出版社，2018：2.

[106] 于伟. 童心同行，率性而歌：东北师范大学附属小学与共和国共成长 [J]. 人民教育，2019（10）：28-30.

[107] Firth J R. The Treatment of Language in General Linguistics [M]. London：The Medial Press, 1959：146.

[108] 索绪尔. 普通语言学教程 [M]. 高名凯，译. 北京：商务印书馆，1980：3.

[109] Halliday M A K. An Introduction to Functional Grammar [M]. London：Edward Arnold, 1994：106.

[110] 凯文·凯里. 大学的终结 [M]. 朱志勇，韩倩，译. 北京：人民邮电出版社，2017：3.

[111] 崔岐恩，张晓霞. 文化资本：大学文化的符号性解读 [J]. 江苏高教，2016（3）：48-52.

[112] 皮尔士. 皮尔士论符号 [M]. 赵星植，译. 成都：四川大学出版社，2014：49.

[113] 赵毅衡. 哲学符号学 [M]. 南京：四川大学出版社，2017：2.